노자적 인간

오종호 지음

프롤로그

노자는 누구인가?

공자가 제자들을 데리고 주나라를 방문했을 때의 일이다. 노자의 이름을 익히 들어 알고 있던 공자는 노자를 찾아가 예禮에 대해 물었다. 공자의 질문을 들은 노자는 가만히 고개를 가로저었다.

"그대가 말하는 그 성인들의 말은 낡고 시들었소. 군자가 때를 만나지 못하면 바람에 굴러다니는 쑥처럼 떠돌 뿐인 것을. 그대는 어찌하여 남을 이기려는 교만과 만족할 줄 모르는 욕망을 버리지 못하고 있는 것이오?"

숙소로 돌아온 공자는 긴 침묵을 이어가다 이윽고 입을 열었다. 제자들이 마른 침을 삼키며 공자의 입에 시선을 모았다.

"나는, 새가 하늘을 잘 날고 물고기가 물에서 잘 헤엄치며 짐승이 땅에서 잘 달린다는 것을 안다. 그러나 용이 어떻게 바람과 구름을 타고 하늘로 오르는지는 알지 못한다. 노자는 마치 용과 같았다."

바람 한 점이 휙 지나가자 검은 대지 위에 잠들어 있던 흙먼지들이 깨어나 허공에서 춤을 추었다. 허름한 행색의 노인이 눈을 감고 먼지가 가라앉기를 기다렸다. 맑아진 시야 너머의 밤하늘을 별들이 꽉 채우고 있었다. 잘 먹지 못해 초췌한 얼굴과 달리 노인의 눈은 맑고 깊었다. 별빛이 떼로 날아와 그의 눈에 박히고 있었.

노인의 이름은 이이李耳. 자가 담이어서 노담老聃이라고도 불렸던 노자는 오랫동안 주나라 왕실 도서관 사서로 일하던 공무원이었다. 어느 날, 노자는 더 이상 속세에 머무를 이유와 의지를 상실했다. 세상은 어지러웠고 나라는 날로 쇠락했으며 도덕은 무너지고 있었다. 도성을 떠나 서쪽으로 향했던 노자는 국경의 요새 함곡관에 당도한 것이었다.

평소 노자를 흠모하고 있었던 문지기 윤희는 노인의 정체를 단박에 알아보았다. 노자가 세상 밖으로 떠나고 있음을 알아챈 그는 깊이 허리 숙여 간청했다.

"부디 선생님의 가르침을 글로 지어 주십시오."

노자는 생각에 잠겼다. 세상을 버리는 마당에 부질없는 글자들을 남기는 것이 무슨 소용인가 싶었다. 그러다 문득 노자는 봇짐을 풀어 붓을 꺼내 들었다. 윤희가 함박 미소를 지으며 벼루에 먹을 갈기 시작했다. '이 사람처럼 나의 뜻을 알아주는 이들을 통해 이 글이 전해진다면 백성들의 삶이 조금이라도 더 나아지겠지. 인간은 조금이나마 더 나은 존재가 될 수 있겠지.' 마음을 굳힌 노자는 일필휘지로 글을 써 내려갔다. 『도덕경』은 이렇게 탄생했다. 이후 그의 행방을 아는 사람은 아무도 없었다.

사마천의 『사기』, 「노자한비열전」에 수록된 내용을 재구성하여 노자가 어떤 인물인지 간략히 소개했다.

이 책은 다른 『도덕경』 해설서와 무엇이 다른가?

『도덕경』은 5천여 글자로 이루어진 운문 형식의 짧은 글이다. 전체 81장으로 구성되어 있으며 37장까지를 도경, 나머지를 덕경이라 부른다. 도경은 도에 대한 형이상학적 탐구를 중심으로 무위의 원리를 강조한다. 덕경에서는 도에 순응하는 삶의 자세와 덕의 실천 방법을 역설하며 현실 정치에 대한 비판적 조언으로 나아간다.

노자 사유의 정수를 담고 있는 이 압축적인 책은 내용의 모호함과 난해함에도 불구하고 오랜 세월 동안 연구되고 사랑 받아 왔다. 그것은 『도덕경』이 다른 책들과 변별되는 고유한 철학적 성취를 달성했고, 시대를 초월하여 독자들의 마음과 공명하는 특별한 사상적 깊이에 도달했다는 증거다.

왕필본, 하상공본, 백서본, 죽간본 등의 주요 판본이 존재한다. 이 책은 통행본(일반에게 널리 통하는 책)의 텍스트를 토대로 쓰였다.

전문 연구자들과 학자들이 쓴 다양한 해설서들을 읽었다. 나는 나의 『도덕경』 독해 과정에서 돋아난 의문들과 던진 질문들을 토대로 노자의 사유가 독자들에게 보다 명쾌하게 전달되기를 희망하며 이 책을 썼다. 『도덕경』이라는 고전 속에 녹아 있는 탁월한 사유가 독자들의 이해를 돕는다는 미명 하에 겉만 훑고 지나가는 가벼운 해설로 소화되어서는 안 되며, 읽어도 무슨 말인지 알아들을 수 없는 답답한 문장들에 갇혀서도 안 된다고 나는 생각했다. 그 생각은 명리학적 깨달음을 얻은 후의 『도덕경』 독서를 통해 강화되었다. 읽고 사유하면 사유할수록 나는 노자의 곁으로 가까이 다가갈 수 있었고, 기대하지 않았으나 나의 정체성을 확인하는 데까지 이를 수 있었다. 나는 알았다. 내가 노자적 인간이었음을. 나는 그 사실이 뿌듯했고, 노자는 꿈속에서 내게 미소 지었다.

이 책은 도경과 덕경으로 양분된 『도덕경』의 틀에 얽매이는 대신 그것 전체를 대상으로 삼아 관련도 높은 내용들끼리 묶어 주제들을 도출했다. 그렇게 정리된 주제들은 다음과 같다. '도와 진리', '무위와 인위', '욕망과 만족', '지식과 지혜', '경쟁과 조화', '덕과 리더십', '정치와 행정'. 이 일곱 개의 주제에 따라 나뉘고 모아진 『도덕경』의 원문과 나의 해설은 노자가 자신의 사상적 자식을 통해 후대의 인간들에게 바라는 바가 무엇인지 명확하게 가리킨다. 그것은 '노자적 인간이 되라는 것'에 다름 아니다. 그것이 일상을 가장 행복하게, 인생을 가장 보람 있게 채우는 방법임을 노자는 우리에게 알려 주고 싶었던 것이다.

현실을 똑바로 응시하기 위해서는 현실 너머에서 작동하고 있는 보이지 않는 섭리를 봐야 한다. 그것이 도이고 진리이다. 그것의 존재를 인식하게 되면 저절로 겸손하게 된다. 억지로 일을 꾀하는 대신 순리대로 살아가게 된다. 무위의 태도를 유지할 수 있다. 그것이 일을 가장 바르고 빠르게 이루어 주는 방식임을 알게 되기에 그렇다. 부질없는 욕망에 흔들리지 않고 나의 숙명과 처지를 긍정하며 지식을 연마하고 그것의 지혜로의 승화를 신뢰하게 된다. 경쟁하지 않는 삶의 양식의 아름다움에 기뻐하며, 사람과 사람을 넘어선 생명들과의 조화로움을 추구하게 된다. 내 안에서 자란 작지만 너그러운 지혜의 홀씨가 다른 사람들에게 내려앉아 더불어 사는 세상의 리더라는 알록달록한 꽃들로 피어나기를 바라게 된다. 그 꽃들 중에서 유달리 상처 입어 굽은 등을 가진 낮은 꽃이 고맙게도 나라의 리더가 되어 참으로 살만한 사회를 만들어 주기를 희망하게 된다. 책을 쓰는 나의 마음이 이러했다.

나는 독자들의 마음도 나의 것과 다르지 않을 것을 안다. 이 책은 노자적 인간이 쓴 것이므로, 노자적 인간의 의미를 알게 된 독자라면 멀리서 고개 돌려 미소 짓는 노자의 기대에 걸맞은 삶으로 방향을 전환하게 될 것이다. 그곳으로 뻗어 있는 길이 보이게 될 것이므로, 아무 계산도 고민도 없이 무위의 걸음을 옮기게 될 것이다.

이 책은 그 걸음을 위해 세상에 나왔다. 노자적 인간이 성공한다. 노자는 우리를 성공하는 인간으로 이끌기 위해 『도덕경』을 썼고, 나는 그 사실을 알리기 위해 이 책을 썼다.

백석에서, 오종호

■■■ 추천사

　인문학의 대중화를 표방하는 서적이 범람하고 있다. 철학을 전공한 교수들의 고전 강의도 차고 넘친다. 노자도 예외는 아니다. 하지만 과연 우리는 노자를 제대로 이해하고 있을까? 문헌학적 전통과 아카데미의 권위가 드리우는 선입견에 사로잡혀, 유연하고 역동적인 노자의 사상을 진부하고 틀에 박힌 해석에 가두어 왔던 것은 아닐까?

　천변만화하며 상호작용하는 음양오행의 원리를 깨닫지 못하면 노자의 도道를 온전히 이해하는 것이 불가능하다. 그런 점에서 이미 명리학의 눈으로 담백하게 『주역』을 풀어낸 저자가 해설해 주는 노자는 참신하면서도 탁월한 의의가 있다. 무엇보다 자구를 기계적으로 해석하기보다는 구체적인 체험에 조회해 가면서 도의 생생한 의미를 드러내 보여준다는 점에서, 기존의 연구와 주석에서 좀처럼 느낄 수 없었던 맛과 멋이 살아있다.

　이제 오종호 선생이 안내하는 길을 따라 상식에 근거한 노자로 돌아갈 때다. 그렇게 함으로써만 노자를 단지 박제되어 있는 앎의 대상이 아니라, 삶을 운용하는 원리로 체득할 수 있기 때문이다.

— 신호재
(아주대학교 교수, 철학)

　저자는 『담백한 주역』으로 독자들에게 현대적 감각의 주역과 소통할 수 있도록 안내하였고, 『이것이 사주명리학이다』로 명리학의 정수에 다가설 수 있게 해주었습니다. 인문학 고전 읽기를 즐기는 저는 이 책들이 전한 색다른 울림과 감동을 반복 독서를 통해 자주 경험하고 있습니다.

　침묵 속에서 날카롭게 판세를 분석하고, 흔들림 없는 한결같음으로 미래를 예측하며, 아낌없는 마음으로 지혜의 나눔을 실천하고 있는 '명리학 전문가'인 저자를 알고 있는 저의 가슴 한복판에 이번에는 『노자적 인간』이 통찰한 노자의 사유와 저자의 메시지가 날아와 꽂혔습니다. 이토록 탁월한 『도덕경』 해설이라니! 독자들도 같은 기분을 느낄 것임을 확신합니다.

  우리 일상과 인생에 행복과 보람이 깃들 수 있기를 바라며 저자는 자신의 사유를 더해 새롭게 길어 올린 노자의 지혜를 우리에게 전달합니다. 읽을 때마다 그 지혜가 저에게 스며들어 저는 노자적 인간으로 거듭나는 중입니다. 노자적 인간되기의 아름다운 여정에 동참하시기를 독자 여러분에게 강력 추천합니다.

- 이상훈
(사고력수학 시매쓰 임원)

  인문학이란 '세계라는 창공과 존재라는 바다를 자유롭게 유영하도록 인간에게 사유의 날개를 달아주는 전인적 학문 활동이자 그 산물'이라고 저자는 정의합니다. 그리고 사유야말로 몸에 구속된 우리 영혼의 한계를 넘어서게 해주는 것이기에, 일상에서 인문학과 지극히 벗해야 함을 강조합니다.

  저자의 삶은 인문적입니다. 자신의 모자람에서 비롯된 언행의 과오를 인정할 줄 알았고, 자신이 성찰하고 노력하는 인간임을 세월 속에서 있는 그대로 증명했습니다. 저자와의 깊은 사귐은 그래서 즐거운 여정이었습니다. 사람들이 알아주지 않아도 그는 치열하게 자신을 단련했고, 그 과정의 성과물을 사람들에게 전수해 왔습니다. 그래서 제게 그는 누구보다 '무서운' 사람입니다. 저자는 제게 집중하는 인간, 절제하는 인간, 결국 해내는 인간의 전형입니다.

  『노자적 인간』은 노자의 사유를 사랑했고 노자적 삶의 태도를 긍정했던 저자가 고요한 시간 속에서 노자와 대화하며 완성한 『도덕경』 해설의 정수입니다. 기존의 『도덕경』 해설서들에서 느꼈던 답답함을 일거에 해소시킬 뿐만 아니라, 그 안에서 우리를 사유하는 인간으로 거듭나게 하는 실천적 핵심 지침을 길어 올려 제시한다는 점에서 통렬하기까지 합니다.

『노자적 인간』을 통해 독자 여러분이 그것과 만날 수 있기를, 그리하여 불안이 걷힌 영혼 위로 잔잔한 행복이 내려앉는 기분 좋은 순간을 경험할 수 있기를 소망합니다.

- 이정진
(대학병원에서 25년 동안 암 환자분들의 치료를 돕고 있습니다.)

노자는 제 첫사랑이었습니다. 그의 『도덕경』은 학창 시절 처음으로 저의 마음을 사로잡았던 철학서였습니다. 그의 속삭임에 귀기울이다 보면 고통스러운 현실이 사라지는 듯한 묘한 기분이 들었습니다. 그러다 문득, 이해되지 않는 그의 초연한 이상 세계에 머물기가 두려워졌습니다. 저는 현실에 발을 딛고 살아가야 했고, 저의 어린 영혼은 그의 사유가 현실에서 너무 멀리 떨어져 있는 것이라고 오해했기 때문이었습니다.

세월이 흘러 30대의 제 앞에 다시 나타난 노자는 아름다웠습니다. 『노자적 인간』에서 그의 언어는 알아듣기 쉬웠고 깊었으며 무엇보다 현실적이었습니다. 존경하는 저의 스승은 노자의 문장들이 바로 우리의 행복한 인생을 위한 지극히 현실적인 지혜를 품고 있음을 생생하게 알려 주었습니다.

『노자적 인간』은 군더더기 없이 깔끔합니다. 심지어 우아합니다. 백 권의 자기 계발서보다 농밀하게 우리의 삶 안으로 침투합니다. 『도덕경』을 이해하고 싶어 하는 모든 독자들에게 이 책을 강력 추천합니다.

- 권지혜
(데이터 분석가)

CONTENTS

프롤로그

노자는 누구인가?
이 책은 다른 『도덕경』 해설서와 무엇이 다른가?

제 I 편 도와 진리
: 도은무명道隱無名 – 도는 이름 없이 숨어 있다.

01 도는 오모함의 문 너머에 있다. (1장) ················· 2
02 성인은 분별하지 않는다. (2장) ····················· 6
03 도는 비어 있어 작용한다. (4장) ···················· 11
04 도의 작용은 무위로 이루어진다. (6장) ··············· 15
05 도의 기원은 황홀하다. (14장) ······················ 17
06 마음이 비어야 만물의 처음이 보인다. (21장) ·········· 21
07 도는 두루 존재하되 위세를 부리지 않는다. (34장) ····· 23
08 감각되지 않아도 도는 우리 곁에 있다. (35장) ········· 25
09 도는 은미하게 순환한다. (40장) ···················· 27
10 도는 드러나지 않고 모든 것을 이룬다. (41장) ········· 29
11 감각을 다스리면 고통이 끊어진다. (52장) ············ 34
12 도가 있어 세상이 유지된다. (56장) ················· 37

제 II 편 무위와 인위
: 무위무패無爲無敗 – 무위로 하면 패하지 않는다.

01 엘리트들에게 휘둘리지 마라. (3장) ················· 42
02 내면의 수양에 집중하라. (12장) ···················· 46
03 무심하게 살아라. (5장) ··························· 47

이 책의 **목차**

04 인위는 껍데기다. (18장) ················· 49
05 껍데기를 버리고 알맹이에 충실하라. (19장) ········ 51
06 가식적으로 꾸미지 마라. (24장) ············· 53
07 무위는 유익하다. (43장) ················· 55
08 무위로 하게 될 때까지 덜어내라. (48장) ········· 57
09 무위로 하라. 성공할 것이다. (64장) ··········· 59
10 무위로 하면 하늘이 돕는다. (73장) ············ 62
11 무위의 삶을 선택하라. (75장) ·············· 64

제Ⅲ편 욕망과 만족

: 지족불욕知足不辱 – 만족을 알면 욕되지 않는다.

01 욕망을 승화시켜 타생他生하라. (7장) ··········· 68
02 만족할 줄 알아라. (9장) ················· 71
03 더 채우려고 하지 마라. (15장) ·············· 73
04 욕망을 버려라. (37장) ·················· 76
05 물욕을 절제하라. (44장) ················· 78
06 만족을 모르면 불행해질 뿐이다. (46장) ·········· 80

제Ⅳ편 지식과 지혜

: 불출호 지천하不出戶 知天下 – 집 밖으로 나가지 않아도 천하를 안다.

01 고독해도 자기만의 길을 가라. (20장) ··········· 84
02 말수를 줄이고 도를 닦아라. (23장) ············ 88
03 자신을 알고 자신을 이겨라. (33장) ············ 90

CONTENTS

04 진정 의미 있는 공부를 하라. (38장) ·················· 93
05 통찰력을 기르는 공부를 하라. (47장) ················ 96
06 작은 루틴이 큰 일을 이루게 해준다. (63장) ········ 98
07 자신을 알아주지 않아도 괘념치 마라. (70장) ···· 101
08 지식은 대단한 게 아니다. (71장) ······················ 103

제Ⅴ편 경쟁과 조화
: 상선약수上善若水 – 최고의 선은 물과 같다.

01 성인은 다투지 않는다. (8장) ····························· 108
02 무와 유의 균형으로 쓰임과 이로움이 생긴다. (11장) ············· 111
03 낮추고, 물러나라. (22장) ···································· 114
04 고수는 싸우지 않는다. (68장) ···························· 117
05 물러나는 것이 이기는 것이다. (69장) ················ 119

제Ⅵ편 덕과 리더십
: 유약처상柔弱處上 – 부드럽고 약한 것이 위를 차지한다.

01 현덕은 리더의 덕목이다. (10장) ························· 124
02 자기애를 버려라. (13장) ···································· 128
03 공평무사하라. (16장) ·· 130
04 무위의 선을 행하라. (27장) ······························· 133
05 본바탕으로 살아가라. (28장) ····························· 137
06 낮아져야 돋보인다. (39장) ································ 140
07 덜어 내야 더해진다. (42장) ······························· 144

이 책의 **목차**

08 이루면 내려놓고 채우면 비워라. (45장) ················· 147
09 생의 에너지를 길러라. (50장) ······························ 150
10 군림하지 마라. (51장) ·· 154
11 덕의 크기가 리더의 크기다. (54장) ······················· 156
12 덕을 갖추면 조화롭게 된다. (55장) ······················· 159
13 자비로운 리더가 되어라. (67장) ··························· 163
14 유함이 진정한 강함이다. (76장) ··························· 166
15 많이 갖게 되면 세상을 위해 써라. (77장) ··············· 168
16 원한을 사는 불미한 일을 하지 마라. (79장) ············ 170
17 사람들을 위해 쓰는 것이 넉넉함의 비결이다. (81장) ········ 172

제Ⅶ편 정치와 행정
: 이백성심위심以百姓心爲心 – 국민의 마음으로 마음을 삼는다.

01 무위의 정치를 펼쳐라. (17장) ······························ 178
02 도를 본받아 무위의 정치를 하라. (25장) ················ 180
03 무거움과 고요함을 유지하라. (26장) ····················· 182
04 과분한 것을 도모하면 얻지 못한다. (29장) ············· 185
05 고사력을 함부로 쓰지 마라. (30장) ······················· 187
06 살생을 즐기는 자는 뜻을 이루지 못한다. (31장) ······· 189
07 도에 순응하면 저절로 이루어진다. (32장) ··············· 192
08 조짐을 읽는 혜안을 길러라. (36장) ······················· 195
09 국민의 마음을 수용하고 포용하라. (49장) ··············· 197
10 공적 마인드 없이 정치를 하지 마라. (53장) ············ 199
11 무위의 정치가 살기 좋은 나라를 만든다. (57장) ······· 201

CONTENTS

12 원칙을 내세워 교조적인 정치를 하지 마라. (58장) ········· 203
13 덕을 쌓아야 오래간다. (59장) ········· 207
14 작은 생선을 굽듯 정치하라. (60장) ········· 210
15 낮춰야 취한다. (61장) ········· 212
16 비판 세력을 용납하는 정치를 하라. (62장) ········· 215
17 중우 정치를 획책하지 마라. (65장) ········· 217
18 국민의 뜻을 따르는 정치를 하라. (66장) ········· 220
19 국민을 억압하면 권력을 잃는다. (72장) ········· 222
20 전제 정치는 반드시 실패한다. (74장) ········· 224
21 잘못을 인정하는 솔직한 정치를 하라. (78장) ········· 226
22 평화를 유지하는 정치를 하라. (80장) ········· 229

에필로그   231

PART I

도와 진리

: 도은무명道隱無名 – 도는 이름 없이 숨어 있다.

01 Chapter

도는 오묘함의 문 너머에 있다. (1장)

道可道非常道 名可名非常名 無名天地之始 有名萬物之母 故常無欲以觀其妙 常有欲以觀其徼 此兩者同出而異名 同謂之玄 玄之又玄 衆妙之門

도가도비상도 명가명비상명 무명천지지시 유명만물지모 고상무욕이관기묘 상유욕이관기요 차양자동출이이명 동위지현 현지우현 중묘지문

- 도를 도라고 한다면 상도가 아니고, 명을 명이라 한다면 상명이 아니다. 무는 천지의 시작을, 유는 만물의 근본을 지칭한다. 그러므로 한결같이 무욕할 때 그 오묘함을 볼 것이고, 변함없이 욕심이 있는 한 그 주변만을 보게 될 것이다. 이 둘은 한 곳에서 나왔으나 명칭이 다를 뿐, 하나로 합쳐 현이라고 한다. 현하고 또 현하니, 수없는 오묘함의 문이다.

'우리 세계는 신의 창조물이다. 이 세계는 시뮬레이션에 불과하다'와 같이 인간의 관점에서 주장하는 바는 진리가 아니다. 평생 지구라는 물리적 터전을 벗어날 수 없고 육체라는 물질에 구속되어 있는 인간 정신의 한계로 인해 인간은 진리의 실체와 만날 수 없다. 그것은 하늘의 것이다. 상도常道 곧 천도天道는 그러한 것이다. 인간의 사유는 천도의 입구로 무한히 다가서는 여정일 뿐이다. 도달했다 싶으면 어느새 진리의 문은 훌쩍 멀어져 있기 마련이다. '도가도비상도'는 인간의 능력으로는 규정할 수 없고 규정해서도 안 되는 '진리의 불가지성'을 말한다.

'인간이 현실이라고 믿고 살아가는 이 세계 너머를 '이데아idea, 플라톤'라고 부르자, 시간이 흐르고 있는 구체적인 일상 세계에 실존하고 있는 모든 인간은 '현존재Dasein, Being-there, 하이데거'이며 자기 의지와 무관하

게 이 세계에 '피투Geworfenheit, Thrownness, 하이데거'된 '세계-내-존재In-der-Welt-Sein, Being-in-the-world, 하이데거'이다'라고 이름한다고 해서 그것이 현실을 초월한 세계와 인간의 본질을 진리 차원에서 반영하지는 못한다. 영원히 진리의 문 안으로 들어갈 수 없는 인간의 사유 결과물들은 진리가 아니라 진리에 다가서는 과정에서 창조된 개념들일 뿐이니까.

예를 들어 '138억 년 전에 빅뱅이 있었고 우주가 팽창하면서 온도가 약 3천도까지 내려가자 양성자와 전자가 만나면서 빅뱅 후 38만년 후에 최초의 원자가 생겨났다. 중력에 의해 원자들이 뭉치면서 별이 탄생했고 별의 내부에서 우주로 방출된 원자핵들이 전자들과 만나 전기적으로 중성인 원자가 만들어졌다. 세상 모든 것은 원자로 되어 있다. 우리 인간과 세상 모든 사물은 원자로 이루어진 별의 후손이라는 점에서 동일하다'와 같은 현대 과학적 사실들도 인간 수준에서 파악 가능한 진리일 따름이다. 굳이 이름 붙인다면 '한계적 진리'라고 할 수 있을 것이다.

'명가명비상명'은 인간이 명명한 모든 이름이란 한계적 진리 하에서 포착된 사실 또는 사실이라고 믿어지는 가설만을 반영하며, 그것을 설명하는 개념은 인간의 창조적 사유의 산물 이상도 이하도 아니라는 얘기다. 언제든 새로운 사실과 가설의 등장으로 한계적 진리의 자리에서 물러날 수 있는 시한부 개념을 등에 업고 있으니, 인간에 의해 이름 지어진 모든 것은 그것의 본질을 대표하지 못한다. 따라서 '명가명비상명'을 우리는 '명칭의 비본질성'을 가리키는 표현 정도로 이해할 수 있겠다.

노자는 무無를 천지의 시작이라고 말한다. 세상은 무에서 시작되었다는 얘기다. 28장에 등장하는 '무극無極'이다. 모든 것을 있게 하는 근원이자 동시에 없게 하는 절대적 없음이다.

이어 노자는 유有를 '만물의 모체'라고 한다. 절대적 없음인 무극은 상대적 있음인 태극으로의 진화를 통해 만물을 낳는다는 것이다. '명칭의 비본질성'을 감안한다면 무극과 태극이라는 용어에 너무 연연할 필요가 없다. 삶과 죽음이 다르지 않듯 무극과 태극도 다르지 않다. 그러나 삶이 계속되는 동안은 죽음이 아니고 죽음의 단계에 진입하면 더 이상 삶이 아닌 것처럼, 만물을 낳고 기르는 것은 무극이 아니라 태극의 일이다. 절대적 없음이 상대적 있음의 상태로 변화한 후에 비로소 생명의 터전이 만들어지고 그 위에 만물이 탄생하는 것이다.

태극은 음양을 낳았다. 밤과 겨울은 낮과 여름의 소멸이 아니라 그것의 상대적 없음의 상태로 있는 것이다. 따라서 상대적 있음이란 상대적 없음의 상태를 아우르는 것이며, 유란 언제나 무를 전제한 개념이다. 감각되지 않으나 밤과 겨울에 낮과 여름이 들어 있는 것이다. 모든 인간은 음의 성질을 가진 여성에게서 태어난다. 그러나 그 전에 음이 양을 수용하는 과정이 있었다. 음양의 화합을 통해 음도 양도 탄생한다. 여자든 남자든 모두 음양의 조화로 빚어진 음양의 혼합물이다. 상대적으로 있을 뿐이다. 상대적 있음의 존재인 것이다.

무와 유가 아니라 무명과 유명을 각각 주어로 삼아 '이름이 없는 것은 천지의 시작이고, 이름이 있는 것은 만물의 근본이다'와 같이 해석하면 도와 명에 이은 무와 유의 개념을 살릴 수 없다.

무와 유, 무극과 태극, 절대적 없음과 상대적 있음, 세계의 시작과 만물의 실존은 실로 오묘한 것이다. 노자는 그 오묘함을 보려면 무욕해야 한다고 말한다. 욕欲은 『도덕경』 전반에 계속 등장한다. 37장까지의 도경에 들어 있는 욕과 그 이후의 덕경에 쓰인 욕의 뉘앙스에는 차이가 있다. 어쨌든 여기에서 노자가 말하는 욕은 무위無爲와 연결 지어야 한다. 천도와는 무관한, 인간의 욕심과 욕망이 투영된 인위적 사유로 읽으면 된다. 그런 사유로는 진리의 관문인 무와 유를 인식할 수 없다는 것이다. 그저 욕망하는 존재자로서 허상을 실체로 여기며 평범한 삶을 사는 데 그친다는 것이다.

노자는 무와 유의 명칭이 다를 뿐 한 곳에서 나왔다고 한다. 그곳이 어디인지는 이후의 내용에서 정확히 알 수 있다. 무와 유를 합쳐 현玄이라고 하고 있다. 현은 흑黑과 다르다. 검고 어둡다는 것은 겉모습에 불과하다. 그 어둠 속에 가늠할 수 없는 깊이를 품고 있다는 점에서 흑과 확연히 구별된다. 천자문의 시작인 '천지현황天地玄黃'에서 알 수 있듯이 현은 그 자체로 하늘을 상징하는 글자다. 무와 유가 현인 이유다.

오행으로 수水는 검정색이다. 수심을 알 수 없는 깊은 해저의 물빛을 연상해 보라. 그래서 수는 지혜를 상징한다. 현에 이르기 위해서는 근원적 물음과 무위의 사유를 통해 획득되는 심오한 지혜가 있어야 한다는 것을 이해할 수 있다. 사물의 현묘한 이치를 깨닫는 것을 '통현通玄'이라고 부른다. 현과 통한다는 것이다.

기껏해야 자신이 돈 번 경험과 방식을 인위적으로 법칙화한 온갖 자기 계발서를 멀리하고 『도덕경』과 같은 위대한 고전을 공부해야 하는 이유는 명확하다. 오묘하고 또 오묘한 진리의 문에 다가감으로써 인간과 인간을 둘러싼 세계에 대한 통찰을 얻으면 자기 안에 내재되어 있는 잠재력의 실체를 마주하게 되고 더 나아가 그것을 꺼내 펼칠 수 있게 되기 때문이다.

02 Chapter

성인은 분별하지 않는다. (2장)

天下皆知美之爲美 斯惡已 皆知善之爲善 斯不善已 故 有無相生 難易相成 長短相較 高下相傾 音聲相和 前後相隨 是以聖人 處無爲之事 行不言之敎 萬物作焉而不辭 生而不有 爲而不恃 功成而不居 夫唯不居 是以不去

천하개지미지위미 사오이 개지선지위선 사불선이 고 유무상생 난이상성 장단상교 고하상경 음성상화 전후상수 시이성인 처무위지사 행불언지교 만물작언이불사 생이불유 위이불시 공성이불거 부유불거 시이불거

- 세상 모두가 아름다운 것이 아름답게 된다고 알고 있지만 이는 잘못된 것이다. 모두가 선한 것이 선하게 된다고 알고 있지만 이는 잘 모르고 하는 얘기다. 그 까닭은 이렇다. 유와 무는 생함의 바탕이요, 어려움과 쉬움은 이룸의 바탕이며, 길고 짧음은 견줌의 바탕이고, 높고 낮음은 기울어짐의 바탕이며, 사물의 소리와 사람의 목소리는 조화로움의 바탕이고, 앞과 뒤는 따름의 바탕이다. 이에 성인은 무위로 일을 처리하고, 말 없이 가르치며, 만물을 짓지만 알리지 않고, 기르지만 소유하지 않으며, 위하되 의지하지 않고, 공을 이루어도 안주하지 않으며, 다만 머물지 않기에 죽지 않는 것이다.

『도덕경』에는 난해한 대목이 많다. 1장과 2장 둘 다 그러한 대목에 포함된다. 그 난해함은 다양한 해석의 여지로 인해 초래된다. 해석의 풍부한 여지는 서로 다른 사유의 가능성이 열려 있음을 보여 준다는 점에서 긍정적이지만, 노자의 통찰에 최대한 근접하는 데 장애로 작용한다는 단점이 있다. 담백하게 그의 생각에 바짝 접근해 보겠다.

노자는 본능적으로 세상 모든 것을 가르고 구별하려는 인간의 분별심에 옐로카드를 꺼내 들고 그 이유를 조근조근 설명하고 있다.

사람들은 탐스럽게 피어난 장미꽃의 아름다움을 당연하게 생각한다. 장미는 본래 아름다운 것이기에 아름다운 것이 아름답게 되는 것은 상식적으로 느껴지기 때문이다. 반대로 흉칙한 모습의 파리지옥을 볼 때 추함을 경험한다. 파리지옥은 원래 추한 것이기에 추한 것이 추하게 되는 것 역시 보편적 인식이라고 생각한다. 파리지옥이라는 명칭도 사람들의 인식을 강화하는데 한몫할 것이다. 플라톤이라면 장미 안에는 장미의 이데아인 미가 들어있고, 파리지옥 안에는 파리지옥의 이데아인 추가 들어있다고 할 것이다.

노자는 그런 인식이 그릇되다고 단호히 말한다. 오惡를 미美에 대비되는 추醜로 보면 안 된다. '잘못되다, 그릇되다'의 뜻이다. 본시 세상 만물에는 미추의 구분이 없는데 인간만이 스스로 만든 기준을 들이대고 있으며 그것은 잘못된 태도라고 노자는 말하고 있는 것이다.

미에 이어 선善에 대해서 얘기한다. 미추가 인간의 잣대에 의해 나뉠 수 없듯이 선악도 마찬가지라는 것이다. 그것은 그저 인간 스스로 불러낸 환상에 불과할 뿐이라는 것이다. 불선不善을 '착하지 않다'거나 '좋지 않다'고 해석하지 말아야 한다. 즉, 첫 두 문장을 '세상 모두가 아름다운 것이 아름답다고 알고 있지만 이는 추한 것이다. 모두가 선한(좋은) 것이 선하다고(좋다고) 알고 있지만 이는 선하지(좋지) 않은 것이다'와 같이 풀이하면 삼천포로 빠져 버리게 된다. 노자의 뜻에서 아주 멀어지게 되는 것이다.

불선不善은 앞의 오惡를 대신하여 쓰인 표현에 다름 아니다. 사람들의 인식 체계 안에서 선의 반대어는 악惡이다. 악은 곧 불선이다. 노자는 이를 활용해 오와 불선을 센스 있게 배치한 것이다. 사람들의 분별심이 잘못되었다고 지적하는 것이다.

고故를 '고로', '그러므로'와 같이 접속사로 풀이해 버리면 맥락이 전혀 맞지 않다. "내가 그대들의 앎이 잘못되었다고 말한 근거를 설명해 주겠다"의 뉘앙스로 연결되어야 한다. 따라서 "그 까닭은 이렇다", "그 연유는 다음과 같다"와 같이 해석해야 마땅하다. 노자가 사람들의 생각이 틀렸다고 일침을 가한 이유를 죽 설명하기 때문이다.

상相에 '서로'의 뜻을 적용하면 생, 성, 교, 경, 화, 수는 동사가 된다. 즉, 이하의 문장은 다음과 같이 해석된다. '유와 무는 서로 낳아 기르고, 어려움과 쉬움은 서로 이루며, 길고 짧음은 서로 견주고, 높고 낮음은 서로 기울이며, 사물의 소리와 사람의 목소리는 서로 화하고, 앞과 뒤는 서로 따른다.' 말이 안 되는 것은 아니지만 어색함을 피할 수는 없다.

결국 노자가 하려는 말을 쉽게 정리하면 다음과 같다. '유와 무가 함께 있기에 낳아 기를 수 있고, 어려움과 쉬움이 함께 있기에 완성할 수 있으며, 길고 짧음이 함께 있기에 견줌이 가능하고, 높고 낮음이 함께 있기에 경사가 만들어지고, 사물의 소리와 사람의 목소리가 함께 있기에 조화가 이루어지며, 앞과 뒤가 함께 있기에 순서가 있게 된다.'

상相에는 '돕다'는 뜻이 있다. '유무상생'이라면 '유무가 생을 돕는다' 곧 '유무가 있어 낳고 기름을 돕는다'는 뜻이 된다. 나는 상을 동사로 보고 '돕다'의 뜻을 '바탕이다'로 의역하여 독자 여러분이 내용을 직관적으로 이해할 수 있도록 하였다.

1장에서 본 것처럼 '무는 천지의 시작이고, 유는 만물의 모체'이니 생명의 탄생과 성장은 무와 유의 합작품이다. 무에서 유가 나왔고, 유가 만물의 태동을 가능하게 한 것이다. 세상에 어려운 일만 있으면 일이 진행되지도 끝나지도 않는다. 쉬운 일만 있어서는 수준 높은 결과물도 위대한 성취도 가능하지 않을 것이다. 길기만 해서는 단기 계획을 짤 수 없고, 짧기만 해서는 중장기 계획을 세울 수 없다. 집 한 채를 제대로 지을 수도 없을 것이다. 평평하기만 해서는 장맛비 한 번에 세상이 물에 잠길 수도 있다. 오르막길도 있고 내리막길도 있어야 세상 만물이 흐르며 번창하고, 깨달음으로 인생도 풍요로워진다.

음성을 무 자르듯 구분하기는 쉽지 않지만, 소음騷音, 악기음樂器音, 성악聲樂, 고성방가高聲放歌 등의 단어에 착안하여 음성을 사물의 소리와 사람의 목소리로 풀이하였다. 인간의 목소리로만 채워진 세상은 황량하다. 새소리가 들리지 않는 숲속 오솔길과 파도 소리 없는 해변은 그 자체로 죽음의 에너지로 가득한 공간이 된다. 음악 소리가 사라진 세상에서 인간의 정신은 황폐해질 것이다.

지금 노자는 세상의 모든 것은 인간의 기준에 맞추어 인간의 필요에 따라 존재하는 것이 아니라 순리에 따라 무위로 그 자리에 실재한다고 말하고 있는 것이다. 그러니 분별하지 말라는 것이다. 지금 우리의 귀에는 "미추에 대한 그대들의 인식은 잘못되었다. 눈과 귀를 열고 세상을 보고 들으라. 유무, 난이, 장단, 고하, 음성, 전후가 무위로 어우러진 저 자연스러운 세상에서 어찌 어리석게 젠더, 인종, 종교, 이념, 계급, 집단 등으로 서로 나뉘어 싸우고 있는가?"라고 훈계하는 노자의 목소리가 들려야 한다.

이제 노자의 시선은 인간으로 모아진다. "그대들과는 다르게 살고 있는 진정한 인간이 있다"고 노자는 말하고 싶은 것이다. 그가 바로 성인이다. 성인은 결코 절대자에 대한 은유가 아니다. 『도덕경』 어느 대목에서도 성인은 그런 의미로 쓰이지 않았다. 성인은 유가가 아닌 도가적 의미의 성인임에 주의해야 한다. 즉, 노자 자신과 같은 깨달은 은자를 지칭하는 것이다. 분별심을 초월한, 무애의 경지에 올라 있는 사람이다.

'처무위지사'를 직역하면 '무위의 일을 처리하다'이니 곧 무위로 일을 처리하는 것이요, '행불언지교'를 직역하면 '불언의 가르침을 행하다'이니 곧 말없이 가르치는 것이다. 세상 모든 것이 다 상대적으로 없고 상대적으로 있음을 아는 성인은 그저 순리대로 일할 뿐이요, 굳이 언어를 수단으로 삼은 가르침을 전하지 않는다는 것이다. 고개를 들어 계절이 순환하고 생명이 피고 지는 것을 보면 그 안에 하늘의 뜻이 다 담겨 있거늘, 구태여 뭘 말하고 쓰겠냐는 것이다. "그대들도 그저 보고 들어라, 그럼 알게 될 것이다", 이런 자세인 것이다.

만물을 짓는 것은 농사나 온갖 일을 한다는 뜻이 아니다. 하늘의 이치인 생명의 순환과 지속을 위해 오로지 생하고 또 생하는 일을 한다는 것이다. 순리대로 살기 때문에 하늘의 섭리에 어긋날 리가 없는 것이다. 자연의 일원이 되어 먹고살 만큼만 자연에서 얻고 다 먹으면 다시 자연에 돌려주는 삶을 살고 있다는 것이다. 그것은 특별한 일이 아니기에 외부에 드러내거나 자랑할 것이 못된다. 세상 만물이 이미 그렇게 살고 있는데 새삼스러울 것이 없다.

성인은 생산하되 소유하지 않고, 타자에 이로운 행위만을 하되 타자에 기대지도 않으며, 노력과 수고를 들여 공로를 세웠어도 그것에 취해 안주하거나 나태에 젖지 않는다고 말한다. 부질없는 소유에 집착하지 않는 삶, 이타행을 실천하되 그에 대한 대가를 계산하지 않는 삶, 더 나은 존재로의 진보를 향해 자강불식하는 삶을 사는 성인의 모습은 곧 노자 자신의 것이기도 하다. 마지막 문장에서 우리는 노자가 성인에 자신을 투영하여 말하고 있음을 눈치챌 수 있다.

"물질의 소유와 사회적 성공에 도취되어 세상에 끌려가는 삶을 살고 있는 그대들 평범한 사람들이여. 그런 삶에 머무는 한 그대들은 머지 않아 소멸될 운명에 처해 있다. 하지만 나 같은 성인은 그런 삶에서 벗어나 머물지 않고 늘 흐르고 있으니 영원히 죽지 않을 것이다." 이렇게 노자는 당당하게 말하고 있는 것이다. 그의 선언대로 그는 우리 곁에서 영원히 살고 있는 중이다.

03 Chapter

도는 비어 있어 작용한다. (4장)

道沖而用之 或不盈 淵兮 似萬物之宗 挫其銳 解其紛 和其光 同其塵
湛兮 似或存 吾不知誰之子 象帝之先
도충이용지 혹불영 연혜 사만물지종 좌기예 해기분 화기광 동기진 담혜
사혹존 오부지수지자 상제지선

- 도는 비어 있어 작용하기에 이른다. 어떤 경우에도 차지 않는다. 아득함이여, 만물의 근원인 듯하구나. 무시무시한 기세가 잦아들자 엉켜 있던 것들이 풀어지고, 빛과 어우러지더니 티끌들을 한데 뭉쳤다. 깊음이여, 어떤 존재라도 품을 듯하구나. 누가 만들었는지 몰라도 하느님보다 앞섰으리라.

『도덕경』 같이 곳곳에 난해하지만 심오한 내용을 담고 있는 고전은 읽으며 사유하는 재미가 크다. 노자의 머릿속에 들어가 보는 경험도 즐겁고, 시대를 뛰어넘은 그의 통찰을 현재와 연결해 보는 맛이 쏠쏠하다.

『도덕경』을 읽을 때 우리는 마음을 활짝 열어야 한다. 자기만의 종교적, 학문적, 경험적 도그마에 갇혀 있기를 고수하면 사유의 자유로움과 만날 수 없다. 위 4장 외의 여러 『도덕경』 텍스트에 담긴 노자의 통찰을 우리 안으로 끌어오려면 열린 마음으로 눈을 감고 앉아 잠시 노자가 되어 봐야 한다. 철학적 사유 능력이란 그렇게 길러진다고 생각한다.

도에 대한 노자의 사유는 당연하게도 세상의 근원을 향한다. 철학하는 인간은 그럴 수밖에 없다. 세계의 시초, 인간 존재의 뿌리에 대한 의문 없이 철학은 시작되기 어려울 테니까. 과학의 도움을 받을 수 없었던 노자는 자주 밤하늘 아래에 서 있었을 것이다. 밤하늘 풍경을 바라보며 그

는 끝이 없는 사유의 여행을 자주 떠났을 것이다. 우리 눈에는 별들로 가득한 우주의 일면이 들어오겠지만 그가 발견한 것은 시작도 끝도 없이 펼쳐진 광대한 허무虛無의 근원이었다.

'도충'은 비어 있음이 도의 속성이라는 것이다. 비어 있기에 쓰임이 생긴다는 것을 노자는 알았다. '도충이용지道沖而用之'를 첫 문장으로 봐야 한다. '도충'이 '도(주어)+충(술어)'의 관계이듯이 '용지'도 '용(주어)+지(술어)'의 관계로 읽어야 한다. 그러면 용지에서 '쓰임이 생긴다'는 뜻을 어렵지 않게 추론할 수 있다. 지之가 갖고 있는 원래의 개념을 살리면서 용用의 의미를 구체화하여 위와 같이 '작용하기에 이른다'고 풀이하였다. 비어 있다는 도의 속성으로 인하여 어떤 작용이 일어나게 되었다는 것이다. 원인과 결과의 관계다.

'혹불영'은 도가 비어 있다는 사유에 대한 강조다. 어떤 경우에도 가득 차는 법이 없이 텅 비어 있는 상태임이 확실하다는 얘기다.

자신이 깨달은 것에 대해 노자는 감격스러웠을 것이다. '연혜 사만물지종'이라는 표현에서 그의 심정을 느낄 수 있다. 꼭 감은 어둠 속 그의 눈앞에 사유의 결과물이 펼쳐지고 있는 장면을 상상해 보라. 엄청난 속도로 시간을 거슬러 올라가고 있는 −공상과학 영화의 화면들에서 우리가 자주 보았던− 이미지들의 향연 말이다. 마침내 고요한 한 순간에 노자는 도달했다. '연淵'이라고 그는 그 순간에서 받은 인상을 표현한다. 노자에게는 과학이라는 도구가 없었다는 것을 다시 한 번 얘기하지 않을 수 없다. 그에게는 언어의 한계가 존재했다. 못을 뜻하는 연淵에서 나는 노자의 감정이 깊음보다는 아득함과 어울린다고 느낀다. 뒤에 나오는 담湛에게 깊음의 뜻을 부여하는 것이 적절해 보인다. 지금 노자가 무엇을 본 것인지 함께 상상하면서 다음 구절로 나아가 보자.

좌挫는 '꺾다, 꺾이다'의 뜻이고, 예銳는 '날카로움, 예리함'의 뜻이니, '좌기예'를 직역하면 '날카로움이 꺾이다'라고 풀이된다. 나는 이것을 '무시무시한 기세가 잦아들다'라고 의역했다. 나는 노자가 무엇을 보면서 묘사하고 있는지 알 수 있었기 때문이다. 잠시 후 여러분도 이해할 수 있을 것이다.

'무시무시한 기세가 잦아들자 엉켜 있던 것들이 풀어지고, 빛과 어우러지더니 티끌들을 한데 뭉쳤다(좌기예 해기분 화기광 동기진).' 그렇다. 지금 노자는 빅뱅 후 우주의 탄생과 지구의 형성 모습을 묘사하고 있는 것이다. 그가 갖지 못했던 오늘날의 과학적 지식 덕에 우리는 노자의 언어를 이해할 수 있는 것이다. 인간의 언어로는 규정할 수 없는 도의 충이라는 속성을 파악한 노자의 극강의 사유력은 그로 하여금 자신을 둘러싼 세계의 처음과 만나게 해준 것이다.

'담湛'은 '괴다'는 뜻이다. 우리는 흔히 '댐의 담수湛水'라는 표현을 쓴다. '담혜 사혹존'은 어떤 존재라도 다 괴게(모이게, 담기게) 할 수 있을 만큼 끝없이 깊다는 느낌을 나타낸 것이다. '깊음이여, 어떤 존재라도 품을 듯하구나'라고 의역한 이유다.

'오부지수지자'를 직역하면 '나는 누구의 자식인지 알지 못한다'이다. 빅뱅을 표현할 언어를 갖지 못했던 노자는 앞에서 계속 사용했던 '그것(基)'을 생략해 버린다. "내가 무엇이라고 이름 붙일 수 없는 그것이 어떤 존재에 의해 일어난 현상인지는 모르겠지만…" '오부지수지자'의 뉘앙스는 이와 같다.

'상제지선'에서 '상象'이 술어고 '제지선帝之先'이 주어다. 상에는 '유추하다, 같다, 비슷하다'의 뜻이 있다. 제帝는 천제이니 하느님, 조물주다. 하느님 보다 앞선 존재가 만들었을 것이라는 마무리 말은 여운을 남긴다. 제는 제라고 이름할 수 있지만(명가명), 도라고 하면 상도가 아닌(도가도비상도), 인간의 능력으로는 감히 상상할 수도 없는 절대적 진리로서의 상도가 노자에게는 순서상 먼저일 수밖에 없는 것이다.

4장에 대한 사유는 이후 5, 6, 7장은 물론 『도덕경』의 많은 대목을 깊이 이해하는데 큰 영향을 미친다. 노자의 통찰이 어디까지 뻗어 있었는지 알게 되면, 그의 사유를 경영학, 생태학, 여성학 등에 집어넣어 기획하는 것이 얼마나 편협한 일인지 반성하게 된다.

지식을 쌓아 생각하는 힘을 기르는 것은 실상 말처럼 그리 쉬운 일이 아니다. 지혜를 길러 사유하는 힘을 키우는 것이 옳은 방향이라고 믿는다. 그러려면 지혜의 학문을 공부해야 한다.

04 Chapter

도의 작용은 무위로 이루어진다. (6장)

谷神不死 是謂玄牝 玄牝之門 是謂天地根 綿綿若存 用之不勤
곡신불사 시위현빈 현빈지문 시위천지근 면면약존 용지불근

- 곡신은 죽지 않으니 이를 현빈이라 한다. 현빈의 문, 이를 천지의 뿌리라고 한다. 면면히 존재해 온 바대로, 도의 작용은 무위로 이루어진다.

'곡신'을 '골짜기의 신'이라고 풀이하지 말고 그 뉘앙스를 간직한 채 마치 고유명사처럼 그대로 사용하는 것이 좋다. 시대와 언어의 한계 속에서 노자가 자신의 사유를 정초하는 과정에서 창조한 그만의 고유한 개념이기 때문이다. 이는 코나투스나 아장스망 등과 같은 서양 학자들이 독창한 철학 용어나 공空이나 무아無我와 같은 불교 사상의 핵심을 있는 그대로 부르는 방식과 같다.

'현빈'도 마찬가지다. '검은 암컷'이라고 해석하지 말고 그 뉘앙스를 고스란히 수용한 후, 노자가 왜 이런 용어를 쓴 것인지 깊게 파고들어야 한다.

'곡'은 '안, 음陰, 모이는 곳, 집중되는 곳, 수렴되는 곳, 압축되는 곳, 시작되는 곳, 어두운 곳' 등의 속성을 갖는다. 빈牝이라는 글자와 함께 쓰인 데 착안하여 여성성에 함몰되지 말아야 한다. 그것이 틀렸다는 것이 아니라 그것으로는 부족하기 때문이다. 2차원적 평면성에 갇혀서도 안된다. 노자가 '골, 골짜기'라는 이미지를 차용할 수밖에 없었던 허무虛無 속 미세한 하나의 틈을 향해 모든 것이 빨려 들어가는 다이내믹한 입체성 안으로 우리의 사유를 밀어넣어야 한다.

결론을 먼저 얘기하면 곡신과 현빈은 도道에 대한 은유다. '삼라만상 모든 것이 영원히 수렴되는 그 궁극의 음陰으로서의 무無 너머에 있는 비어 있음'을 노자는 도라고 정의하고 있다.

1장에서 노자는 '현玄'을 무와 유를 합친 개념이라고 했다. 수없는 오묘함의 문이라고 했다. 그 문이 6장의 '현빈지문'이고, 그 문 너머에 현빈 곧 도가 존재하는 것이다. 도의 문(현빈지문)이 천지의 뿌리 곧 천지의 근원임은 당연하다. 천지의 시작인 무와 만물의 근원인 유가 현으로서 함께 있는 '천지근'인 것이다.

'면면약존'은 이어지는 '용지불근'을 이해하면 뜻이 더 확실해진다. 면면은 앞의 불사와 동일한 개념이다. 사라지지 않고 끊임없이 이어져 온 도의 영원성을 표현한다.

'용지用之'는 『도덕경』에 총 여섯 번 등장하는데 여기의 용지는 4장의 '도충이용지道沖而用之'와 쓰임이 같다. 근勤은 '부지런하다, 힘쓰다'의 의미이니 불근은 '부지런하지 않다, 힘쓰지 않다'가 된다. 4장을 참고하여 '용지불근'을 직역하면 '작용하기에 이르는데 애쓰지 않는다'와 같이 풀이된다. 즉 '면면약존 용지불근'은 '도는 지금까지의 존재 방식 그대로 그 작용력을 무위로 행한다'는 얘기다.

우리는 우주의 근원까지 도달했던 노자 사유의 거대한 스케일을 직시해야 한다. 그래야 그의 사상의 정수가 어디에서 기원하고 있는지 정확히 알게 되어, 『도덕경』의 덕이란 도를 이해하지 못하고는 별 가치 없는 것임을 염두에 두고 이후의 텍스트를 옳은 방향으로 읽어 나갈 수 있기 때문이다.

05 Chapter

도의 기원은 황홀하다. (14장)

視之不見名曰夷 聽之不聞名曰希 搏之不得名曰微 此三者 不可致詰 故混而爲一 其上不皦 其下不昧 繩繩不可名 復歸於無物 是謂無狀之狀 無物之象 是謂惚恍 迎之不見其首 隨之不見其後 執古之道 以御今之有 能知古始 是謂道紀

시지불견명왈이 청지불문명왈희 박지부득명왈미 차삼자 불가치힐 고혼이위일 기상불교 기하불매 승승불가명 복귀어무물 시이무상지상 무물지상 시위홀황 영지불견기수 수지불견기후 집고지도 이어금지유 능지고시 시위도기

- 보려 해도 보이지 않는 것을 이라 하고, 들으려 해도 들리지 않는 것을 희라 하며, 잡으려 해도 잡히지 않는 것을 미라 한다. 이 세 가지는 분간할 수 없는 것이어서 섞여 하나로 존재한다. 그 위는 밝지 않고 그 아래는 어둡지 않다. 뭐라고 지칭할 수 없는 승승함은 무물의 때로 거슬러 올라가니, 이것은 이른바 상황 없는 상황, 무물의 형상이며, 이를 홀황이라 한다. 맞이하려 해도 머리가 보이지 않고, 따르려 해도 꼬리가 보이지 않는다. 옛날부터 관장하던 도로써 지금의 유도 다스려지니, 태고의 시작을 알 수 있다면 이를 도의 기원이라 부르겠다.

노자는 이夷(어두움), 희希(성김), 미微(미세함)를 얘기하는 것으로 이 장을 시작한다. 이런 글자는 한자 특유의 압축성이 극에 달한 수준이기에 우리말로 옮기기 쉽지 않다. 뉘앙스의 포착을 목표로 하는 것이 좋다. 아래의 예가 이해에 도움될 것이다.

당신을 우주 공간에 홀로 버려진, 영화 '그래비티'의 조지 클루니라고 상상해 보라. 보려 해도 보이지 않는 무한한 암흑의 공간, 어떤 소리도 귀에 들리지 않는 극한의 적막, 우주선으로 돌아가게 할 수 있는 지푸라기라도 있을까 손을 휘저어 봐도 손끝에 걸리는 것이 아무 것도 없는 절대적 허무가 느껴지는가? 현효한 우주 공간을 시한부로 떠돌면서 당신은 과연 보이지 않는 것, 들리지 않는 것, 만져지지 않는 것을 가려낼 수 있을까? 이, 희, 미의 뉘앙스는 이런 것이다. 그래서 노자는 인정한다. 자신의 능력으로도 이 셋을 분간할 수 없다는 것을. 이 셋은 그저 두루 섞이어 감각되지 않는 하나의 상태로 존재하고 있다는 사실을.

'그 위는 밝지 않고 그 아래는 어둡지 않다'는 것은 '알 듯한데 정작 모르겠고 모르지만 왠지 알 것만 같은', '이, 희, 미의 공간'이자 묘한 도의 속성 정도로 이해하면 된다.

'승승'은 6장의 '면면'과 동일한 의미로 읽으면 된다. '면면하다'와 '승승하다'의 사전적 정의는 각각 '끊어지지 않고 죽 잇따라 있다'와 '대代가 끊어지지 않다'이다. 일맥상통한다. 그런데 '승승불가명'의 해석은 쉽지 않다. 순서대로 풀이하면 '이어지고 또 이어지니 뭐라고 이름할 수 없다' 정도의 뜻이 될 것이다. 하지만 이 해석은 문맥상 어색하다.

관계를 이루고 있는 뒤의 문장들을 함께 읽음으로써 어떤 맥락으로 쓰였는지 파악할 수 있다. 뭐라고 불러야 할 지 도무지 감도 잡히지 않는, 이어지고 또 이어진 영원한 공간성 앞에서 노자는 시간성을 본다. 이는 마치 인공적인 불빛이 존재하지 않는 사막의 하늘에 떠 있는 은하수에서 공간이 아니라 시간을 느끼는 것과 유사하다. 무한히 펼쳐진 공간 앞에서 노자는 '아하, 이것은 시간이로구나!'라는 깨달음을 얻은 것이다. 공간의 영원성은 만물이 존재하지 않았던 빅뱅의 시점으로 귀결되는 것이다. '복귀'는 공간성과 관련된 용어이니 이를 시간성으로 치환하면 '거슬러 올라감'이 되는 것이다.

'시위'가 세 번 쓰였는데 문맥에 맞게 저마다 다르게 해석해야 한다. '이를 무엇무엇이라 한다'와 같이 천편일률적으로 풀이하면 문장의 의미가 매끄럽게 드러나지 않는다. '시위무상지상 무물지상 시위홀황'에서 앞의 '시위'는 '이것은 이른바'로, 뒤의 '시위'는 본래의 뜻으로 해석하면 된다. 공간이 곧 시간임을 깨우친 노자는 아무 것도 존재하지 않았던 무물의 때를 사유하기에 이르렀고, 그것을 '상황 없는 상황', '무물의 형상'이라고 표현한다. 어떤 일이 벌어지고 있으나 그것을 무엇이라 규정할 수 없고, 어떤 형상인 듯한데 막상 아무 것도 없는 빅뱅 후의 이미지를 상상해 보라.

노자는 '홀황'이라는 단어로 우리의 머릿속 연상을 표현하고 있다. 냉정히 말해서 우리의 뇌에 떠오르는 이미지는 상상이라고 부르기 어렵다. 우리에겐 과학적 상식이 있기 때문이다. 지금도 별이 쏟아지는 밤하늘을 올려다 보면 황홀감에 잠기는데 과학적 상식의 혜택을 입지 않은 노자의 상상 속 이미지는 얼마나 황홀했겠는가? 물론 황홀은 중의적 의미를 갖는다. '눈이 부시어 어릿어릿할 정도로 찬란하거나 화려하다', '미묘하여 헤아려 알기 어려운 상태이다'라는 두 개의 사전적 정의를 아우른다. 노자의 입장에서는 당연히 후자의 비중이 크다.

그 다음 문장이 이 추론이 옳음을 증명한다. 시적으로 멋들어지게 쓰인 이 문장은 '어디가 앞이고 어디가 뒤인지 알 수 없다', '어디가 시작이고 어디가 끝인지 모르겠다'의 의미다.

'집고지도 이어금지유'의 구조를 분석해 직역하면 '집고의 도로써 현재의 유가 다스려진다'가 된다. '집'은 '맡아 다스리다'의 뜻이고 '고'는 옛날이니, '집고지도'는 '옛날을 맡아 다스리던 도'로 해석된다. 이를 문맥에 맞게 의역하면 위와 같이 된다.

마지막 문장 '능지고시 시위도기'는 가정법으로 해석해야 한다. 이유는 다음과 같다.

노자가 사유한 것은 규정할 수는 없지만 도라는 것이 영겁의 시간 동안 존재했고 그것이 만물의 모체(만물지모, 1장)인 '유'를 지금도 주관하고 있다는 것이다. 4장에서 우리는 노자가 근원을 보았음을 알았다. 노자는 다시 한 번 그 근원에 대해 얘기하고 있는 것이다. 노자는 근원을 보았지만 그것이 무엇에 의해 시작되었는지 알지는 못했다. '누가 만들었는지 몰라도 하느님보다 앞섰으리라'라고 말했던 이유다. 따라서 '태고의 시작을 알 수 있다면'과 같이 가정법을 적용해야 하는 것이다.

　하느님보다 앞섰을 그것, 비어 있는 도를 작용하게 한 도 이전의 것, 그것을 노자는 '도의 기원紀元'이라 부르겠다고 말하며 마무리한다. 세 번째 '시위'를 '이를 무엇무엇이라 하겠다(부르겠다)'라고 해석한 것이다. 노자의 사유 스케일은 참으로 거대하다.

06 Chapter

마음이 비어야 만물의 처음이 보인다. (21장)

孔德之容 惟道是從
道之爲物 惟恍惟惚 惚兮恍兮 其中有象 恍兮惚兮 其中有物 窈兮冥兮
其中有精 其精甚眞 其中有信 自古及今 其名不去 以閱衆甫 吾何以知
衆甫之狀哉 以此

공덕지용 유도시종
도지위물 유황유홀 홀혜황혜 기중유상 황혜홀혜 기중유물 요혜명혜 기중유정 기정심진 기중유신 자고급금 기명불거 이열중보 오하이지중보지상재 이차

- 공덕이 용납하는 것은 오직 도를 좇음이다.

도가 만물을 다스림은 생각할수록 황홀하다. 홀하고 황한 가운데 형상이 있고, 황하고 홀한 가운데 만물이 있으며, 고요하고 아득한 가운데 정기가 있다. 그 정기는 더할 나위 없는 참이며, 그 가운데에 믿음이 있다. 예로부터 지금에 이르기까지 그 이름은 사라지지 않았기에 만물의 처음을 볼 수 있다. 나는 어찌 만물의 처음을 알 수 있을까? 이것 때문이지.

이 장도 크게 두 부분으로 구성되어 있다. 공덕은 도의 추구만을 받아들인다는 전제를 깔고 두 번째 단락에서 그 이유를 말한다. 따르지 않을 수 없는 도의 오묘함과 진리성이 그것이다.

공孔은 '비다, 공허하다'의 뜻이니 '공덕'은 '빔의 덕'이다. 4장에서 '도충'을 말했다. 비어 있기에 도는 작용할 수 있었다. 즉, 공덕이란 도의 '충冲'의 속성을 고스란히 수용하여 획득하게 된 최고 경지의 덕이라고 할 수 있다. 비움을 통해 도달할 수 있을 테니 '비움의 덕'이라고 부를

수 있을 것이다. 무엇을 하겠다는 인위적 마음이 비어 있는 상태에서 무위로 작용하는 덕인 것이다.

14장에 나왔던 '홀황'이 재등장하고 있다. 14장과 연결하여 읽어야 의미를 정확히 파악할 수 있다. 정精은 '정기精氣'이다. '천지 만물을 생성하는 원천이 되는 기운'의 뜻이다. 미묘하여 헤아리기 어려운 빅뱅 이후의 황홀함 속에 정기가 담겨 있었기에 천지도 만물도 피어날 수 있게 되었다는 것이다. 노자는 이것을 '심진甚眞'이라고 표현한다. 심甚은 '심히, 몹시, 매우'의 뜻이니 '심진'은 온전한 참의 의미다.

노자는 이어서 정기 가운데에 '신信'이 있다고 한다. 쉽게 말하자면 '신'은 '신앙'의 개념이다. '믿고 따르지 않을 수 없는 실체나 대상' 정도의 뉘앙스다. 그것은 당연히 도道를 은유한다.

'명名'은 앞의 '신'을 받는다. '믿음의 대상인 그것의 이름'인 것이다. 지금 노자는 '도'라는 글자를 어떻게든 언급하지 않은 채 내용을 전개하고 있는 것이다. '중보衆甫'에서 중衆은 만물을 뜻하고, 보甫에는 '막, 갓'의 뜻이 있으니 곧 빅뱅 후 만물이 막 태동하던 시점을 말한다. 만물의 처음이라고 부드럽게 풀이했다.

장난꾸러기처럼 노자는 자문자답한다. "내가 만물의 처음을 우찌 알게? 그건 내가 공덕이 있기 때문이지. 오직 도만을 좇았으니 공덕을 갖게 되었고, 만물의 처음을 사유할 수 있었던 거야!"라고 은근히 '자뻑' 기질을 내비친다. 바로 앞 장인 20장에서 갓난아이와 같아 웃을 줄도 모른다고 했지만, 아마도 노자는 이 대목을 말하면서 빙그레 미소 지었을 것이다.

노자 정도면 가끔 '자뻑'할 만 하다. 누구에게나 삶을 이어가게 하는 동력이 필요한 법이니까. 특별했던 노자에게 그것은 자기 자신에 대한 자부심이었다.

누구나 홀로 남겨진다. 절대 고독 속에서 공부하고 사유하기를 멈추지 않았던 사람은 그 시간을 두려워하지 않는다. 늘 즐겨 왔듯 다시 즐기면 그만이니까. 노자의 고독과 즐거움이 느껴진다.

07 Chapter

도는 두루 존재하되 위세를 부리지 않는다. (34장)

大道氾兮 其可左右 萬物恃之而生而不辭 功成不名有 衣養萬物而不爲主 常無欲 可名於小 萬物歸焉 而不爲主 可名爲大 以其終不自爲大 故能成其大
대도범혜 기가좌우 만물시지이생이불사 공성불명유 의양만물이불위주 상무욕 가명어소 만물귀언 이불위주 가명위대 이기종부자위대 고능성기대

- 대도는 두루 넘쳐 흘러 좌우로 넉넉하다! 만물이 그것에 의지하여 살아가지만 사양하지 않고, 공을 이루어도 명성을 차지하려 하지 않는다. 만물을 입히고 먹이면서도 주인 노릇을 하지 않고 항상 무욕하기에 작다고 할 수 있다. 만물이 돌아가지만 주인 행세를 하지 않기에 크다고 할 수도 있다. 끝까지 스스로 크다고 하지 않으니 그 큼을 이룰 수 있는 것이다.

범氾은 범람氾濫으로 우리에게 익숙한 글자다.

이 장에서는 편재성遍在性과 무위성無爲性이 도를 대도大道이도록 하는 근거임을 얘기힌다. 첫 문장이 비로 도의 편제성을 말한다. 불어난 강물이 범람하듯 '현빈지문' 너머에서 끊임없이 샘솟아 면면히 존재해 온 도는 어디에나 두루 존재하고 있다는 것이다.

다음으로 도의 무위성을 죽 이야기한다. '만물시지이생이불사'는 2장의 '만물작언이불사'를 연상시킨다. 여기의 사辭는 '사양하다, 거절하다'의 의미다. 만물이 도에 의지하여 생겨나고 살아가니, 도의 입장에서는 낳고 길러야 한다. 그 일을 거추장스러워하지 않고 그저 행한다는 것이다.

'공성불명유'에서 '명名'은 '명성'이고 '유有'는 '차지하다, 독차지하다'의 뜻이다. 도의 작용은 대가를 얻고자 함이 아니다. 그저 무위로 하는 것이다.

마치 인간이 만든 개념인 유일신의 속성처럼 자기만을 믿고 따르라고 할 법도 한데, 도는 주인으로 군림하려고 하지 않고 바라는 것도 없으니 그 존재감이 지극히 은미하다. 그래서 누군가는 도의 속성을 소小라고 부를 수도 있다. 태어나 살다가 죽은 모든 만물은 다시 도에게로 돌아와 모이니, 생색내지도 않고 모두를 다 품어 주는 그 한없는 넉넉함을 누군가는 대大라고 부를 수도 있다.

노자는 대도라고 하여 이미 도를 크다고 결론지었다. 평범한 사람들과 달리 도를 감지할 수 있는 노자에게 도가 작을 수는 없었을 것이다. 시공에 두루 존재하면서 만물을 관장하면서도 자화자찬하며 위세를 부리지 않으니 노자는 도에 대해 진정 한없이 크다고 할 수밖에 없었을 것이다.

노자가 도를 의인화하여 말한 것은 도에 대한 찬양만으로는 사람들을 이해시킬 수 없었기 때문일 것이다. 그는 사람들이 도를 보다 친밀하게 느낄 수 있기를 바랐을 것이다. 동시에 위정자들로 하여금 도의 그 거대한 포용력과 무위성을 배우기를 원했을 것이다. 백성들에게는 이상적인 군주의 모습이란 어떤 것인지, 인간으로서 지향해야 할 큰 인간의 면모란 무엇인지 생각하게 만들고 싶었을 것이다. 위정자는 무위의 정치를 펼치고 백성들은 무위의 삶을 살아간다면 세상은 저절로 이상적인 생명의 공간으로 변해 갈 테니까.

08 Chapter

감각되지 않아도 도는 우리 곁에 있다. (35장)

執大象天下往 往而不害安平太 樂與餌過客止 道之出口 淡乎其無味 視之不足見 聽之不足聞 用之不足旣
집대상천하왕 왕이불해안평태 악여이과객지 도지출구 담호기무미 시지부족견 청지부족문 용지부족기

- 큰 형상을 따라 천하는 간다. 가도 해롭지는 않고 평안함이 크기 때문이다. 음악과 음식은 지나가는 나그네를 멈추게 하지만, 도는 입구 밖으로 나와도 담백하여 아무 것도 느껴지지 않는다. 보려 해도 보이지 않고, 들으려 해도 들리지 않으나, 써도 다함이 없다.

'대상'의 상象은 14장과 21장의 '홀황한 가운데 있는 무물의 형상'이다.

'집대상천하왕'은 '천하왕집대상'이 도치된 것으로 볼 수 있다. '집執'은 '잡다'의 뜻으로, 대상에 꼭 붙어 따른다는 뉘앙스로 쓰였다.

'안평태'는 '안, 평, 태'로 각각 독립적으로 볼 것이 아니라 '안평' 곧 '평안'이 '크다(태)'고 풀이해야 한다. 천하가 대상을 따라 움직이며 가는 까닭은 천하 입장에서 아무런 해가 없을 뿐만 아니라 오히려 크게 평안하기 때문이라는 것이다. 바로 앞 장에서도 보았듯이 이는 도가 언제나 생生의 작용을 한다는 진리에 다름 아니다.

노자는 비유를 통해 도에 대한 이해를 돕는다. 어느 집 대문 앞에서 가던 걸음을 멈추게 되는 나그네의 마음에 우리는 쉽게 공감할 수 있다. 하지만 입구 곧 '현빈지문' 밖으로 나와 모든 곳에 두루 존재함에도 도를 감각하기란 어려운 일이다. '무미' 곧 아무 맛도 나지 않는 음식처럼 너

무 담백하기 때문이다. 도는 한없이 크지만 평범한 사람들에게 그것은 오감에 어떤 자극도 주지 못할 정도로 극히 은미하기 때문이다. 노자의 문학적인 표현이 매우 아름답다. 도가 입구 밖으로 나온다는 것은 도가 작용함을 뜻한다. 감각되지 않는 그것을 맛에 비유한 것은 다만 『도덕경』을 읽을 독자들의 이해를 돕기 위한 것이다.

감각되지 않는 도의 작용력, 그것은 보통 사람들에겐 보려 해도 보이지 않고 들으려 해도 들리지 않는다. 그렇기에 도의 존재를 불신하기 쉬운 것이다. 하지만 도는 단 한시도 쉬지 않고 천하를 생하며 천하의 만물을 낳아 기르고 있다. 천하와 만물의 입장에서는 도를 쓰고 또 쓰고 있는 셈이다. 마치 계곡에서 샘솟는 시냇물을 퍼내어 쓰고 또 쓰듯 말이다. 가문 날에도 산이 품고 있던 물을 내어 주는 덕에 계곡물이 마르지 않듯, 도의 작용력은 계속되어 왔고 앞으로도 영원히 지속된다고 노자는 얘기하고 있는 것이다.

인간 존재의 근원이자 인간을 둘러싼 세계의 근원인 도의 무위의 작용력을 깨달아야 하는 것 아니냐고 노자는 묻고 있는 것이다. 그래야 성인과 같은 무욕의 삶, 상생의 삶을 사는 진정한 인간으로 거듭날 수 있기 때문이다.

09 Chapter

도는 은미하게 순환한다. (40장)

反者道之動 弱者道之用 天下之物生於有 有生於無
반자도지동 약자도지용 천하지물생어유 유생어무

- 반은 도의 운동성이고, 약은 도의 작용력이다. 천하의 만물은 유에서 생겨나고, 유는 무에서 생겨난다.

　25장에 '대왈서 서왈원 원왈반 고도대(크게 움직여 멀어졌다가 돌아오기에 도는 크다)'는 문장이 있다. 여기에서의 반反은 도의 광대함을 표현하기 위한 용도로 쓰였다. 4장, 14장에서 특별히 언급되었듯이 도는 공간에 국한되지 않는다. 시공을 아우르는 개념이다.
　이 장에서 노자는 반을 도의 동動 곧 운동성을 대표하는 성질로 규정한다. 시공 어디에나 편재하는 도의 반이란 반복이며 순환이다. 인간의 사유로는 그 이유를 알 수 없지만 일정한 수학적 법칙에 따라 우주는 운행하고 있다. 항구한 도가 반복과 순환의 운동성을 갖고 있음을 노자는 알고 있었다. 다른 장에 등장하는 환還이나 복귀復歸도 반에 포함되는 개념이다.
　도의 작용력은 지극히 은미하여 평범한 사람들에게는 감각되지 않는다. 35장에 잘 설명되어 있다. 노자가 '약弱'이라고 표현한 이유다.
　무와 유의 관계는 1장에서 살펴본 바 있다.
　저마다 자기 삶의 주인공인 우리는 반과 약의 가치를 일상 안으로 끌어들일 필요가 있다. 일상은 일정한 주기로 반복된다. 우리의 모든 행위는 타인뿐만 아니라 세상 만물과 연결되어 있다. 뿌린 대로 거두게 된다. 순환이다. 따라서 도를 본받아 덕을 실천하는 인간으로 거듭나기 위해서는 반성이 필요하다. 돌이켜 볼 때, 우리는 반복 속에 함몰되어 관성적으로 살아가는 태도를 변화시킴으로써 우리 자신의 본바탕으로 돌아갈 수 있기 때문이다.

강강(强强)이 미덕인 사회에서는 부와 권력이 지배 가치의 지위를 누린다. 그것에서 소외된 이들의 목소리는 억압되기에 필연적으로 전체주의의 길을 걷게 된다. 온갖 인위적인 통제 장치가 구축되고, 평등과 복지 등 공존과 상생의 공동체 가치는 훼손되고 만다. 도의 무위성을 본받은 무위의 정치는 언뜻 유약해 보이지만 그 약함이야말로 사회의 약자들을 두루 살피는 섬세함과 따뜻함의 바탕이 된다. 개인 차원에서도 자기를 알리고자 안달하는 사람의 강함보다 뒤로 물러나 성실하게 일하고 실력을 닦으며 무위의 결과를 믿는 사람의 약함이 장기적인 성취의 가능성을 높인다.

어느 것도 숙성 없이는 오래가지 못한다. 반성할 줄 모르고 오직 강함을 드러내기만 하는 위정자나 개인의 전성기가 금방 끝나는 까닭이다.

Chapter 10

도는 드러나지 않고 모든 것을 이룬다. (41장)

上士聞道 勤而行之 中士聞道 若存若亡 下士聞道 大笑之 不笑 不足以爲道 故建言有之
明道若昧 進道若退 夷道若纇 上德若谷 大白若辱 廣德若不足 建德若偷 質眞若渝 大方無隅 大器晚成 大音希聲 大象無形
道隱無名 夫唯道善貸且成

상사문도 근이행지 중사문도 약존약망 하사문도 대소지 불소 부족이위도 고건언유지
명도약매 진도약퇴 이도약뢰 상덕약곡 대백약욕 광덕약부족 건덕약투 질진약유 대방무우 대기만성 대음희성 대상무형
도은무명 부유도선대차성

- 높은 수준의 선비는 도를 들으면 부지런히 행한다. 중간 수준의 선비가 도를 들으면 있는 둥 마는 둥 하며, 낮은 수준의 선비가 도를 들으면 크게 비웃는다. 비웃지 않으면 도가 되기에 부족하다. 그래서 다음과 같은 격언이 전해진다.

'도를 밝힐수록 어두워지는 듯하고, 도에 다가갈수록 밀려나는 듯하며, 도를 보려할수록 어그러지는 듯하다. 싱딕은 골짜기와 같아서 깨끗힘이 클수록 더러운 듯하고, 덕을 넓힐수록 부족해지는 듯하며, 덕을 세울수록 줄어드는 듯하다. 질박한 본성은 고정되어 있지 않은 것 같다. 큰 네모는 모퉁이가 없고, 큰 그릇은 완성이 늦으며, 큰 소리는 들리지 않고, 큰 형상은 형체가 없다'

도는 이름 없이 숨어 있다. 다만 도는 자신을 내주어 이루는 것을 좋아할 뿐이다.

이 장은 크게 세 단락으로 구성되어 있다. 첫 단락에서는 도에 대한 태도가 선비들의 수준별로 어떻게 다른지 설명한다. 두 번째 단락에서는 도에 대한 태도의 차이가 도에 대한 인식의 차이에서 비롯됨을 격언을 빌려 얘기한다. 세 번째 단락에서는 인식의 차이가 생길 수밖에 없게 만드는 도의 무위성과 타생성을 결론적으로 말한다. 타생他生은 7장의 자생自生에 대비하여 내가 사용하는 개념이다. 자신을 먼저 생하지 않고 자신 밖의 생을 우선시하는 것이다. 내가 이 개념을 사용하는 이유를 7장에서 확인할 수 있다.

아마도 노자는 기회 닿는 대로 선비들에게 도에 대해 얘기한 모양이다. 성숙한 영혼을 가진 수준 높은 선비들은 실천에 옮기는 반면, 어중간한 선비들은 마음으로 온전히 수용하지 못하니 하는 둥 마는 둥 할 뿐이고, 제 잘난 맛에 사는 수준 낮은 선비들은 무슨 헛소리냐며 비웃을 따름이다. 빈 수레가 요란한 법이다. 그들이 비웃지 않으면 아직 도가 되기에 부족하다는 노자의 말이 웃음을 자아낸다. 실제로 과학 기술을 맹신하는 사람들 중에는 인문학, 그 중에서도 특히 『주역』, 『도덕경』, 명리학 등을 깔보는 자들이 있다. 개념 없는 사람들과는 말을 섞을 필요가 없다. 그런 사람들을 위해 칼 세이건이 남긴 말이 있다. "우리는 강렬하게 과학과 기술에 의존하는 사회에서 살고 있지만, 과학과 기술에 대해서 아는 사람은 거의 없다"

두 번째 단락도 구조를 분석한 다음 풀이에 들어가야 한다. 마구잡이로 해석하면 그야말로 중구난방이 되고 만다. 노자는 '도-상덕-대大의 메타포'가 담긴 격언을 차례로 풀어놓는다.

먼저 도에 대한 격언이다. '명도', '진도', '이도'를 '밝은 도', '나아가는 도', '평탄한 도'라고 번역하면 안 된다. 『도덕경』에서 노자가 도를 다르게 부를 때의 명칭은 상도常道, 대도大道, 천도天道뿐이다. 명도, 진도, 이도 등은 도의 종류나 도의 다른 명칭이 아니다. 38장의 '실도失道'와 같은 방식으로 풀이해야 한다.

'도를 밝힐수록 어두워지는 듯하다'는 것은 알면 알수록 도에 대해 더 알 듯 말 듯해진다는 뜻이다. 도가 만물을 다스리는 방식은 황홀하기 때문이다(21장). '도에 다가갈수록 밀려나는 듯하다'는 것도 마찬가지다. 일반인들에게 도의 실체는 감각되지 않기 때문이다. '이것이 도인가 보다'라고 생각하는 순간 도는 다시 훌쩍 멀어지고 만다. 『도덕경』의 시작이 '도가도비상도'인 이유다.

'이夷'는 14장에서 '보려 해도 보이지 않는 것'을 지칭하는 글자였다. 따라서 '이도'는 '도를 보려 하다'의 뜻이고, '뇌纇'는 '어그러지다'의 의미이니, '도를 보려할수록 어그러지는 듯하다'는 것은 도를 시각적으로 선명하게 느끼려고 할수록 그 이미지가 더욱 흐려져 또렷이 분간할 수 없다는 의미다.

다음으로 상덕에 대한 옛말을 소개한다. 이 대목을 읽을 때 역시 주의해야 한다. 앞에서 도에 대한 격언을 말했듯이 이번에는 상덕에 대한 그것이 이어질 뿐이다. 구절을 전부 토막 내어 순차적으로 해석하는 것은 그저 직역 수준의 번역에 불과할 따름이며, '광덕'과 '건덕'을 '상덕'과 같은 덕의 일종으로 읽는 오류를 범하게 만든다. 앞에서 '명도', '진도', '이도'를 해석한 방식과 동일하게 풀이해야 한다.

따라서 '상덕약곡 대백약욕'은 함께 연결하여 해석해야 한다. 따로 읽으면 생뚱맞다. 상덕이 골짜기와 같다고 하다가 갑자기 깨끗함을 얘기하는 셈이니까. 욕辱의 뉘앙스를 잘 파악하는 것이 중요하다. 28장을 참조해야 한다. 6장 해설에서 설명했듯이 골짜기에는 '안, 음陰, 모이는 곳, 집중되는 곳, 수렴되는 곳, 압축되는 곳, 시작되는 곳, 어두운 곳' 등의 속성이 있다. 낮은 곳에 비어 있는 상태로 위치하기에 그 자체로 세상 사람들이 꺼리는 장소이며, 모든 것이 섞여 탁한 곳이다(15장). 깨끗함과 더러움은 골짜기로 비유한 상덕에 관련된 것에 다름 아니다. 절대로 상덕과 별개로 풀이하면 안 된다.

뒤의 '광덕'과 '건덕'이 포함되어 있는 구절도 상덕과의 관계 속에서 해석해야 한다. 상덕이란 골짜기와 같으니 아무리 채우려고 해도 영원히 채워지지 않는 도를 닮았다. 늘 비어 있는 상태로 남아 있는 것이다. 그렇기에 아무리 덕을 확장시켜도 늘 부족하게 느껴지는 것이 당연하다. '이제 확고하게 덕을 세웠다'라고 생각되는 순간에도 마치 도둑 맞은 것처럼 오히려 덕이 줄어든 기분이 든다는 것이다.

'질진'을 '본질적인 참, 진리' 등으로도 번역할 수 있다. 하지만 『도덕경』에 자주 등장하는 통나무(樸)의 상징성을 감안하면 그 뉘앙스를 살려 '질박한 본성'이라고 해석하는 것이 가장 적절해 보인다. '유渝'는 '변하다'는 뜻이다. 곧 '고정되지 않다'는 의미다. 즉, '질박한 본성은 고정되어 있지 않은 것 같다'는 말은 비어 있기에 변화의 여지를 만들어 무위로 작용하는 '상도'를 제외하고는 그 어떤 것도 결코 고정불변의 것이 아님을 설명하는 것이다. 상덕이란 반복과 순환의 이치 속에서 도를 깨우쳐 그것에 가까이 다가가려는 지속적인 운동의 과정이라는 것이다.

마지막으로 노자는 크다(大)는 것의 의미를 가르쳐 주기 위해 메타포를 구사한다. 당연히 독자들을 대도와 대덕, 상도와 상덕의 참뜻에 근접시키려는 노력의 일환이다. 비록 건언이라고 앞에서 말했지만 사실은 다 노자가 직접 하는 말이다.

'방方'에는 '본뜨다, 모방하다'의 뜻이 있다. 즉, 방은 하늘의 이치를 따르는 땅의 형상이자 성정이다. 『주역』 중지곤괘의 '직방대直方大(곧고 네모나며 크다)'에 이 방의 개념이 쓰였다.

다음으로 말도 많고 탈도 많은 '대기만성'이 나온다. 만晚을 면免으로 읽어서 '큰 그릇은 이룸을 면한다'거나 '큰 그릇은 완성되지 않는다'와 같이 해석해야 한다는 주장이 점점 우월적 지위를 누리고 있는 듯하다. 하지만 나는 동의하지 않는다. 애초에 성인은 그릇이 아니기 때문이다(28장). 성인은 그릇이라는 인재를 쓸 뿐이다. 작은 그릇은 찰흙을 빚어 금방 만들 수 있다. 하지만 거대한 크기의 그릇을 만들고자 한다면 재료도 많이 필요하고 손으로 빚고 굽는 데 많은 시간이 소요될 수밖에 없다.

중간에 실수라도 하면 처음부터 다시 시작해야 한다. 대기만성은 변함없이 우리에게 희망의 언어이자 용기의 언어로 남아 있다.

마음이 산란할 때 억지로 잠을 청하면 세상의 작은 소리들이 귀로 달려든다. 자명종 초침 걸음 소리, 창문을 두드리는 빗방울 소리, 비에 젖은 도로 위를 달리는 자동차 바퀴의 마찰음 등. 그 뿐만 아니다. 낮에 인상을 쓰며 나무라던 상사의 목소리까지 되살아나 귓전에 꽂힌다. 하지만 우리를 싣고 우주 공간을 질주하는 지구라는 비행선이 약 1,670km/h로 자전하고 약 107,200km/h로 공전하면서 내는 소리나 먼 우주에서 별과 은하가 폭발하는 소리는 들리지 않는다. 우리를 바르게 인도하는 하늘의 거대한 목소리는 감각되지 않는다. 그래서 큰 소리는 단순히 물리적 음량의 세기만을 말하지 않는다. 그것은 너무도 커서 오히려 은미하게 느껴지기 때문에 준비된 사람의 마음의 귀에만 들리는 도의 음성과 같다. '대음희성'의 의미다.

고성능 카메라로 별이 새하얗게 박혀 있는 밤하늘을 촬영한다고 해서 그것이 우주의 실체가 되지는 않는다. 제임스 웹 우주 망원경으로 더 먼 우주를 들여다본다고 해도 마찬가지다. 우리는 우주의 형상을 규정할 수 없다. 큰 소리와 마찬가지로 큰 형상 역시 단지 물리적 크기만을 말하지 않는다. 우리는 가슴속에 우주를 품은 듯한 큰 인물의 심중을 가늠할 수 없다. 『사기』의 기록대로라면 공자는 노자에게서 실체를 가늠할 수 없는 큰 인간의 면모에 압도되었던 것일 테다. '대상무형'의 뜻이다.

노자는 결론을 말한다. 그것은 두를 빌려 자신에 대해 하는 말이기도 하다. 노자는 무명의 은자로 지내면서 자신이 깨달은 것을 선비들의 성장과 성취를 위해 가르쳐 주었다는 것이다. 그들 중에 소수만이 알아듣고 실천에 옮겼다는 것이 첫머리에 나왔다. 은자로 살았지만 노자의 이름은 세상에 알려지게 되었다. 우리도 그런 무위의 유명을 추구해야 할 것이다. 그것이 높은 수준의 영혼을 가진 사람이 취해야 할 자세일 것이다.

11 Chapter

감각을 다스리면 고통이 끊어진다. (52장)

天下有始 以爲天下母 旣得其母 以知其子 旣知其子 復守其母 沒身不
殆 塞其兌 閉其門 終身不勤 開其兌 濟其事 終身不救
見小曰明 守柔曰强 用其光 復歸其明 無遺身殃 是謂習常
천하유시 이위천하모 기득기모 이지기자 기지기자 복수기모 몰신불태 색
기태 폐기문 종신불근 개기태 제기사 종신불구
견소왈명 수유왈강 용기광 복귀기명 무유신앙 시위습상

- 천하에 시작이 있어 천하의 어미가 되었다. 어미를 깨달으면 자식을 알게 된다. 자식을 알았으니 돌아가 어미를 지키면 삶이 다할 때까지 위태롭지 않다. 구멍을 막고 문을 닫으면 종신토록 괴롭지 않게 되고, 구멍을 열고 그것의 일을 도우면 종신토록 구원 받지 못한다.
작음을 보는 것을 명이라 하고, 부드러움을 지키는 것을 강이라 한다. 그 빛을 써서 명으로 돌아가면 몸에 재앙을 남기지 않으니, 이를 습상이라 한다.

이 장의 '모母'는 '천하모'이므로 1장의 '만물지모'가 아니다. 25장의 '천하모'와 연결된다. 여기의 '모母'는 '자子'와 함께 쓰였으니 은유법을 쓴 노자의 의도대로 '근본'이 아니라 '어미'라고 직역하는 것이 좋다. '자'는 당연히 천하를 가리킨다.

'천하모'가 '도'임을 알았으니 '득기모'는 곧 '득도得道'다. 따라서 '어미를 깨달으면 자식을 알게 된다'는 말은 도를 깨달으면 천하를 알게 된다는 뜻이 된다. 기旣는 굳이 해석할 필요가 없다. 그 다음 문장은 천하를 알았으니 근본으로 돌아가 도를 따르면 사는 동안 위태롭지 않다는 의미

가 된다. '몰신'은 뒤의 '종신'과 동일한 뜻이다. 노자가 구분하여 사용했으니 위와 같이 풀이를 달리했다.

'태兌'는 '구멍'의 의미로 쓰였다. 눈, 코, 귀의 구멍 6개와 입을 합한 칠규七竅로 보면 된다. 인간의 몸에 난 일곱 개의 구멍은 현상계를 감각하는데 소용된다. 현상계 너머의 도를 인식하는 데는 오히려 방해가 된다. 그것은 접촉하는 외부 대상들로부터 쾌감을 얻고자 하는 성질이 있기 때문이다. 『주역』 중택태괘의 괘명 태兌는 기쁨을 뜻하는데 노자가 구멍의 의미로 굳이 태라는 글자를 쓴 이유를 이해할 수 있다.

구멍을 막는 것은 물질계로부터 전달되는 정보와 자극의 수용을 차단하는 것이요, 문을 닫는 것은 물질계와 단절하는 것이다. 문은 접점이자 통로이니까.

'불근'은 6장에 나왔던 단어이지만 여기에서는 의미가 다르다. 물질계의 현상으로부터 멀어져 고요하게 무위의 도와 함께하면 근심이 없어 괴로울 일도 없지만, 쾌감에 취약한 칠규를 활짝 열고 그것의 감각 기능에 몸을 무방비 상태로 맡기면 평생 끊이지 않는 걱정 속에서 괴롭게 살아간다고 노자는 얘기한다.

이제 노자의 결론이 담긴 두 번째 단락으로 이어진다. '명明'이 다시 등장한다. 여기서부터는 16장과 함께 읽어야 한다. 16장에서 '근원으로 돌아감을 정이라 하고, 이를 복명이라 하며, 복명을 상이라 하고, 상을 아는 것을 명이라 한다'고 했다. 따라서 '명'은 곧 '상을 아는 것(지상知常)'이다. 변치 않는 한결 같은 이치를 아는 것이다. 35장에서 우리는 도가 얼마나 은미한 것인지 알았다. 16장과 함께 읽으면 '견소'란 근원으로 돌아가 감각되지 않는 은미한 도를 감지하는 것이고, 그것이 곧 밝음으로 상징되는 깨달음인 것이다.

'강强'은 부정적 뉘앙스로 자주 쓰였지만 여기에서는 부드러움을 지키고 유지하는 것의 의미로 쓰였다. 부드러움을 잃지 않는 것이 진정한 강함이라는 것이다.

'광光'은 앞의 '견소왈명 수유왈강'을 받는다. 즉, '용기광'이란 '그 지혜를 활용하여'라는 뜻이다. '복귀기명'은 곧 '복명'이다. 상을 아는 상태로 복귀하는 것이다. '복명=상=근원으로 돌아감'이다. 노자는 이를 '습상'이라는 용어로 부르고 있다.

도를 잃은 채 칠규로 감각되는 물질계의 일들로 고통 받는 것이 인간의 보편적 삶이다. 그럴 때마다 우리로 하여금 "고통이 왜 일어나는 것인지 알아채고 근원으로 돌아가기 위한 '어린 새의 날갯짓'을 시작하라, 한 번에 되지 않으면 반복하라"는 의미로 노자가 '습習'을 사용했음을 어렵지 않게 추론할 수 있다.

12 Chapter

도가 있어 세상이 유지된다. (56장)

知者不言 言者不知 塞其兌 閉其門 挫其銳 解其分 和其光 同其塵 是謂玄同
故 不可得而親 不可得而疏 不可得而利 不可得而害 不可得而貴 不可得而賤 故爲天下貴
지자불언 언자부지 색기태 폐기문 좌기예 해기분 화기광 동기진 시위현동
고 불가득이친 불가득이소 불가득이리 불가득이해 불가득이귀 불가득이천 고위천하귀

- 아는 사람은 말이 없고, 말하는 자는 알지 못한다. 구멍을 막고 문을 닫으면, 무시무시한 기세가 잦아들며 엉켜 있던 것들이 풀어지고 빛과 어우러지며 티끌들이 한데 뭉친다. 이를 현동이라 한다.
이에 얻는다고 가까이할 수는 없지만 얻어서 멀어지지는 않으며, 얻는다고 이롭게 될 수는 없지만 얻어서 해롭게 되지는 않으며, 얻는다고 귀하게 되지는 않지만 얻어서 천하게 되지는 않는다. 그렇기에 천하가 귀하게 되는 것이다.

    2장과 43장에서 우리는 '불언지교'가 성인의 가르침임을 알았다. 그러므로 '지자'는 당연히 말이 없다.
    52장과 4장의 표현들이 어울리고 있다. 물질계로부터 전달되는 정보와 자극의 수용을 차단하여 물질계와 단절하면 현묘함을 느끼게 된다고 노자는 말하고 있는 것이다. 4장의 저 문장은 빅뱅에 대한 묘사임을 앞에서 보았다. '현동'이란 현과 하나된다는 뜻이다. 우리는 1장의 '동위지현'을 떠올려야 한다. 즉, 현동이란 무와 유가 합쳐진 '현玄'과 동화되는 것, 오묘한 도를 감지하는 것이다. 따라서 '지자'의 앎의 대상은 당연히

'도道'이다.

지자는 노자 자신이기도 하다. '도가도비상도'이니 도를 깨달았다고 해서 도를 말하기란 어렵다는 것이다. 그러므로 말을 아끼고 그저 도와 하나되어 도에 순응하며 살 뿐인 것이다. 오히려 도를 모르는 사람들이 그럴싸한 논리의 언변으로 사람들을 현혹할 뿐이라는 것이다.

'불가득이친'은 '불가친'에 '득이'가 삽입되어 '친'을 꾸며 주는 구조다. 이하의 구절이 다 동일하다. 구조는 동일하지만 해석의 묘를 살려야 문장의 내용이 선명해진다. '불가득'에서 '득'의 대상이 무엇인지 적확하게 짚어 내는 것이 관건이다.

득의 대상은 현동이다. 노자는 친소親疏, 이해利害, 귀천貴賤을 얘기한다. 현동이란 '도라는 것이 있구나, 도가 이런 것이구나' 감지하는 것일 뿐, 도 그 자체 곧 '현빈玄牝'을 오롯이 알 수는 없으니 도에 가까이 갈 수는 없다. 하지만 현동을 얻었으니 도로부터 멀어지지는 않는다.

또한 오묘한 도의 존재를 감지하게 되었다고 해서 그것이 부와 명예라는 세속의 가치를 얻게 해주지는 않지만 손해 날 일도 천하게 될 일도 없다고 말한다. 바로 그 점 덕분에 천하가 귀하게 될 수 있다는 것이 노자의 결론이다.

만일 도라는 것이 인간의 노력 여하에 따라 도달할 수 있는 목표와 같은 것이고 그것을 달성하여 부와 명예를 얻는 것이 가능하다면, 천하는 도가 있음으로 해서 오히려 무도한 세상으로 바뀌어 버릴 것이다. 그곳은 오직 이익만을 추구하는 난장판으로 전락하여 어떤 고귀함도 찾을 수 없는 천박함으로 가득 차게 될 것이다.

지자인 노자는 말하고 있는 것이다. "도가 있어 천하가 귀할 수 있는 것이다. 나처럼 도를 깨닫기는 쉽지 않은 일이지만 세속의 가치로부터 멀어지면 도의 존재를 감지할 수 있게 될 것이다. 그렇게 된다고 해서 돈이 벌리거나 이름나지는 않겠지만, 고귀함이 유지되는 세상에서 고통 없이 살아가게 될 것이다." 52장에서 '구멍을 막고 문을 닫으면 종신토록 괴롭지 않게 된다'고 노자가 말했던 이유는 이렇게 다시 연결된다.

머리를 들어
하늘을 보라.

당신은 열려 있는가,
갇혀 있는가?

PART II

무위와 인위

: 무위무패無爲無敗 – 무위로 하면 패하지 않는다.

01 Chapter

엘리트들에게 휘둘리지 마라. (3장)

不尙賢 使民不爭 不貴難得之貨 使民不爲盜 不見可欲 使民心不亂 是以聖人之治 虛其心 實其腹 弱其志 强其骨 常使民無知無欲 使夫智者不敢爲也 爲無爲 則無不治

불상현 사민부쟁 불귀난득지화 사민불위도 불견가욕 사민심불란 시이성인지치 허기심 실기복 약기지 강기골 상사민무지무욕 사부지자 부감위야 위무위 즉무불치

- 현자들을 높이지 않아야 백성들이 다투지 않게 된다. 얻기 힘든 재물을 떠받들지 말아야 백성들이 도둑질하지 않게 된다. 욕망해도 좋다는 견해를 내보이지 말아야 백성들의 마음이 어지럽지 않게 된다. 이런 이유로 성인의 가르침은 욕심을 비워 내면의 실질을 채우고, 사사로운 생각을 약화시켜 내면의 기개를 강하게 하라는 것이다. 항상 백성들을 무지, 무욕하게 하여, 지자라는 사람들이 함부로 하지 못하게 하라는 것이다. 무위로 하면 다스리지 못함이 없다는 것이다.

'불상현 사민부쟁'을 직역하면 '현자들을 높이지 않는 것이 백성들로 하여금 다투지 않게 한다'는 뜻으로, 영어식으로 보면 '주어(불상현)+사역동사(사)+목적어(민)+동사원형(부쟁)'의 구조다. 같은 구조의 문장 세 개가 이어지고 있다. 부드럽게 의역하여 위와 같이 풀이하였다.

현賢은 현자다. 뒷부분의 지자智者와 동일한 의미로 보면 된다. 요즘식으로 표현하면 좋은 대학 나와서 높은 학위, 신분을 취득하거나, 사업 등 자기 분야에서 성공하여 유명해진 사람들이다. 베스트셀러도 내고, 강연 무대에도 서고, 방송에도 등장하는 등 대중에게 성공한 사람, 남다

른 지혜를 가진 사람으로 인식되는 이들이다. 말의 권력을 획득한 사람들이다. 노자의 시대로 봐도 굳이 정치인에 국한시킬 필요는 없다.

예나 지금이나 세상은 이름난 사람들을 조명하는 법이다. 소위 상품성이 있기 때문이다. 돈이 되고, 파급 효과가 있기 때문이다. 실체는 중요하지 않다. 유명세에 따라붙는 부와 명예를 본 대중은 자신들도 그것을 누리기 위해 치열하게 경쟁하기를 마다하지 않는다. 마케팅이라는 미명 하에 자신을 포장하고 미화하는 위선적인 짓을 서슴없이 저지르기도 한다. 노자는 사람을 우상화하는 사회, 우상이 되기를 좇는 세태를 비판하고 있다.

일반인들에게 돈을 버는 일은 쉽지 않다. 노자는 '난득지화'로 축재의 어려움을 인정한다. 귀貴는 귀하게 여긴다는 뜻이니, 돈에 높은 가치를 부여하는 것이요 모으기 힘든 돈을 많이 번 사람을 대우하는 것이다. 존재가 아니라 소유가, 과정이 아니라 결과가 대접 받는 모습을 확인한 대중은 수단과 방법을 가리지 않고 돈을 추구하는 경향을 띠게 된다. 전세 사기도 치고, 주가 조작도 하고, 불법 다단계도 하고, 횡령도 하는 것이다. 정직한 노력 없이 타인의 돈을 강탈하는 짓은 모두 도적질에 포함된다. 사람 위에 돈을 올려놓은 물질 중심의 사회 풍조에 대한 일갈이다.

가욕可欲은 '욕망해도 좋다'는 것이다. 견見은 그런 입장과 견해를 밝히는 것이다. 노자는 이미 욕망을 긍정하는 근현대 철학과 욕망하는 주체로서의 인간을 상정하고 있다. 어느 시대나 보편적일 수밖에 없는 인간과 사회의 본질을 꿰뚫어보고 있는 것이다. 인간의 한계를 통관洞觀하고 있다는 얘기다. 대중은 욕망을 자극하는 기획에 휘둘린다. 웰빙, 힐링, 욜로, 소확행 등의 외부 개념에 정신없이 내둘린다. 노자는 사회가 강제하는 욕망을 자기의 것으로 착각하며 살아가는 대중의 심리를 정확히 꿰뚫고 있다. 소비를 미덕으로 내세우며 욕망의 실현을 부추기는 자본주의의 메커니즘에 대한 비판으로도 우리는 얼마든지 읽을 수 있다. 『도덕경』이라는 고전 텍스트의 위대함이요, 노자의 빛나는 통찰이다.

세상의 의도에 영향 받는 인간 마음의 작동 방식이 어떠한지 알려 준 다음, 노자는 주체적 인간으로 살기 위한 방법을 일러 준다. 성인이라는 단어에 노자의 자아가 투영되어 있음을 우리는 이미 알고 있다.

'허기심 실기복, 약기지 강기골'은 '마음을 비우고 배를 채우다, 뜻을 약하게 하고 뼈를 강하게 하다'와 같이 해석하면 안 된다. 복腹과 골骨을 물리적인 것으로 보는 한 노자의 진의와는 아주 멀어지게 된다. 시를 읽어 감수성을 키우고 『주역』을 공부하여 동양 고전 특유의 은유법에 익숙해지면 『도덕경』 독해에 필요한 눈을 갖게 된다.

심心은 마음은 마음이되 진짜 마음이 아니다. 외부 요인에 의해 피동적으로 좌우되는 가짜 마음이다. 욕심이고 탐심이다. 복腹은 외부 요인이 건드리지 못하는 속마음이다. 깊은 내면이다. '나'를 '나'라고 할 수 있는 오롯한 정신이다. '실기복'은 그 오롯한 정신을 키우고 채우라는 것이다. 그러면 심心의 영역은 점차 줄어들어 점차 주체성을 회복할 테니까.

지志를 일반적인 '뜻'의 개념으로 풀이하면 얻을 게 없다. 사사로운 생각이다. 현자, 지자라고 불리는 사람들(士)의 영향력에 의해 지배된 상태의 마음(心)으로 인해 생겨나는 생각이다. 지는 심보다 강하다. 유명한 사람들의 권위에 눌려 있기 때문이다. 그래서 복을 키우고 채우는 것만으로는 극복하기 어렵다. 노자는 복 안에 골을 세워 강하게 하라고 얘기한다. 오롯한 정신 안에 절대 굽거나 휘지 않을 정신의 뼈대까지 단단하게 구축해야 한다는 것이다.

백성들을 무지하게 하라는 것은 스스로 깨달아 안 지(지혜) 외의 외부에서 강제로 주입한 지(위장된 지식)에서 자유롭게 하라는 뜻이다. 자유로워지면 헛된 욕망에서 벗어나게 되고, 이른바 배웠다는 사람들, 잘나가는 사람들이 감히 함부로 떠들 수 없게 된다.

다시 무위에 대한 강조로 마무리하고 있다. 노자는 현자와 지자라고 하는 사람들의 언행이 작위적임을 지적했다. 그들의 말과 행동에는 의도가 다분하다는 것이다. 그 의도를 간파하고 스스로 자유로운 존재로 거듭나기 위해서는 내면의 힘을 길러야 한다는 것이다. 스스로 순리대로 할 때 그것은 개인의 무위가 된다. 지배하기 위해 감추고 속이고 조장하지 않을 때 그것은 리더의 무위가 된다. 노자는 우리가 자유로운 '내' 삶의 주인이 되기를, 정직하고 의로운 리더가 되기를 바라고 있다.

02 Chapter

내면의 수양에 집중하라. (12장)

五色令人目盲 五音令人耳聾 五味令人口爽 馳騁畋獵令人心發狂 難得之貨令人行妨 是以聖人爲腹不爲目 故去彼取此
오색영인목맹 오음영인이롱 오미영인구상 치빙전렵영인심발광 난득지화영인행방 시이성인위복불위목 고 거피취차

- 오색은 사람의 눈을 멀게 하고, 오음은 사람의 귀를 먹게 하며, 오미는 사람의 입을 망가지게 하고, 사냥하며 말 달리는 것은 사람의 마음을 미쳐 날뛰게 하며, 얻기 힘든 재물은 사람의 행동을 그르치게 하기에 성인은 배를 위하지 눈을 위하지 않는다. 그러므로 저것을 버리고 이것을 취한다.

평이한 내용이어서 쉽게 이해할 수 있다. 말초적 자극을 강요하는 외부 대상으로부터 멀어지기를 요구하는 것이다.

딱 한 글자 '복腹'에 대한 정확한 이해가 필요하다. 복이라는 글자는 3장의 '허기심 실기복'과 이 장에서 유이하게 사용되었다. 우리는 다음의 5장에 나오는, 백성을 '지푸라기로 만든 개'로 여기는 불인한 성인의 입장에서 이 글자를 봐야 한다. '백성은 먹을 것을 하늘로 여긴다'는 유가적 관점을 지양해야 한다. 그래서 '허기심 실기복'에 대한 해설을 참조하면 노자가 배를 위한다고 한 말의 의미를 정확히 알 수 있다. 오관을 통한 외부 세계의 감각이 아니라, 그것으로부터 자유로운 깊은 내면과 오롯한 정신을 갖기 위한 수양에 주력한다는 것이다.

03 Chapter

무심하게 살아라. (5장)

天地不仁 以萬物爲芻狗 聖人不仁 以百姓爲芻狗 天地之間 其猶橐籥
乎 虛而不屈 動而愈出
多言數窮 不如守中
천지불인 이만물위추구 성인불인 이백성위추구 천지지간 기유탁약호 허
이불굴 동이유출
다언삭궁 불여수중

- 천지는 불인하여 만물을 지푸라기로 만든 개로 여긴다. 성인도 불인하여 백성을 지푸라기로 만든 개로 여긴다. 천지의 사이는 풀무와 같다! 비어 있기에 다하지 않고, 움직이면서 더욱 내놓는다.
말이 많으면 자주 궁색하게 되니, 마음을 다스리는 것만 못하다.

'불인'은 '무심하다'는 뜻이다. 생각도 감정도 관심도 없는 것이다. 천지는 무심하기에 '버려진 섬마다 꽃이 피는' 것이고, 진도 바다와 이태원 골목 위로 햇살은 부서지는 것이다. '추구'는 하찮은 것을 상징한다. 개 농이나 담배꽁조로 대체해도 아무 상관 없다.

천지는 순환과 지속의 섭리 안에서 만물을 낳고 기를 뿐, 각 개체의 삶에 개입하지 않는다. 오랜 시간이 흐른 뒤에도 헤어진 연인을 잊지 못해 시린 가슴을 부여잡고 외로워하는 사람의 마음을 위로해 주지 않는다. 밤새 쏟아지는 장맛비에 젖어 한기와 굶주림에 시달리는 길고양이에게 따뜻한 집과 밥을 구해 주지도 않는다. 그것은 생명들 간에 알아서 할 일이라는 것이다. "다시 시작하자고 용기 내어 전화하는 것도, 우산을 쓰고 나가 고양이에게 먹이를 건네고 집안에 들이는 것도 다 그대들

의 일"이라며 그저 무심히 지켜볼 뿐이다. 세상에는 이런 예보다 훨씬 더 슬프고 고통스러운 일들이 많다. 천지는 그저 불인하다.

자연의 섭리를 깨우친 성인도 마찬가지 입장이다. 속세로부터 멀어진 성인이 사람들의 삶 가까이 다가서는 일은 없다. 그저 무심히 관조할 따름이다.

노자는 하늘과 땅 사이를 풀무에 비유한다. 4장에서 우리는 도가 비어 있다는 이치를 알았다. 비어 있기에 작용력이 생긴다. 꽉 찬 것에는 변화의 여지가 없다. 우리의 마음이 에고로 가득하다면 우리의 가슴속에는 타인이 들어올 여지가 만들어지지 않을 것이다. 비어 있기에 풀무가 공기를 빨아들이고 내뿜으며 바람을 일으키듯이, 천지간은 비어 있어 음양이 소통하고 조화를 이루며 만물을 번성하게 한다. 가득 차 있기만 한 풀무는 바람을 내뱉지도 못하고 풍선처럼 터져 버릴 것이다. 순식간에 기능이 다해 쓸모가 없어지고 만다. 천지의 사이에 허虛라는 여백이 없다면 죽음의 공간이 되어 황폐해질 것이다.

비어 있기에 풀무의 동작은 지속될 수 있다. 풀무가 일으키는 바람은 불을 잘 피워 올린다. 비어 있기에 천지 사이의 공간에서는 기氣와 기의 활발한 운동성이 유지된다. 뭇 생명들이 피어나는 까닭이다.

노자의 논조가 갑자기 바뀐다. 느닷없이 '다언'을 화제로 올린다. 풀무의 동작성과 천지의 운동성에 수다 떠는 것을 비유하기라도 하는 것일까? 터무니없다. 노자는 천지와 성인의 불인함을 배우라는 것이다. 세상만사에 주저리주저리 떠들지 말고, 남의 일에 왈가왈부하지 말며, 못다 한 말도 그저 가슴에 묻어 두고, 남이 알아주지 않거나 억울한 점이 있어도 견디며 무심하게 살라는 것이다.

그렇게 무념무상 무장무애의 눈으로 무심히 바라보면 주객일체 물심일여의 깨달음이 온다. 불인한 천지가 입가에 부드러운 미소를 짓고 곁에서 '나'를 이끌어 주고 있음을 알게 된다. 천지는 불인함으로써 인한 것이다.

04 Chapter

인위는 껍데기다. (18장)

大道廢 有仁義 慧智出 有大僞 六親不和 有孝慈 國家昏亂 有忠臣
대도폐 유인의 혜지출 유대위 육친불화 유효자 국가혼란 유충신

- 큰 도가 무너져 인의가 있게 되었고, 총명하고 지혜롭다는 사람들이 나와 큰 거짓이 있게 되었으며, 육친과 불화하여 효와 자가 있게 되었고, 국가가 혼란하여 충신이 있게 되었다.

노자의 말은 간단하다. 무위의 도가 무너졌기에 그 빈자리를 온갖 인위적 기준들이 채우게 되었다는 것이다.

문맥상 '혜지'는 사람으로 봐야 한다. 아마도 유가의 인물들 특히 공자를 가리키는 것일 테다. 물론 현대적으로는 혹세무민을 일삼는 무늬만 지식인들로 보면 된다.

'대도'는 곧 '천도天道'다. 인도人道는 천도를 따라야 하지만, 사람들에게는 천도가 구체적으로 감각되지 않는 문제가 있다. 노자의 마음은 이해할 수 있지만, 인간 세상에 하늘의 도를 바로 세우는 것은 애초에 불가능에 가까운 일이다.

입으로는 하늘과 신을 운운하면서도 감각되지 않는 하늘과 신의 벌이 두려워 나쁜 짓을 멈추는 악인들은 없다. 가난하고 힘 없는 이들에게 더욱 가혹한 천지의 불인不仁함은 오히려 천도에 대한 반감을 갖게 하기 충분해 보인다.

노자 선생의 위 진단에 대해 아무래도 현대인들의 생각은 다음과 같을 것이다. 그래도 충신이 있어 나라를 혼란으로부터 구할 수 있고, 부모에 효도하고 자식을 사랑하는 마음이 있어 가족이 화목하게 되며, 위선이 판칠 때 지혜로운 이들이 있어 꾸짖게 되고, 인의가 있어 도를 회복할 가능성이 존재하는 거 아닌가?

당연히 상식적인 생각이다. 하지만 우리는 이어지는 장에서 노자의 본의를 읽어야 한다.

05 Chapter

껍데기를 버리고 알맹이에 충실하라. (19장)

絶聖棄智 民利百倍 絶仁棄義 民復孝慈 絶巧棄利 盜賊無有 此三者以
爲文不足 故令有所屬 見素抱樸 少私寡欲
절성기지 민리백배 절인기의 민복효자 절교기리 도적무유 차삼자이위문
부족 고령유소속 견소포박 소사과욕

- 성인이라는 사람들과 단절하여 지혜라는 것을 버리게 하면 백성들의 이로움이 백배는 된다. 인을 끊고 의를 버리게 하면 백성들은 효와 자를 회복할 것이다. 아름다운 것들을 끊어 탐심을 버리게 하면 도둑이 없어질 것이다. 이 세 가지를 새기는 것으로는 부족하기에 명령처럼 따라야 할 바가 있다. 소박한 것을 보면서 수수함을 지키고, 사사로움을 줄여서 욕심을 비워라.

18장에 이어 노자는 인위와의 결별을 조언한다.

성聖은 성인으로 대접 받는 학자들이고, 지智는 그들의 가르침이다. 학자들의 지혜라고 하는 것은 억지로 만든 작위적인 것에 불과하기에 차라리 모르고 사는 것이 백성들에 훨씬 이로울 것이라고 얘기하고 있다.

인仁과 의義라는 사회적 가치 역시 인위적인 것으로 그 내용이 모호하기에 그것들로부터 멀어질 때 오히려 의미가 뚜렷한 효도와 자식 사랑에 충실할 수 있다고 말한다.

교巧는 장인의 기교로 만든 아름다운 것이고, 이利는 문맥상 이익을 탐하는 마음 곧 탐심이다. 노자는 견물생심을 원천 차단하라는 것이다.

위문爲文은 마음에 글자를 쓰는 것과 같으니 '새기다'로 해석하는 것이 적당하다. 앞의 세 문장을 마음에 새겨 두는 것만으로는 충분치 않다고 노자는 말한다. 그리하여 따를 것을 알려 준다. 명령이나 법령과 같은 것이니 반드시 실천해야 한다고 당부하는 것이다. 노자의 결론이다.

　소素는 소박한 것이고, 박樸은 질박한 것이다. 소와 박을 굳이 흰 비단이나 통나무로 풀이할 필요는 없다. 위에서 말한 교巧와 반대되는 속성으로 이해하면 된다. 이른바 명품 같은 좋은 물건을 착용한다고 해서 사람의 가치가 저절로 올라가는 것은 아니다. 머리와 가슴에 든 게 없는 천박한 사람이 보드리야르가 말하는 상품의 기호 가치를 소비한다고 해서 존재 가치가 비례하여 상승하지는 않는다.

　노자는 값비싼 물건을 소유하고 싶어 하는 인간의 부질없는 욕망을 꿰뚫어 보고 있다. 미성숙한 사람은 몸에 걸칠 것을 탐내고, 성숙한 사람은 마음에 담을 것을 구하는 법이다.

06 Chapter

가식적으로 꾸미지 마라. (24장)

企者不立 跨者不行 自見者不明 自是者不彰 自伐者無功 自矜者不長
其在道也 曰餘食贅行 物或惡之 故有道者不處
기자불립 과자불행 자현자불명 자시자불창 자벌자무공 자긍자부장 기재
도야 왈여식췌행 물혹오지 고유도자불처

- 까치발을 한 사람은 제대로 설 수 없고, 보폭을 크게 하는 사람은 제대로 걸을 수 없다. 스스로 드러내는 사람은 빛나지 않고, 자신만 옳다고 하는 사람은 드러나지 않으며, 스스로 자랑하는 사람은 공이 없게 되고, 스스로 뽐내는 사람은 오래가지 못한다. 그것들은 도에 있어서는 말하자면 먹다 남은 음식이요 군더더기 행동이다. 만물은 어떤 경우에도 그런 것을 꺼리기에 도가 있는 사람은 그렇게 처신하지 않는다.

　기업企業이나 기획企劃 등의 단어로 익숙한 기企에는 '발돋움하다'라는 뜻이 있다. 발돋움하는 것은 안 보이는 것을 보려 하거나 키를 커 보이게 하기 위해 발끝으로만 땅을 딛고 선 형국이다. 우리는 그것을 흔히 '까치발을 한다'고 표현한다. 여기에서는 자신을 실제보다 부풀려 보이게 하는 행동에 대한 비유이다.

　과跨에는 사타구니라는 뜻이 있는데, 동사로는 '넘다, 타고 넘다'의 의미가 있어, 여기에서는 마치 위세를 과시하려는 듯이 보폭을 크게 하여 과장되게 걷는 것을 말한다. 마치 과거 나치 병사들의 행진을 연상케 하는 걸음이다.

이어 노자는 부정어의 사용 방식만 살짝 바꿔 22장의 내용을 다시 말한다. 따라서 22장과 함께 읽으면 좋다. 그리고 그런 행동들을 비판한다. 22장에서 강조한 곡曲의 태도와 어긋나기 때문이다. '유도자' 곧 도가 있는 사람, 도를 깨우친 사람은 그렇게 처신하지 않는다고 말하며 마무리한다.

억지로 꾸미지 말고 '굽음'의 자세를 실천하라는 것이다. 굽음이 만물의 본바탕이요 그 자체로 온전한데, 쓸데없이 작위적인 짓을 하지 말라는 것이다.

07 Chapter

무위는 유익하다. (43장)

天下之至柔 馳騁天下之至堅 無有入無間 吾是以知無爲之有益 不言之敎 無爲之益 天下希及之
천하지지유 치빙천하지지견 무유입무간 오시이지무위지유익 불언지교 무위지익 천하희급지

- 천하의 지극한 부드러움은 천하의 지극한 딱딱함을 타고 달린다. 있음이 없기에 빈틈없는 곳에 들어간다. 나는 이에 무위의 유익을 안다. 말없이 가르치는 무위의 이로움, 천하에 이에 미치는 것은 드물다.

'치빙'은 12장에 나왔던 단어다. '천하지지유'가 '천하지지견'을 말처럼 타고 다닌다는 것이니 부드러움이 딱딱함의 주인이라는 뜻이다. 이것은 36장의 '유약승강강'과 일맥상통한다.

'무유입무간'은 앞 문장과 연결된다. '입入'의 주어는 '천하지지유'이다. '유有'를 형체라고 해석하면 안 된다. 노자에게 그 개념이 필요했다면 상象이라는 글자를 썼을 것이다. 앞에서 그렇게 일관되게 사용했기 때문이다. 뒷 문장과의 맥락을 살펴서 의역하면 '천하의 지극한 부드러움이 빈틈없는 곳으로도 들어갈 수 있는 것은 유위로 하지 않기 때문'이라는 것이다. '무유'는 곧 '유위가 없음, 유위로 하지 않음'이다. 자기 존재와 존재적 행위를 억지로 꾸미지도 외부로 드러내지도 않는 것이다.

천하의 지극한 부드러움을 보통 물이나 바람, 기氣 등으로 해석하지만 굳이 그럴 이유가 없다. 노자는 그것에 대해 구체화를 시도하지 않았기 때문이다. 특정 사물에 비유할 필요성이 있을 때면 노자는 기꺼이 구체

적으로 언급하기를 마다하지 않았다. '물'이나 '통나무'가 대표적이다.

또한 특정한 무엇으로 구체화하지 않을 때 사유의 다양성이 열린다. 나는 이 장에서 노자가 독자들이 처한 개별적 상황에 따라 '지유'와 '지견', 그리고 '무유입무간'의 예를 자유롭게 상상해 보기를 의도한 듯한 느낌이 든다.

유柔와 약弱이 강强을 이긴다는 것은 노자의 한결같은 입장이었기에 유가 견을 이기는 것은 당연하다. 견은 강의 속성이기 때문이다. '무간'은 '사이나 틈이 없는 곳'이니 곧 '빈틈없는 곳'이다. 유위로 하지 않기에 빈틈없는 곳에 들어간다는 것은 지극한 부드러움은 무위로 하기에 어디든 이를 수 있다는 것이다. 제아무리 어려운 난관과 해결책이 보이지 않는 문제도 비집고 들어가 풀 수 있다는 것이다. 반대로 작위적인 수단과 방법으로는 가능하지 않다는 얘기다.

이런 까닭에 무위의 유익함을 안다고 말한 것이다. '불언지교'는 2장에 등장했던 표현이다. 도의 무위성을 깨달아 아는 성인이 가르치는 방식이다. '불언지교 무위지익'을 '말없는 가르침과 무위의 이로움'이라고 끊어서 해석하지 말고 '말없이 가르치는 무위의 이로움'이라고 풀이해야 한다. 앞에서 무위의 유익을 안다고 했으므로 성인은 그것을 말없이 가르친다는 것이다. 무위의 이로움은 가르침의 내용이고, 말없음은 가르침의 형식이다. 형식 역시 무위인 것이다.

천하에 이보다 훌륭한 일은 없기에 자신은 무위의 이로움을 가르치는 일을 한다는 노자의 자부심이 마지막 문장에서 느껴진다.

08 Chapter

무위로 하게 될 때까지 덜어내라. (48장)

爲學日益 爲道日損 損之又損 以至於無爲
無爲而無不爲 取天下 常以無事 及其有事 不足以取天下
위학일익 위도일손 손지우손 이지어무위
무위이무불위 취천하 상이무사 급기유사 부족이취천하

- 학을 한다는 것은 날마다 더하는 일이요, 도를 한다는 것은 날마다 덜어 내는 일이다. 덜고 또 덜어 무위에 이르는 일이다.
무위로 하면 하지 못할 일이 없듯이 천하를 얻으려면 항상 무사로 해야 한다. 기어이 유사로 한다면 천하를 취하기에는 부족하다.

첫 단락에서는 '위학'과 '위도'의 차이를 얘기한다.

소위 온고지신을 통해 지식을 더하는 방식의 공부는 언제나 갈증을 동반하기 마련이다. 아는 것이 늘어날수록 모르는 것도 증가하기 마련이니까. 지식의 양을 통해 기르는 지혜란 실상 매우 작위적인 것에 지나지 않는다는 노자의 생각을 우리는 3장에서 만나 본 바 있다.

반면에 도를 깨닫기 위한 공부는 존재와 세계의 본질에 바로 육박해 들어간다. 지식을 덜어 내는 무지無知의 방식을 취한다. 억지로 이해하려고 하지 않아도 저절로 알게 되고, 억지로 하고자 하지 않아도 자연스럽게 일이 이루어지는 무위의 경지에 들어서게 하는 공부 방법이다. 47장과 자연스레 이어진다.

이번 장에서 노자는 위정자를 대상으로 '무사'를 얘기한다. '억지로 도모하지 않고 순리대로 일을 추진함' 정도의 뉘앙스로 받아들이면 될 것이다. 의도를 갖고 억지로 꾀하는 위정자의 일은 순리에 어긋나기에 결코 이루어지지 않는다. 설사 일시적으로 성과를 거두는 듯 보일지라도 조기에 끝나게 된다. 30장과 연결되는 지점이다.

현대 국가의 위정자가 하는 일이 자연스럽게 느껴지지 않으면 그것의 이면에는 반드시 의도적인 계산이 숨어 있기 마련이다. 달리 말하면 사익에 대한 욕망이다. 그 욕망의 규모가 클수록 폐해는 고스란히 국민과 나라에 돌아가게 된다.

개인의 욕망 차원에서도 마찬가지다. 정치인들이 한 나라의 최고 권력자가 되겠다는 꿈을 향해 나아가듯, 각 개인도 엄청난 크기의 야망을 품을 수 있다. 세상은 'Boys be ambitious!'라는 말로 그것을 응원한다. 하지만 노자의 말에 따르면 빈틈없이 철두철미한 계획, 치밀한 인적 네트워크의 구축 등 '유사'로는 원대한 목표를 이룰 수 없다. 작위적이기 때문이다.

서점에 넘치는 자기 계발서들의 논리가 타당하다면 세상 사람들은 성공과 행복을 누려야 마땅하다. 하지만 현실은 더욱 많은 그것들이 쏟아져 나올 뿐이다. 노자라면 삶의 목적을 수립하고 그것을 향해 날마다 욕망을 덜어 내면서 꾸준히 실력을 연마하는 것보다 더 자연스러운 방법은 없다고 얘기할 것이다.

09 Chapter

무위로 하라. 성공할 것이다. (64장)

其安易持 其未兆易謀 其脆易泮 其微易散 爲之於未有 治之於未亂 合抱之木 生於毫末 九層之臺 起於累土 千里之行 始於足下
爲者敗之 執者失之 是以聖人 無爲故無敗 無執故無失 民之從事 常於幾成而敗之 愼終如始 則無敗事
是以聖人 欲不欲 不貴難得之貨 學不學 復衆人之所過 以輔萬物之自然 而不敢爲

기안이지 기미조이모 기취이반 기미이산 위지어미유 치지어미란 함포지목 생어호말 구층지대 기어누토 천리지행 시어족하
위자패지 집자실지 시이성인 무위고무패 무집고무실 민지종사 상어기성이패지 신종여시 즉무패사
시이성인 욕불욕 불귀난득지화 학불학 복중인지소과 이보만물지자연 이불감위

- 안정된 것은 유지하기 쉽고, 조짐이 없는 것은 도모하기 쉬우며, 연한 것은 풀기 쉽고, 미미한 것은 흩기 쉬우니, 현상이 생기기 전에 행하고 어지러워지기 전에 다스려라. 아름드리나무도 털 끝만한 싹에서 자라고, 구층 짜리 누대도 한 줌의 흙에서 우뚝 솟으며, 천 리 길도 한 걸음부터 시작한다.
유위로 하는 자는 패할 것이며, 잡는 자는 잃을 것이다. 이에 성인은 무위로 하기에 패하지 않고, 잡지 않기에 잃지 않는다. 백성이 하는 일이란 항상 거의 이루는 듯하다가 패하니, 마무리에 신중하기를 처음과 같이 하면 패하는 일이 없을 것이다.
이에 성인은 욕망하지 않기를 욕망하고, 얻기 힘든 재물을 떠받들지 않으며, 배우지 않기를 배워서 뭇사람이 지나친 곳으로 돌아간다. 만물이 저절로 그렇게 됨을 도울 뿐, 구태여 하지 않는다.

세 단락으로 나누어 읽으면 내용이 선명하게 이해된다. 첫 단락에서는 일이 진행된 다음에 무엇인가를 수정하고자 하면 작위성이 개입될 뿐만 아니라 효과도 적으니, 일을 시작하기 전에 충분히 신중하게 검토할 것을 조언한다. 그렇게 단단하게 준비된 시작만이 좋은 결과를 낳는 토대의 역할을 하기 때문임을 말한다.

두 번째 단락에서는 신중하게 시작했어도 유위로 함에 따라 일을 그르치고 마는 백성과 무위의 성인을 대비한다.

마지막 단락에서는 세상의 평범한 사람들과는 다른 성인의 철학을 얘기한다. 차례대로 보겠다.

안정된 상태는 변화의 여지가 적다. 삶이 안정되어 지킬 것이 많을수록 사람이 보수적인 성향을 띠게 되는 까닭이다. 따라서 변화를 일으키려면 체제가 공고해지기 전에 시도해야 하고, 일이 진척되기 전에 꾀해야 한다.

어떤 일의 징조가 나타나기 전이라면 아직 일이 본격화된 것이 아니다. 계획을 수립하고 대책과 방법을 강구하는 것은 이때 미리 해야 한다. 일이 시작되고 나면 일에 관성적으로 끌려다니게 되는 것이 보통이다.

연한 것과 미미한 것을 예로 들은 것도 모두 그 다음 구절 때문이다. 실제로 일이 구체화되기 전에, 사태가 어지럽게 펼쳐지기 전에 미리 철저히 준비하라는 것이다. 이어지는 비유는 모두 잘 준비된 시작의 의미를 알게 하기 위함이다.

'위자패지 집자실지'는 29장에도 나오는 표현이다. 본 장의 내용에 맞게 해석을 조정했다. 두 번째 단락은 목표, 이익 등에 대한 집착과 그로 인한 유위성, 그리고 끝까지 신중하지 못하고 경거망동하거나 욕심을 부리거나 샴페인을 일찍 터뜨리는 등의 마무리 능력 부족을 사람들의 실패 요인으로 들고 있다.

'불귀난득지화'는 3장에서 봤던 표현이다. '욕불욕'과 '학불학'에 대한 해석은 두 가지로 나뉜다. 하나는 위에서 내가 해석한 것처럼 주체를 성인으로 보고 '욕망하지 않기를 욕망하다', '배우지 않기를 배우다'의 뉘앙스로 풀이하는 것이다. 이는 다른 말로 '무욕'과 '무지'를 말한다. 무지에 대해서는 10장에 잘 나와 있다. 다른 하나는 '사람들이 욕망하지 않는 것을 욕망하다', '사람들이 배우지 않는 것을 배우다'와 같이 해석하는 것이다. 성인의 무욕과 무지에 타인을 전제하고 있으므로 이런 해석은 지양해야 한다.

'복중인지소과'에 대한 해석도 둘로 갈라진다. '사람들의 허물을 회복시키다'와 같이 풀이하는 것이 나머지 하나이다. 이렇게 보면 뒤에 이어지는 문장과의 연결성이 어색하다. '보輔'를 직접적으로 도움을 제공하는 개념으로 보면 안 된다. 37장의 '감화'의 개념이다. 우리는 '성인불인'을 기억해야 한다. 59장 해설을 참고하면 성인이 백성들의 잘못한 바를 본래대로 회복시킨다는 관점은 옳지 않음을 알 수 있다. 여기의 '과過'는 '지나치다(통과)'의 의미다. '복復'은 사람들이 보지 못하고 느끼지 못하여 외면한 양태의 삶으로 돌아가는 것이다. 52장에서 쓰인 '복'의 개념이다.

노자는 오늘날의 자기 계발서처럼 사람들에게 삶의 지침을 제시하고 있다. 그러나 자신은 무위와 무욕, 그리고 무지의 삶을 택할 것이며, 자신의 삶을 통해서 간접적으로 사람들이 감화되어 본연의 인생을 살아갈 수 있기를 바랄 뿐, 어떤 직접적인 개입도 하지 않을 것임을 밝히고 있는 것이다. 그것은 부질없는 인위적 행동일 뿐이니까.

10 Chapter

무위로 하면 하늘이 돕는다. (73장)

勇於敢則殺 勇於不敢則活 此兩者 或利或害 天之所惡 孰知其故 是以
聖人 猶難之 天之道 不爭而善勝 不言而善應 不召而自來 繟然而善謀
天網恢恢疏而不失

용어감즉살 용어불감즉활 차양자 혹리혹해 천지소오 숙지기고 시이성인
유난지 천지도 부쟁이선승 불언이선응 불소이자래 천연이선모 천망회회
소이불실

- 굳이 용맹을 부리면 죽을 것이요 그리하지 않으면 살 것이다. 이 양자는 어떤 경우에는 이롭고 어떤 경우에는 해롭다. 하늘이 미워하는 바, 누가 그 연유를 알겠는가? 이에 성인은 오히려 어렵게 대한다. 하늘의 도는 다투지 않아도 잘 이기게 하고, 말하지 않아도 잘 응하게 하며, 부르지 않아도 스스로 오게 하고, 느릿느릿해도 잘 도모하게 한다. 하늘의 그물은 크고 성긴 듯하지만 빠뜨리지 않는다.

'천망회회소이불실'이라는 유명한 표현이 들어 있는 장이다.

'용勇'과 '감敢'을 합치면 '용감'이 되지만, '용어감'과 '용어불감'으로 대비하고 있으니 직역하면 '굳이 하는 데에 날래면 죽을 것이요 굳이 하지 않는 데에 날래면 살 것이다'라는 뜻이 되고, 이를 자연스럽게 의역하면 위와 같이 정리할 수 있다. 67장에서 '삼보'와 관련하여 '지금은 자비를 버린 채 용맹하기만 하고, 검소함을 버린 채 넓히려고만 하며, 뒤를 버린 채 앞에 나서려고만 하니 죽음뿐이다'라고 말한 대목과 연결된다.

하지만 이번에 노자는 용맹을 부리는 것과 부리지 않는 것의 이해는 때에 따라 다를 수 있다며 한 발 물러선다. 인간 세상에서는 황산벌의

계백 장군과 병사들처럼 때로는 죽을 것을 알면서 마지막으로 용맹하게 싸우는 일이 있기 마련이다. 배설이 탈영하면서 가지고 나온 12척의 배는 명량해전의 대승과 조선 수군 재건의 기틀이 되었다. 그의 연명은 구차했으나 그 구차함은 역사를 바꿨다.

옳고 그름에 대한 절대적 기준은 없다는 것이며, 인간의 선택에 대한 하늘의 평가 역시 인간이 가늠할 수 없다는 것이다. 그러니 성인은 함부로 단정하지 않고 판단을 유보한다는 것이 '유난지'의 의미다.

우리는 2장과 43장에서 '불언지교'를 배웠고, 68장에서는 '부쟁지덕'을 배우게 된다. '부쟁이선승'부터 '천연이선모'까지는 당연히 '무위'에 대한 얘기다. 천도는 모든 것을 다 무위로 이루어지게 한다는 것이다.

'천망회회소이불실'은 응징하는 주체로서의 하늘에 대한 얘기가 아님을 알 수 있다. 따라서 이 구절은 하늘이 도를 따라 무위로 행하는 사람의 일을 놓치지 않고 다 챙겨 이루게 해준다는 의미로 읽어야 할 것이다. '하늘이 장차 그를 구원하고자 할 때는 자비로 그를 지킨다'고 한 67장의 문장과 일맥상통하는 것임을 이해할 수 있다.

Chapter 11

무위의 삶을 선택하라. (75장)

民之饑 以其上食稅之多 是以饑 民之難治 以其上之有爲 是以難治 民之輕死 以其求生之厚 是以輕死
夫唯無以生爲者 是賢於貴生
민지기 이기상식세지다 시이기 민지난치 이기상지유위 시이난치 민지경사 이기구생지후 시이경사
부유무이생위자 시현어귀생

- 백성들이 굶주리는 것은 군주가 지우는 세금이 많기 때문이다. 이에 굶주리는 것이다. 백성을 다스리기 어려운 것은 군주가 유위로 하기 때문이다. 이에 다스리기 어려운 것이다. 백성들이 죽음을 가벼이 여기는 것은 살길을 찾는 것의 무게 때문이다. 이에 죽음을 가벼이 여기는 것이다.
무릇 살고자 억지로 함이 없는 것, 이것이 삶을 귀하게 여기는 것보다 낫다.

길지 않은 이 장도 내용을 정확히 파악하기 위해서는 논리적 분석과 다른 장과의 연결성에 대한 이해가 필수적이다. 구조상 두 단락으로 구분해서 읽겠다.

'상上'은 '위'이니 군주라고 해석하는 것이 적절하다. 백성의 배고픈 고통에 공감하지 못하는 사이코패스 같은 군주는 가혹한 수탈을 멈추지 않는다. 자신의 향락을 즐기기 위해 써야 하기 때문이다.

'무위'로 하면 감화되어 따를 텐데 이것저것 온갖 작위적인 짓을 하며 백성의 삶에 간섭하면 오히려 백성이 저항하게 된다.

'민지경사 이기구생지후', 이 구절의 풀이에 주의해야 한다. 앞의 두 구절처럼 '이기구생지후'에도 '상上'을 넣어 '이기상구생지후'로 보아 '백성이 죽음을 가벼이 여기는 것은 군주가 삶의 후함을 구하기 때문이다'라고 알쏭달쏭하게 해석하지 말아야 한다. 백성이 죽음을 가벼이 여기는 것과 군주가 삶의 후함을 구하는 것에는 상관 관계가 없다. 삶의 후함은 부귀영화의 뉘앙스로 읽으면 된다.

우리는 여기에서 50장의 '이기생생지후(나고 살아감의 무게 때문이다)'와 연결 지어야 한다. 백성이 죽음을 가볍게 여기는 것은 '구생'의 무게 때문이다. '구생'은 곧 '도생圖生(살아갈 방법을 도모함)'이다. 살아갈 방도가 보이지 않을 만큼 현실의 삶이 괴로울 때, 백성은 차라리 죽음을 택한다는 것이 '민지경사'의 뜻인 것이다. 우리에게 익숙한 '각자도생의 시대'라는 표현이 떠오르는 대목이다.

이제 두 번째 단락이다. '자者'는 문맥상 사람이 아니라 '것'이라고 해석해야 한다. 바로 앞 구절의 의미를 정확히 파악할 때 두 번째 단락의 내용도 선명해진다.

'무이생위'는 '무위' 사이에 '이생'이 삽입되어 '위'를 꾸미는 구조다. 노자는 강하게 얘기한다. 살기 위해서 억지로 하지 않는 것 곧 무위로 하는 것이 삶을 귀하게 여기는 것보다 낫다고 말이다. '귀생'은 삶에 대한 집착으로 볼 수 있다. 그렇다면 노자는 지금 인간 이하의 삶을 살면서 비루하게 목숨을 부지하기 보다 차라리 자살하는 편을 권하고 있는 것일까?

그럴리가. 노자는 자격 없는 위정자의 폭정에 시달리는 삶을 수긍하지 말고 희망 없는 현실을 벗어나 무위의 삶을 선택하는 편이 현명하다는 조언을 하고 있는 것이다. 바로 노자 자신과 같은 자연 속에서의 무욕한 삶 말이다.

PART

욕망과 만족

: 지족불욕知足不辱 – 만족을 알면 욕되지 않는다.

01 Chapter

욕망을 승화시켜 타생他生하라. (7장)

天長地久 天地所以能長且久者 以其不自生 故能長生 是以聖人 後其身而身先 外其身而身存 非以其無私邪 故能成其私
천장지구 천지소이능장차구자 이기부자생 고능장생 시이성인 후기신이신선 외기신이신존 비이기무사사 고능성기사

- 천지는 장구하다. 천지가 장구할 수 있는 까닭은 스스로를 생하지 않기 때문이다. 그리하여 장생할 수 있는 것이다. 이를 본받아 성인은 자신을 뒤로 물림으로써 자신이 앞서게 되고, 자신에게서 벗어남으로써 자신으로 존재하게 된다. 사사로움을 없앰으로써 사사로움을 이룰 수 있게 되는 것 아니겠는가?

　　천자문의 '천지현황'을 떠올리면 '천장지구'는 '천지장구'이기도 하다. '장구'는 '길고 오램'의 뜻이지만 굳이 그렇게 풀이할 필요는 없다. '장구한 역사'와 같은 표현으로 우리에게 익숙해져 있는 단어이니까.

　　대신 '영원하다'로 해석하면 절대 안 된다. 1장에서 천지의 시작이 無라고 했다. 천지는 무에서 나온 것이다. 무와 유가 합쳐진 현玄의 문 너머에 곡신과 현빈으로 비유되는 도가 있고, 도만이 영원하기 때문이다. 무의 산물인 천지가 곧 유의 시작이고, 유는 만물의 모체이다. 도 외의 천지만물은 장구할 수는 있어도 결코 영원할 수 없다.

　　노자는 천지가 장구할 수 있는 이유를 천지가 스스로를 생하지 않기 때문이라고 얘기한다. 곧 천지의 목적은 만물을 생하는데 있다는 것이다. 『주역』에서는 '천지교天地交'라는 표현을 쓴다. 천지가 상호 교류하며 섞이는 것이다. 그래야 만물이 태어나 자라고 번성하다 쇠하는 순환과

지속의 섭리가 가능하게 된다. 천지는 '자생'하지 않고 만물을 '타생他生' 함으로써 장생할(장구한 생을 누릴) 수 있는 것이다. 핵 폐수로 바다가 오염되면 타생이 불가능하게 된다. 만물을 생하지 못하는 천지란 곧 삶의 의의를 상실한 죽음의 공간이 되고 만다. 천지는 영원하지 않다.

여기에서의 시이是以는 '이를 본받아'라고 풀이하면 된다. 『주역』의 「대상전」에서는 항상 '군자이君子以(군자는 이를 본받아)'라는 표현을 쓴다. '시이성인'은 '성인은 자기 자신이 아니라 만물을 생하는 천지를 본받아', 이런 의미가 되는 것이다.

3장에 등장했던 현자나 지자와 달리 성인은 앞에 나서지 않고 뒤로 물러난다고 한다. 의도적으로 뒤에 처지는 것이다. 성인이라는 단어에는 노자가 투영되어 있음을 우리는 기억해야 한다. 세상에 나서지 않고 은자로 살아가도 저절로 두각을 나타낸다는 것이다. 자신을 드러내기 위해서가 아니라 세상 사람들을 이롭게 하기 위한 깨달음을 전하기 때문이다. 만물에게 자리를 내주고 배경으로 물러섰지만 생기로 가득한 천지는 그 자체로 전면에 등장한다.

자신에게서 벗어난다는 것은 무아無我와 일맥상통한다. 에고를 벗어던지는 것이다. 에고에 사로잡혀 있는 한 그것은 진정한 자기가 아니다. 외부의 사물과 관념에 구속되어 있는 가짜 자기이다. 그러니 가짜 '나'를 탈피하고 무위의 삶을 살 때 진짜 '나'로 존재하게 된다고 말하고 있는 것이다. 천지가 보여 주는 모습이 곧 무위의 삶이다.

비非는 마지막 문장 전체에 걸리는 것으로 봐야 한다. 그래야 해석이 자연스럽다.

『논어』 「위정」편 2장에서 공자는 "시(시경) 삼백 편을 한 마디로 말하면 생각에 거짓이 없다(사무사思無邪)는 것"이라고 말했다. 사邪는 간사함, 사악함, 요사스러움이니 사무사는 생각에 불순한 의도나 억지로 꾸민 것이 없다는 것이다. 노자는 사사私邪를 없애 버림으로써 사私를 이룰 수 있다고 했다. 해석상의 묘미를 위해서 둘 다 사사로움이라고 했지만, 앞의 '사사'가 거짓된 사사로움이라면 뒤의 '사'는 승화된 사사로움이라고 할 수 있다.

  천지에게는 만물을 생하고자 하는 사사로움이 있다면, 성인에게는 백성을 생하고자 하는 사사로움이 있는 것이다. 5장에서 천지와 성인은 각각 만물과 백성을 지푸라기로 만든 개처럼 여긴다고 했지만, 내가 해설 끝부분에 '천지는 불인함으로써 인한 것'이라고 코멘트한 이유다.

  개별적 인간으로서 사적 욕망을 품는 것은 자연스러운 일이겠으나 우리 저마다의 그것에 삿됨이 없을 때 비로소 그것은 존재 가치를 가진 '승화된 사적 욕망'이 될 수 있을 것이다.

02 Chapter

만족할 줄 알아라. (9장)

持而盈之 不如其已 揣而銳之 不可長保 金玉滿堂 莫之能守 富貴而驕 自遺其咎 功遂身退 天之道
지이영지 불여기이 췌이예지 불가장보 금옥만당 막지능수 부귀이교 자유기구 공수신퇴 천지도

- 가졌으면서 채우려는 것은 그치는 것만 못하다. 세고 나서 금방 또 세면 오래 보유할 수 없고, 금과 옥이 집에 가득하면 지킬 수 없다. 부귀하면서 교만하면 스스로 허물을 남기는 것이다. 공을 이루었으면 몸을 물리는 것이 하늘의 도이다.

어려울 것 없는 평범한 내용인 듯하지만 '췌이예지 불가장보'라는 지뢰가 묻혀 있다.

노자는 "적당히 가졌으면 만족할 줄 알아라. 가진 것에 더해 뭘 자꾸 채우고 또 채우려 하는가?"의 뉘앙스로 시작한다. 그 다음 문제의 문장이 등장한다.

揣췌는 '헤아리다', 銳예는 '날카롭다, 민첩하다'의 뜻이다. 예는 4장에 나왔던 글자다. 췌와 예의 기본 의미에 얽매이거나 갑자기 국가의 세금과 같은 엉뚱한 개념을 끌어오면 '췌이예지 불가장보'라는 문장의 풀이는 산으로 가고 만다. 전후 문장과의 맥락도 전혀 맞지 않는 생뚱맞은 억지 해석이 되어 버린다.

'헤아리다'는 '수량을 세다'는 뜻이다. 여기에서는 '계산하다'라고 풀이해도 문맥이 닿는다. '예'는 '날래다, 민첩하다'의 의미로 읽어야 한다.

돈을 세고 나서 얼마 지나지 않아 또 세는 수전노, 계산하고 또 계산하는 재미에 빠진 금전 중독자를 연상할 수 있어야 한다. 즉, 지금 노자는 첫 문장으로 자신의 주장을 제시하고 나머지 문장들로 그 주장을 뒷받침하는 두괄식 문단을 짜고 있는 것이다.

모든 것은 변한다는 역易의 이치에 따르면 부유함 역시 영원히 지속될 수 없다. 특히, 돈을 머슴 삼지 못하고 오히려 돈의 하인으로 전락한 작은 그릇의 소인이라면 그가 일시적으로 보유한 큰 돈이 오래가기란 어려운 일이다. 노자는 이 얘기를 하고 있는 것이다.

'공수신퇴'는 2장의 '공성이불거'와 맥락이 통한다. 77장에도 같은 의미의 '공성이불처'가 있다. 벌 만큼 벌었으면 멈춰야 하고 물러나야 한다. 계속 같은 자리에 머무르며 끊임없는 탐욕을 자제하지 못하면 결론은 뻔하다. 스스로 절제하지 못하니 하늘이 먹은 것을 토해 내게 만든다. 탐욕스러운 자들의 축재에는 타인의 것을 강탈하거나 법을 악용하는 등 부정한 수단이 개입되는 경우가 많으니 결코 하늘의 그물망을 벗어나지 못한다.

『주역』 지산겸괘 「대상전」에서는 '부다익과 칭물평시裒多益寡 稱物平施'라고 했다. '많은 것에서 덜어 적은 것에 더해 주고, 사물을 저울질하여 평등하게 베푼다'는 뜻이다. 77장에 일맥상통하는 표현이 있다. '천지도 손유여이보부족'이 그것이다. '하늘의 도는 남는 곳에서 덜어 부족한 곳에 더해 주는 것이다'라는 뜻이다.

인간이 아무리 날뛰어도 천도天道에서 벗어날 수 없다. 태어났으면 죽는 날을 맞이하게 된다. 쌓았으면 허무는 날이 있기 마련이다. 크게 쌓았으면 더 이상 쌓기를 멈추고 죽기 전에 세상을 위해 써야 한다. 돈이 어디에서 와서 쌓였겠는가? 왔던 곳으로 풀어 세상 사람들을 위해 값지게 쓰이도록 하는 사람이 진정한 부자다.

03 Chapter

더 채우려고 하지 마라. (15장)

古之善爲道者 微妙玄通 深不可識 夫唯不可識 故强爲之容
豫兮若冬涉川 猶兮若畏四隣 儼兮其若客 渙兮若氷之將釋 敦兮其若樸
曠兮其若谷 混兮其若濁
孰能濁以靜之徐淸 孰能安以動之徐生
保此道者 不欲盈 夫唯不盈 故能蔽不新成

고지선위도자 미묘현통 심불가식 부유불가식 고강위지용
예혜약동섭천 유혜약외사린 엄혜기약객 환혜약빙지장석 돈혜기약박 광혜기약곡 혼혜기약탁
숙능탁이정지서청 숙능안이동지서생
보차도자 불욕영 부유불영 고능폐불신성

- 옛날에 도를 깨우친 사람이 미묘한 현의 이치와 통했던 깊이는 알 수 없다. 다만 알 수 없기에 억지로 그의 모습을 비유해 본다.

순리대로 하기를 겨울에 내를 건너듯 했고, 삼가기를 사방의 이웃나라를 경계하듯 했으며, 의젓하기는 손님과 같았고, 아집을 버리기를 얼음이 점차 풀어지듯 했으며, 후덕하기가 통나무와 같았고, 비우기를 골짜기와 같이 했으며, 섞이기를 탁과 같이 했다.

누가 탁함을 깨끗이 하여 서서히 맑게 할 수 있겠으며, 누가 편안함을 바꾸어 모두를 생할 수 있겠는가?

이 도를 지키는 사람은 채우고자 하지 않는다. 다만 채우지 않기에 덮을 뿐 새로이 이루려 하지 않을 수 있다.

첫 문장은 판본에 따라 '선위도자'와 '선위사자善爲士者'가 혼용되고 있다. 일단 선위사자가 쓰인 68장의 내용은 도道와 무관하다. 15장의 맥락적 위치 및 내용을 감안하고 뒷 부분의 '보차도자 불욕영'으로 판단하면 여기에서는 선위도자가 옳다고 본다.

선善은 '잘하다, 통달하다'의 뜻으로 쓰였다. 그리하여 선위도자는 '도에 통달한 사람, 도통한 사람' 정도의 의미이니 곧 도를 깨우친 사람이다. 1장 해설에서 우리는 현玄이 무엇을 뜻하는지, 그 글자에 왜 묘妙가 붙게 되는 지, 통현通玄의 의미가 무엇인지 익힌 바 있다.

'심불가식'까지를 첫 문장으로 보고 죽 이어서 풀이하는 것이 자연스럽다. 도를 깨우친 옛 사람이란 다름 아닌 자신에 대한 노자의 은유임을 이해하며 읽어야 한다. 도를 깨닫는다는 것이 도대체 무슨 뜻인지 일반인들은 알기 어렵다. 그렇기에 그들의 눈높이에 맞춰 도를 깨달은 사람의 현상적 모습을 묘사해 주는 것이다. 그 설명으로는 충분할 수 없음을 알기에 억지로 비유해 본다고 한 것이다.

예豫는 '미리 예측하다, 미리 준비하다'의 뜻인데 여기에서는 '순리대로 하다'로 해석하면 무난하다 겨울에 얼음이 언 내를 건너는 모습을 보기에 아슬아슬하다. 급히 건너려 속도를 내거나 무거운 짐을 지고 있기라도 하면 얼음이 깨져 발이 빠지게 된다. 속도를 늦추고 몸을 가볍게 하여 한 걸음씩 차례로 나아가야 한다. 『주역』 뇌지예괘 「대상전」에서 예에 대해 다음과 같이 말했다. '강응이지행 순이동예剛應而志行 順以動豫(강이 응하여 뜻이 행해지는 것처럼 순리대로 움직이는 것이 예다.)' 위의 예의 풀이가 타당함을 알 수 있다.

유猶는 '오히려'라는 뜻으로 우리에게 익숙한 글자다. '망설이다, 머뭇거리다'의 뜻을 갖고 있다. '사린'은 사방의 이웃이니 사방에 이웃한 나라다. 그런 상황에서는 어떤 나라가 침범할지 모르니 위정자라면 늘 언행에 신중해야 마땅하다. 따라서 '망설이다, 머뭇거리다'를 긍정적 뉘앙스의 '삼가다'로 문맥에 맞게 풀이하는 것이 옳다.

엄儼은 '의젓하고 점잖다'는 뜻이다. 손님의 몸가짐과 잘 어울리는 표현이다. 도를 깨우친 사람이 근거가 빈약한 말로 대중 앞에서 촐싹대지는 않을 것이다.

환渙은 '흩어지다'는 뜻이다. 항상 문맥을 살피며 해석해야 한다. 얼음이 시나브로 풀어지는 늦겨울의 풍경과 어울리는 '환'이라는 마음 작용은 에고를 버리는 것이다. 외부의 관념과 대상에 집착하거나 자기만의 도그마에 얽매이는 마음을 다 흩어 없애는 것이다. 역시 『주역』의 뇌지예괘 육삼 효사에 '환기궁 무회渙其躬 无悔(자기 자신을 흩어 버리면 후회가 없을 것이다)'라고 했다. 일맥상통한다.

돈敦은 '도탑다'는 뜻인데 통나무의 속성과 연결 짓고 있으니 덕의 두터움을 말하는 것이 분명하다. 후덕하다고 풀이하면 된다.

광曠은 '비다, 비우다'의 뜻이다. 곡谷의 속성은 6장 해설을 참조하면 된다. 비어 있기에 모든 것을 수렴하니 이 속성에서 너그러움, 포용 등의 심성을 떠올릴 수 있다.

혼混과 탁濁에는 모두 물(水)이 들어 있다. 섞이기를 탁과 같이 한다는 것은 8장의 '처중인지소오'를 연상시킨다. 흙탕물과 같은 세상에 섞이기를 마다하지 않는다는 얘기다.

그 이유를 곧장 밝힌다. 도를 깨우친 사람 곧 성인은 그 탁함을 정화하여 다시 맑게 할 수 있는 사람이기 때문이라는 것이다. 편안함을 바꾼다는 것은 안정되고 평안한 삶에 안주하지 않고 그 상태를 깨는 것이다. 2장에서 설명한 '타생'을 위한 것이다. 뒤의 서徐는 '다, 모두'의 뜻으로 읽어야 한다.

이제 노자는 결론을 얘기한다. 그것은 4장의 '도충이용지 혹불영'과 연결된다. 도를 깨우친 사람은 곧 성인이며 성인은 도의 비어 있음을 수용하여 실천하는 사람임을 말한다. 그것은 '채움을 욕망하지 않음'이다. 더 채우고자 욕망하지 않기에 자기가 이룬 것을 드러내지 않고 감추며 새롭게 더 이루기를 추구하지 않는 것이다. 그것은 뒤를 잇는 누군가의 몫이니까.

9장과 7장의 내용과 일맥상통한다.

04 Chapter

욕망을 버려라. (37장)

道常無爲而無不爲 侯王若能守之 萬物將自化 化而欲作 吾將鎭之以無名之樸 無名之樸 夫亦將無欲 不欲以靜 天下將自定
도상무위이무불위 후왕약능수지 만물장자화 화이욕작 오장진지이무명지박 무명지박 부역장무욕 불욕이정 천하장자정

- 도는 항상 무위로 하지만 이루지 못함이 없다. 제후와 제왕이 만일 무위를 지킬 수 있다면 만물이 장차 저절로 감화될 것이다. 감화되었으면서도 욕망을 일으키면 내가 장차 이름 없는 통나무로 진정시키겠다. 이름 없는 통나무란 무릇 욕심이 없는 것이다. 욕망하지 않으면 고요해지고, 천하가 스스로 안정된다.

37장으로 도경이 마무리되고 38장부터 덕경으로 이어진다. 이 장은 32장과 연결하여 읽어야 한다.

'도상무위이무불위'는 『도덕경』 전반부의 핵심과도 같다. 무위로 하면서도 모든 것을 이루는 도를 본받아야 한다는 것이다.

'후왕약능수지 만물장자화'는 32장의 '후왕약능수지 만물장자빈'과 동일한 구조, 일맥상통하는 내용이다.

만물이 감화된다는 것은 산천초목이 모두 후왕에게 감화되어 따르기라도 한다는 것이 아니라, 억지로 애쓰지 않아도 천하의 일이 자연스럽게 이루어진다는 것에 대한 은유다. 이런 노자의 표현이 뜻하는 바가 우리에게는 더 이상 낯설지 않다.

노자는 만물 중에 혹시라도 다시 욕망을 일으키는 것을 '무명지박'으로 진정시키겠다고 호기롭게 말한다. '무명지박'은 32장의 '도상무명박'의 '무명박'이다. 자신은 도를 깨달아 인간의 분별심을 초월한 본바탕 그대로의 마음을 지니고 있기에 그것이 가능하다는 얘기다. 39장에서 말하는 '도-하늘-땅-왕'의 질서를 참고하면, 노자는 자신이 성인으로서 왕과 같은 입장에 있다고 말하는 셈이다. 다만 자신은 속세에 연연하지 않는다는 차이가 있다는 것이다.

'무명지박'에 대한 이해도를 높이기 위해 한 번 더 눈높이 설명을 해준다. 일상에서 실천할 수 있도록 말이다. 노자는 말한다. "욕망하지 마라. 욕망이 사라진 자리에 남은 그 고요를 만나라."

05 Chapter

물욕을 절제하라. (44장)

名與身孰親 身與貨孰多 得與亡孰病 是故 甚愛必大費 多藏必厚亡 知足不辱 知止不殆 可以長久
명여신숙친 신여화숙다 득여망숙병 시고 심애필대비 다장필후망 지족불욕 지지불태 가이장구

- 이름과 몸 중에 어느 것이 가까운가? 몸과 재물 중에 어느 것이 많은가? 얻음과 잃음 중에 어느 것이 병인가? 이런 까닭에 지나치게 아끼면 반드시 크게 쓰게 되고, 많이 감추면 반드시 크게 잃게 된다. 만족을 알면 욕되지 않고 그침을 알면 위태롭지 않기에 장구할 수 있다.

9장과 일맥상통하는 평이한 내용이다.

이름(名)은 평판을 뜻한다. '나'의 실체와는 무관한 세상 사람들의 기준에 따른 평가다. 명예이기도 하다. 둘 중 어느 것이든 그것은 허상이다. '내'가 생각하는 '나'의 본모습과 괴리된 그것들도 많다. 그만큼 '나'에게서 멀리 떨어져 있는 것이다. 반면에 몸은 정신과 함께 '나'를 구성한다. 몸 없는 정신과 정신없는 몸은 이미 인간이 아니다. 육체에서 벗어나 단독으로 존재하는 정신과 정신을 상실한 육체는 더 이상 온전한 '나'일 수 없다.

사람들이 평소 생각하지 않지만 몸과 재물의 공통점은 둘 다 물질이라는 것이다. 이 사실을 이해하면 감당할 수 없는 액수의 재물이 사람을 망가뜨리는 이치 앞에서 겸손해질 수 있다. 모으기만 하는 것이 아니라 모은 다음 잘 쓰는 일에 대해 고민하게 된다. 노자는 단 하나뿐인 몸을 혹사시키거나 망가뜨리면서까지 재물을 추구하는 사람들에게 잠시 생각

해 볼 것을 권하고 있다.

　명예도 얻고 재물도 얻었는데 몸이 망가진다면 명예와 재물은 몸을 상하게 한 질병과 다름없다. 노자라고 잃거나 망하기를 원하지는 않았을 것이다. 남는 곳에서 덜어 부족한 곳에 더해 주는 것(77장), 재물에 대한 노자의 철학은 이것이다. 노자는 많이 갖기만을 원하는 것은 결국 흉을 불러들인다는 충고를 하고 있는 것이다.

　재물에 대한 애착 때문에 정작 써야 할 일과 써야 할 곳에 사용하지 않으면 크게 낭비할 일이 생기게 된다고 노자는 말한다. 형제나 친척, 가까운 친구를 도울 여력이 됨에도 안면몰수했다가 사기꾼에게 크게 털리는 일 등을 겪는 것이 인생이다. 돈 그 자체를 유일무이한 즐거움의 대상으로 삼다가는 다른 어떤 것에서도 기쁨을 느끼지 못하는 지경에 이르게 된다. 돈 중독 증상이다. 법을 어기고 타인들에게 해를 끼치면서까지 축재에 안달하는 사람들의 예는 흔하다.

　이에 더해 많이 모아서 감추면 크게 잃을 일이 생긴다고 노자는 얘기한다. 크게 낭비하거나 크게 잃을 일이 반드시 생긴다고 강조하고 있다. 감추는 기술이 발달한 현대에는 꼭 그렇지 않다고 생각할 수도 있다. 하지만 돈 있는 곳에 도둑이 끓는 법이다. 돈 자체를 잃지 않더라도 몸과 명예를 잃는 일은 피할 수 없다.

　7장의 '천장지구'에서 우리는 '장구'라는 표현을 만난 바 있다. 인간이 천지처럼 오래 살 수는 없다. 노자는 안분지족하며 멈출 줄 알 때 평안한 삶을 영위할 수 있을 뿐만 아니라 후대에도 길이 남을 수 있는 사람의 자격을 갖추게 된다고 얘기하는 것이다. 물론 아무나 그럴 수는 없다. 13장에서 얘기하는 대로 몸을 아끼듯 천하를 위하는 사람만이 장구할 수 있을 것이다.

06 Chapter

만족을 모르면 불행해질 뿐이다. (46장)

天下有道 却走馬以糞 天下無道 戎馬生於郊。
罪莫厚乎甚欲 咎莫憯乎欲得 禍莫大乎不知足 故知足之足 常足矣。
천하유도 각주마이분 천하무도 융마생어교
죄막후호심욕 구막참호욕득 화막대호부지족 고지족지족 상족의

- 천하에 도가 있으면 달리는 말을 멈추어 거름을 주게 하고, 천하에 도가 없으면 군마가 들에서 태어난다.
죄는 지나친 욕심보다 무거운 것이 없고, 허물은 이득을 탐하는 것보다 끔찍한 것이 없으며, 재앙은 만족을 모르는 것보다 큰 것이 없다. 그러므로 만족을 아는 넉넉함이 상족이다.

두 단락으로 나누어 읽어야 한다.

도가 있는 세상은 평화로울 것이다. 그러니 말은 전장 대신 논밭에 거름하는 일에 쓰이게 된다고 노자는 말한다. 반대로 세상이 무도하면 서로 가진 것을 빼앗겠다고 전쟁하느라 한시도 편안한 날이 없을 것이다. 장정들과 말들은 죄다 전장으로 끌려갈 것이다. 그러니 따뜻한 마굿간에서 세상과 만나야 할 말이 전쟁터에서 아무렇게나 태어나게 된다고 노자는 얘기한다.

피비린내 나는 들판 여기저기에서 망아지들을 태어나게 하는 일이 벌어지는 이유는 인간의 탐욕 때문이다. 30장과 31장에서 우리는 전쟁하지 말라는 노자의 호소를 듣게 된다. 탐욕은 가장 무거운 죄이며, 이익을 얻기 위해 수단과 방법을 가리지 않는 짓이 가장 끔찍한 잘못이라고

노자는 말한다. 만족을 모르면 큰 화를 불러들이게 될 것이라고 경고한다.

이제 노자는 결론을 말한다. '지족지족'은 '지족+지+족'으로 끊어 읽어야 한다. '지족의 족'이다. 바로 앞에서 '부지족'을 말했기 때문이다. '지족지족'을 직역하면 '족함을 아는 족함'이다. 자연스럽게 풀어 말하면 '만족을 아는 마음의 넉넉함'이 된다.

노자는 이것을 '상족'이라고 한다. 앞에서 나온 상도常道, 상명常名, 상덕常德과 같은 유형의 노자의 용어다. 만족을 아는 넉넉한 마음이야말로 늘 한결 같이 만족감을 느끼며 살 수 있는 방법이라는 것이다.

나라가 국민의 불행과 고통을 방치할 때 인생은 오징어게임 같은 서바이벌 게임 수준으로 전락한다. 반대로 나라가 어떤 국민의 개별적 불행과 고통도 외면하지 않고 보듬는 시스템을 갖추게 되면 국민이 적자생존을 위한 투쟁에 나설 이유도 없고, 지나친 욕심을 부릴 까닭도 없다. 노자의 말대로 결국 천하에 도가 있어야 한다. 탐욕스러운 지도자가 나라를 운영하면 세상은 무도한 자들로 득실거리고 만다.

PART

지식과 지혜

: 불출호 지천하不出戶 知天下 – 집 밖으로 나가지 않아도 천하를 안다.

01 Chapter

고독해도 자기만의 길을 가라. (20장)

絶學無憂 唯之與阿 相去幾何 善之與惡 相去若何 人之所畏 不可不畏 荒兮 其未央哉
衆人熙熙 如享太牢 如春登臺 我獨泊兮 其未兆 如嬰兒之未孩 儽儽兮 若無所歸 衆人皆有餘 而我獨若遺 我愚人之心也哉 沌沌兮 俗人昭昭 我獨昏昏 俗人察察 我獨悶悶 澹兮 其若海 飂兮 若無止 衆人皆有以 而我獨頑似鄙 我獨異於人而貴食母

절학무우 유지여아 상거기하 선지여악 상거약하 인지소외 불가불외 황혜 기미앙재
중인희희 여향태뢰 여춘등대 아독박혜 기미조 여영아지미해 누누혜 약무소귀 중인개유여 이아독약유 아우인지심야재 돈돈혜 속인소소 아독혼혼 속인찰찰 아독민민 담혜 기약해 유혜 약무지 중인개유이 이아독완사비 아독이어인이귀식모

- 배움을 끊으면 근심이 없어진다. 공손하게 하는 대답과 격식 없이 하는 대답이 서로 얼마나 다르겠는가? 선과 악이 서로 얼마나 다르겠는가? 사람들이 두려워하는 바는 두려워하지 않기가 불가능하다니, 황당하도다, 중도에 이르지 못한 탓이다!
뭇사람이 흥겨워하니 큰 제물을 올려 제사를 지내는 듯도 하고 봄에 누대에 오른 듯도 하구나. 나는 홀로 담담하니 그럴 일이 없다. 갓난아이와 같아 웃을 줄도 모른다. 고달프구나, 돌아갈 곳도 없으니! 뭇사람은 모두 여유가 있는데 나는 홀로 남겨진 것 같다. 내 어리석은 사람의 마음 때문인가? 우매하도다, 세상 사람들은 사리에 밝은데 나는 홀로 어둡구나. 세상 사람들은 살펴 따지는데 나는 홀로 고지식하다. 담백하기는 바다 같은데 높이 부는 바람처럼 머물지 못하는 구나. 뭇사람은 모두 까닭이 있는데 나는 홀로 미련하여 비루하구나. 나는 홀로 사람들과 달라 식모

를 귀하게 여길 따름이다.

이 장은 크게 두 문단으로 나뉜다. 먼저 사람들에게 부질없는 배움과의 단절을 종용하고, 이어 세상으로부터 떨어져 나와 깨달음의 세계에 홀로 발을 딛고 서 있는 자신의 고독한 삶에 대한 회한에 잠긴다. 회한이 회한으로 끝나지 않음은 물론이다.

노자가 보기에 사람들이 배우는 학문은 유치하다. 기껏해야 예법이나 윤리와 같이 분별을 강요하는 저급한 수준의 학문을 배워 봐야 근심만 늘어나니 그런 것은 아예 배우지 않는 것이 낫다는 입장이다. 2장에서 노자는 분별하지 말라는 가르침을 남긴 바 있다.

그런 학문을 익혀 봐야 사람들이 두려움조차 이기지 못하니 노자는 어이없을 뿐이다. 두려움은 감정의 동요를 상징한다. 마음이 항상 중도에 머물러 있으면 외부 요인에 의해 영향 받을 일이 없을 것이다. 노자는 3장에서 휘둘리지 말라고 당부했다.

어느 날, 노자는 높은 곳에 사람들이 잔뜩 모여 있는 광경을 본다. 그들의 표정이 밝고 활기차 무슨 일인가 이런저런 추측을 하다가 상념에 잠긴다. 조兆는 '조짐, 빌미' 등의 뜻이니, 홀로 지내는 자신에게는 어울려 제사 지낼 일도, 상춘객이 되어 봄산을 함께 오를 일도 없고, 늘 중심을 유지하고 있어 흥겨움이라는 감정이 일어날 경우가 없다고 말하는 것이다.

10장에 등장했던 갓난아이처럼 인위로부터 아예 멀어진 까닭에 웃는 법도 잊어버릴 정도로 자신이 감정을 초월한 존재임을 말한다.

그러다 문득 노자의 마음을 자극하는 장면이라도 눈에 들어왔던 것일까? 예를 들어, 사랑하는 연인들의 해맑은 미소나 까르르 웃는 아이들의 행복한 얼굴 말이다. 노자는 별안간 자학 모드로 분위기를 바꾼다.

사람들은 저마다 집으로 돌아갈 터인데 갈 곳 없는 자신의 신세가 갑자기 처량하게 느껴진 모양이다. 사람들에게서 엿보이는 삶의 여유를 굳이 물질적 풍요에 국한할 필요는 없을 것이다. 노자에게 문득 세상에 홀로 남겨진 듯한 외로움이 밀려든다. 자신의 사유의 세계에서 벗어난 평범한 세상에서 자기만 철저히 혼자였던 것이다. 자학은 계속된다. 아직 자신에게 남아 있는, 어리석은 사람에게나 있을 법한 마음을 감각하기도 한다. 세상 물정을 모르니 평범한 삶에 필요한 융통성이라고는 찾아볼 수도 없는, 현실 부적응자의 모습에 자신을 투영했는지도 모르겠다.

그러면서 자신의 이중성을 확인한다. 가장 낮은 곳에서 모든 것을 품는 바다와 같은 담백함을 지니는데 이르렀음에도, 진정한 깨달음의 경지를 추구하느라 속세와 어울리지 못하는 바람 같은 자신의 모습을 본다. 사람들은 저마다 삶의 이유를 갖고 살아가는 듯한데, 아무도 관심 갖지 않는 구도의 길을 고집스레 걷고 있는 자신의 모습이 왠지 마음에 들지 않지 않는다. 비루하게 느껴지기까지 한다.

노자의 감정 역시 아주 가끔은 인간적인 수준으로 내려왔음을 알 수 있다. 인간으로서의 한계를 인정할 때 사람은 자신의 위치를 확인하고 더 높은 수준을 향해 올라갈 수 있게 된다. 언제나, 인정은 훌륭한 인간의 아름다운 태도다.

하지만 노자는 곧 자신을 직시한다. 자신은 속세의 사람들과 같은 평범한 삶을 살아갈 수 없고, 살고 싶지도 않은 존재임을 자각한다. '식모'는 '만물을 기르는 근원'에 대한 은유다. 1장의 '만물지모'를 연상시킨다. 만물지모는 유有이고 유는 무無에서 나왔다. 유와 무를 합친 현호의 오묘하고 또 오묘한 진리, 도에 대한 깨달음이 자신의 길임을 수긍하며 긍정하고 있다.

내게 노자의 마음이 전해진다. 헝가리 출신의 경제철학자 칼 폴라니는 "진정한 진리는 만유인력의 법칙이 아니라 중력을 뚫고 새가 하늘 높이 날아오른다는 것"이라고 말했다. 노자라는 높은 바람이 있어 누군가는 날개를 펴고 날아오를 수 있을 것이다. 나는 그 바람의 속삭임을 가장 정연하게 전달하고 싶다는 마음으로 이 책을 썼다. 세상 사람들이 가장 많이 읽는 『도덕경』 해설서가 되었으면 하는 바람이 있다. 이런 바람은 감정의 요동이 점점 희미해지고 있는 내게 남아 있는 인간적인 희구요, 그것은 세상에 작으나마 의미를 남기는 일일 것이다.

02 Chapter

말수를 줄이고 도를 닦아라. (23장)

■■■

希言自然 故飄風不終朝 驟雨不終日 孰爲此者 天地 天地尙不能久 而況於人乎 故從事於道者 道者同於道 德者同於德 失者同於失 同於道者 道亦樂得之 同於德者 德亦樂得之 同於失者 失亦樂得之 信不足焉 有不信焉

희언자연 고표풍부종조 취우부종일 숙위차자 천지 천지상불능구 이황어인호 고종사어도자 도자동어도 덕자동어덕 실자동어실 동어도자 도역락득지 동어덕자 덕역락득지 동어실자 실역락득지 신부족언 유불신언

- 말수가 적어야 자연스러운 것이다. 그렇기에 회오리바람은 아침 내내 불지 않고, 소나기는 종일 내리지 않는다. 누가 이것을 하는가? 천지다. 천지도 오래할 수 없는데, 하물며 사람이 오래할 수 있을까? 이런 까닭에 도에 마음과 힘을 다해야 하는 것은 도자는 도와 하나되고, 덕자는 덕에 하나되며, 실자는 실에 하나되기 때문이다. 도와 하나되는 사람은 도 역시 그를 얻음을 즐거워하고, 덕과 하나되는 사람은 덕 역시 그를 얻음을 즐거워하며, 실과 하나되는 사람은 실 역시 그를 얻음을 즐거워한다. 신실함이 부족하면 불신이 있게 된다.

■■■

문학적 표현이 많은 장이라 언뜻 난해해 보이지만 노자가 전하고자 하는 핵심이 명쾌하기에 그가 이런 방식으로 내용을 구성한 의도를 알아채기 어렵지 않다.

'희언자연'에 대해 여러 해석이 난무하지만 그야말로 자연스럽게 해석하면 된다. 여기의 '자연'은 '그것이 자연을 닮은 것이기에 순리에 맞다'는 뉘앙스로 읽으면 된다. 왜 '희언'을 꺼낸 것인지 뒤의 문장이 알려 준다.

천지의 작용력에 따라 일어나는 회오리바람도 소나기도 내내 지속되지 않고 때가 되면 그치는데, 사람이 그칠 줄 모르고 오래하기를 바라면 안 된다고 말한다. 오래함의 대상은 당연히 말일 것이다. '황어인호'를 직역하면 '하물며 사람에게 있어서랴?'의 뜻이지만, 우리가 일상에서 거의 사용하지 않는 방식의 표현이니 문맥에 맞게 앞의 말을 반복하여 그대로 써 주는 것이 좋다.

노자는 도에 마음과 힘을 다해야 하는 까닭을 설명한다. '도자'는 도를 추구하는 사람이요 '덕자'는 덕을 추구하는 사람이며, '실자'는 둘 다 추구하지 않는 사람이다. 이어지는 문장들의 속뜻은 간단하다. 도를 추구하면 도를 알게 될 것이고, 덕을 추구하면 덕 있는 사람이 될 것이며, 둘 다 추구하지 않으면 둘 다 상실한 상태로 계속 머물 것이라는 얘기다. 사람이 하나에 전심전력하면 마치 그것의 숨겨진 진리가 모습을 드러내는 듯한 순간을 경험하게 된다. 마치 하늘이 다음 단계로 나아가도록 하기 위해 길을 열어 주는 듯한 그 순간을 겪어 보지 않으면 이해하기 어렵다. 초인적인 몰입과 노력에 대한 하늘의 부응이라고 나는 여긴다. 목적을 세우고 전력투구하면 그것에 이룰 수 있다고 노자는 얘기하고 있다.

그러나 전제 자체가 도에 마음과 힘을 다하는 것(종사어도)이었으므로, 노자가 도를 추구해야 한다고 주장하고 있는 것은 명확하다.

맨 마지막 문장 '신부족언 유불신언'은 17장에 고스란히 등장하는 표현이다. '지언' 역시 마찬가지다. 따라서 우리는 이 장이 17장과 유기적으로 연결되어 있음을 유추할 수 있다. 즉, 이 장의 내용은 군주로 상징되는 리더에게 하는 말인 것이다. '신실함이 부족하면 불신이 있게 된다'는 말을 되새기며 말수는 줄이고 도를 닦으라고 권고하는 것이다. 그러면 다 자연히 이뤄진다는 것이다. 덕을 닦으면 덕 있는 리더가 될 것이고, 아무 것도 하지 않으면 리더의 자격이 없는 존재가 될 것이니, 최고의 리더가 되고자 한다면 도를 닦으라는 것이다.

03 Chapter

자신을 알고 자신을 이겨라. (33장)

知人者智 自知者明 勝人者有力 自勝者强
知足者富 强行者有志 不失其所者久 死而不亡者壽
지인자지 자지자명 승인자유력 자승자강
지족자부 강행자유지 불실기소자구 사이불망자수

- 타인을 아는 것은 지이고, 자기를 아는 것은 명이다. 타인을 이기는 것은 유력이고, 자기를 이기는 것은 강이다.
만족을 아는 사람은 부유하며, 강을 행하는 사람은 뜻이 있는 것이다. 제자리를 잃지 않는 사람은 오래가며, 죽어도 잊히지 않는 사람은 오래 산다.

짧은 내용이지만 두 단락으로 구분해서 읽어야 한다. 앞 단락에서는 '지'와 '명', '유력'과 '강'을 대비하고 있다. 뒷 단락에서는 이 대비를 바탕으로 논지를 전개하고 있다. '者'라는 글자의 의미가 단락별로 다르다는 점에 주의해야 한다.

앞의 3장, 18장, 그리고 19장에서 우리는 노자가 '지智'를 부정적인 개념으로 사용하고 있음을 보았다. 노자에게 지란 억지스러운 앎과 그것을 통해 갖게 된 작위적인 슬기 정도에 불과하다. 노자에게 타인에 대한 앎(知)은 그저 '분별지' 수준의 위장된 지식이다. 가짜 앎이다. 10장에서 노자는 '능무위호(무위로 할 수 있겠는가?)'라고 묻는다. 외부로부터 주입된 가짜 앎에서 벗어나는 무지無知야말로 노자에게는 진정한 깨달음을 향한 자유로운 첫 걸음이다.

'자지자'는 '지인자'와 대비되는 표현이기에 '스스로 아는 것'이 아니라 '스스로를 아는 것'이라고 해석해야 한다. '자自'는 부사어가 아니라 목적어인 것이다. '명明'은 스스로 깨달아 안 자기 통찰이다. 곧 무위의 지혜다.

'유력'은 '능력이 있다'는 뜻이다. 타인과의 경쟁에서 상대적 우위를 점하게 하는 힘이다. 따라서 그것은 권력이기도 하다. 외부의 잣대를 기준으로 한 인위적 평가치일 뿐이므로 한 사람의 진정한 강함을 말해 주지는 못한다. 노자는 그것은 오직 자기를 이기는 데서 증명된다는 입장이다. 부질없는 욕망에서 벗어나 질박한 영혼의 자유로움을 획득할 때 비로소 강하다고 할 수 있다는 것이다. 사회적 지위가 높다고 상대적 약자들에게 함부로 구는 자들의 부실한 영혼을 떠올린다면 우리는 노자가 왜 '강강強'이라는 글자를 썼는지 이해할 수 있다.

두 번째 단락은 명명과 강강을 염두에 두고 읽어야 한다.

만족을 아는 사람은 욕망으로부터 자유로워진 사람이다. 19장의 내용처럼 '소박한 것을 보면서 수수함을 지키고, 사사로움을 줄여서 욕심을 비운' 사람이다. 그러므로 소유의 양에 연연하지 않고 넉넉한 마음으로 살아간다.

'강강強'이 부정적인 뉘앙스로 쓰인 장들도 있지만 이 장에서는 당연히 긍정성을 갖는다. '강행'은 '자기를 이김을 행하는' 것이니 '자기를 이기기 위한 실천을 하는' 것이다. 노자는 그 실천의 이유를 뜻이 있기 때문이라고 한다. '유지'를 '의지가 있다'고 해석해도 상관없지만, 아무래도 세상에서 이루고자 하는 바가 있다는 뉘앙스를 살리는 것이 좋다.

'기소'는 '자신이 있어야 할 자리, 제자리'이니 앞 장의 '본바탕'과 같다. 본바탕을 지키면 오래간다는 것은 그렇지 않으면 일찍 끝난다는 것이다. 30장에서 '도에 어긋나면 조기에 끝난다(부도조이)'고 했다.

마지막 구절은 2장의 마지막 대목과 일맥상통한다. 즉, 노자는 지금 성인에 대해 얘기하고 있는 것이며, 그것에는 자신이 투영되어 있는 것이다. "나는 나를 안다. 나는 나를 이긴다. 나는 만족을 알아 부유하다.

내가 나를 이기기를 멈추지 않는 까닭은 뜻이 있기 때문이다. 나는 본바탕을 잃지 않기에 오래갈 뿐만 아니라, 죽어서도 잊히지 않고 영원히 기억될 것이다"라고 말하고 있는 셈이다. 근거는 간단하다. 도를 아는 사람이기 때문이다. 도가 항구하듯이 도를 깨달은 사람이 오래 사는 것은 노자에게 당연한 이치다.

"그대들도 도를 깨우치고자 한다면 먼저 그대 자신을 알고 그대 자신을 이기기 위해 노력하라"고 조언하고 있는 것이다. 그것이 시작이라는 것이다.

04 Chapter

진정 의미 있는 공부를 하라. (38장)

上德不德 是以有德 下德不失德 是以無德 上德無爲而無以爲 下德爲
之而有以爲
上仁爲之而無以爲 上義爲之而有以爲 上禮爲之而莫之應 則攘臂而扔
之 故失道而後德 失德而後仁 失仁而後義 失義而後禮 夫禮者 忠信之
薄 而亂之首
前識者 道之華而愚之始 是以大丈夫處其厚 不居其薄 處其實 不居其
華 故去彼取此

상덕부덕 시이유덕 하덕부실덕 시이무덕 상덕무위이무이위 하덕위지이유이위
상인위지이무이위 상의위지이유이위 상례위지이막지응 즉양비이잉지 고실
도이후덕 실덕이후인 실인이후의 실의이후예 부례자 충신지박 이난지수
전식자 도지화이우지시 시이대장부처기후 불거기박 처기실 불거기화 고
거피취차

- 상덕은 덕망을 의식하지 않으므로 덕이 있는 것이요, 하덕은 덕망을 잃지 않으려 하기에 덕이 없는 것이다. 상덕은 무위로 하기에 억지로 함이 없으나, 하덕은 의도적으로 하기에 억지로 함이 있다.

상인은 의도적으로 함에도 억지로 함이 없으나, 상의는 의도적으로 하기에 억지로 함이 있다. 상례는 의도적으로 하면서도 응함이 없으면 소매를 잡고 당긴다. 이런 까닭에 도를 잃은 다음이 덕이고, 덕을 잃은 다음이 인이며, 인을 잃은 다음이 의이고, 의를 잃은 다음이 예이다. 무릇 예라는 것은 진심과 신의가 박한 것이어서 분란의 수괴이다.

이전의 지식이란 도를 꾸민 것으로 어리석음의 근본이다. 이에 대장부는 후하게 처신하지 박하게 행동하지 않으며, 진실되게 처신하지 가식적으로 행동하지 않는다. 그러므로 저것을 버리고 이것을 취한다.

38장부터 덕경이 시작된다. 먼저 구조를 살펴보자. 크게 세 단락으로 구성되어 있다. 첫 단락에서는 상덕과 하덕의 차이점을 말한다. 두 번째 단락에서는 '도-덕-인-의-예'의 수직 구조 하에서 인의예라는 인위적 기준의 시시함을 얘기하면서, 그 중에서도 특히 예의 위선적 면모를 비판한다. 마지막으로 과거의 지식이라는 것의 하찮음을 까발린다.

노자는 무욕과 무위를 덕의 높고 낮음의 수준 차이의 기준으로 삼고 있다. '부덕'은 '부실덕'과 대비되니 그간 쌓아 올린 덕망을 잃을까 연연하지 않는 것이다. 타인의 인정을 욕망하지 않는 것이다. 상덕은 부덕이요 곧 무위의 덕이다. 도의 무위성을 따르는 덕이니 상덕이다.

노자는 유가에서 말하는 인, 의, 예가 어느 수준의 이념인지 구분해준다. 상덕 아래의 것은 모두 인위라는 공통점이 있다. 노자의 설명에 따르면 '상덕-상인-하덕=상의-상례'의 위계가 수립된다. 공자 입장에서는 기분이 나쁠 수 있겠다. 노자는 그래도 인을 높이 쳐줬다고 한마디 할 것 같다. 하덕 수준의 상의나 그보다 한참 아래인 상례는 아예 노자의 안중에 없다. 상인을 '최고 수준의 인'이라고 번역할 수 있다면, 상의와 상례에는 '최고 수준의 의/예라고 해 봤자' 정도의 뉘앙스가 담겨 있다.

특히 예를 신랄하게 비판한다. 작위성이 가장 심한 것이기 때문이다. 상대방이 반응하지 않으면 소매를 잡아당길 정도라는 표현이 재미있다. 복잡하기 그지없었던 과거의 관혼상제 절차를 연상하면 쉽다. 순서를 어기기라도 하면 바로 어른들의 주의가 날아든다. 『논어』「양화」편 1장에는 자신을 피하는 공자를 만나기 위해 양화가 예를 활용하는 내용이 나온다. 공자가 출타 중일 때 돼지고기를 보냄으로써 어쩔 수 없이 그에 대해 사례하기 위해 양화가 없는 틈을 노려 방문하던 공자는 양화에게 딱 걸리고 만다. 'A 행위에 대해서는 B 행위로 응대해야 한다'는 식의 예의 작위성이 잘 드러나는 장면이다.

'난지수'라는 표현도 아주 유쾌하다. 노자는 예를 '모든 난리부르스와 대환장파티의 주범' 정도로 보고 있는 것이다. 예로 인해 인간 사회에 수많은 분란이 생긴다는 것이다. 본문에 드러난 예에 대한 노자의 인식을 감안하여 난지수를 '분란의 수괴'라고 번역했다.

'전식자'를 '앞날을 아는 것/사람'과 같이 해석하면 안 된다. 맥락에 전혀 맞지 않는다. 앞에서 인, 의, 예에 대해 얘기했으니, '전식'이란 과거의 지식이다. 요, 순, 우, 탕이라는 신화적인 임금들로부터 주나라의 문왕과 무왕에 이르기까지 과거 태평성대의 문물에 정통성을 두고 있는 유가적 지식 체계를 말한다. 노자는 그것이 진리이기는커녕 도를 그럴듯하게 흉내 낸 것에 불과하다고 말한다. 겉으로는 번지르르하지만 알맹이는 보잘것없다는 것이 '화華'라는 글자에 담긴 노자의 생각이다. 한마디로 '외화내빈外華內貧'이다. 18장과 19장에서 내가 사용한 '껍데기'와 동일한 의미다. 38장은 이 두 장과 함께 읽어야 함을 알 수 있다. 노자는 3장에서 이러한 가짜 앎으로 무장한 '현자', '지자'들에게 휘둘리지 말라고 조언한 바 있다.

『도덕경』에서 '대장부'라는 단어는 여기에 유일하게 등장한다. 앞에서 줄곧 등장한 성인과는 무관한 용어다. 현대적으로 말하자면 '개념이 있는 사람' 정도로 보면 무난할 것이다. 개념이 있다면 무늬만 그럴싸한 위장된 지식을 익혀 대단한 척하는 대신, 도를 깨닫기 위한 진정한 공부에 우직하고 진실되게 임하며 삶의 태도도 항상 그와 같이 유지하라고 충고하는 것이다.

비판 받는 입장에서는 발언 강도가 지나치게 세다고 느낄 법하다. 하지만 노자의 강한 어조 속에는 생각할 거리가 많이 담겨 있다. 오늘날의 과학적 지식은 과연 인간을 진정으로 행복하게 해주고 있는가, 인간의 지식은 인간 사회를 더 살 만한 곳으로 나아가게 해주고 있는가, 숙고해 볼 일이다.

통찰력을 기르는 공부를 하라. (47장)

不出戶 知天下 不闚牖 見天道 其出彌遠 其知彌少 是以聖人 不行而知 不見而名 不爲而成
불출호 지천하 불규유 견천도 기출미원 기지미소 시이성인 불행이지 불견이명 불위이성

- 집 밖으로 나가지 않아도 천하를 알고, 들창으로 엿보지 않아도 천도를 본다. 밖으로 멀리 나갈수록 아는 것은 더욱 적어진다. 이런 까닭에 성인은 다니지 않아도 알고, 보지 않아도 이름하며, 하지 않아도 이룬다.

노자는 늘 무위와 함께 무욕과 무지를 강조한다. 3장에서 항상 백성들을 무지, 무욕하게 하면 '지자'라는 사람들이 함부로 하지 못한다는 성인의 가르침을 말했다. 38장에서 이전의 지식이란 도를 꾸민 것으로 어리석음의 근본이라고 했다. 35장에서 도가 늘 곁에 있음에도 사람들이 감각하지 못하는 이유를 말했다.

노자에게는 무지야말로 진정한 앎이다. 잡다한 지식을 두루 채우고자 하는 것은 물질에 대한 탐욕과도 같을 뿐이다. 도를 깨달으면 인간의 파편적인 지식들로는 닿을 수 없는 현묘한 이치에 통하게 된다(통현)고 했다.

무엇인가를 깨우치겠다고 사방팔방 돌아다녀 봐야 천지와 세상 만물에 깃들어 있는 도를 감지하지 못하는 아둔함으로는 진리에서 점점 더 멀어질 뿐임을 얘기하고 있다. 유가에 대한 비판이기도 하다. 극한의 사유를 통해 우주 생성의 기원과 도의 작용을 깨달은 노자는 사람들에게 공부의 바른 길을 알려주고 싶었을 것이다. 한 곳에 가만히 머무르고 있어도 세상 돌아가는 형편을 꿰뚫고, 굳이 눈으로 확인하지 않아도 현상과 사건의 핵심을 파악하고 본질을 규정하며, 억지로 도모하지 않아도 뜻한 바를 자연히 이루는 성인의 무위는 곧 노자 자신의 것이다.

노자는 81장에서 '지자불박 박자부지(아는 사람은 넓지 않고, 넓은 사람은 알지 못한다)'고 했고, 장자는 '박지불필지博之不必知(넓다고 해서 반드시 아는 것은 아니다)'라고 했다. 손 안에서 세상사에 대한 거의 모든 정보를 얻을 수 있는 시대가 되었지만 인간은 여전히 몽매함에서 허우적대고 있다. 누구나 접할 수 있는 넓은 정보 따위는 인간을 깨우쳐 변화시킬 수 없음을 증명하는 증거인 셈이다. 많은 사람들이 진정한 앎을 추구하는 대신 '지자'와 '현자'에 휘둘린다. 그렇기에 수준이 한참 떨어지는 위정자가 대놓고 매국 행위를 일삼고 국민들을 분열시켜도 좋다고 찬양하는 일이 현실에서 벌어진다.

우리도 노자가 말하는 성인의 통찰 수준에 이를 수 있을까? 알 수 없다. 하지만 분명한 것은 방법이 있다는 사실이다. 먼저 노자적 인간이 되어야 한다. 무위, 무욕, 무지의 가치를 수용해야 한다. 그 다음 닫힌 뇌와 마음을 여는 학문을 깊게 파고들어야 한다. 지혜의 토대를 단단히 다진 후에는 보이는 것도 들리는 것도 달라지게 된다.

06 Chapter

작은 루틴이 큰일을 이루게 해준다. (63장)

爲無爲 事無事 味無味 大小多少 報怨以德
圖難於其易 爲大於其細 天下難事 必作於易 天下大事 必作於細 是以
聖人 終不爲大 故能成其大 夫輕諾 必寡信 多易 必多難 是以聖人 猶
難之 故終無難矣

위무위 사무사 미무미 대소다소 보원이덕
도난어기이 위대어기세 천하난사 필작어이 천하대사 필작어세 시이성인
종불위대 고능성기대 부경낙 필과신 다이 필다난 시이성인 유난지 고종
무난의

- 무위로 하고 무사로 일하며 무미로 느끼면, 큰 일은 작은 것에서 비롯되고 많은 일은 적은 것에서 비롯됨을 알게 되니 원망했던 것도 덕으로 갚게 된다.

어려운 일을 도모할 때는 쉬운 것부터 하고, 큰 일을 할 때는 아주 작은 것부터 하라. 천하의 어려운 일은 반드시 쉬운 것부터 시작되고, 천하의 큰 일은 반드시 아주 작은 일부터 시작된다. 이에 성인은 늘 큰 일을 하지 않기에 큰 일을 이룰 수 있는 것이다. 무릇 쉽게 승낙하면 반드시 신의가 적은 것이고, 쉬운 일이 많으면 반드시 어려운 일이 많게 된다. 이에 성인은 오히려 어렵게 대하기에 어려움 없이 마치게 된다.

내용상 두 단락으로 구분해서 읽어야 한다.

'무위'와 '무사'는 앞에서 자주 나온 개념이다. '무미'는 35장에서 한 번 등장했다. '미味'는 '음미하다'의 뉘앙스를 살리는 것이 좋다. 억지로 느끼려고 하지 말고 무위, 무사의 과정 속에서 담백하게 있는 그대로를 느껴 보라는 것이다.

'대소다소'는 '크든 작든 많든 적든', '작음을 크게 하고 적음을 많게 하며', '큰 것을 작게 하고 많은 것을 적게 하며', '큰 것을 작은 것으로 여기고 많은 것을 적은 것으로 여기며' 등 온갖 해석이 난무하지만, 전체 맥락상 그 의미는 단 하나일 수밖에 없다. 이것의 해석이 적확해야 노자가 왜 앞 단락의 말을 하고 있는지 선명하게 이해할 수 있다.

'대소다소'의 의미는 두 번째 단락의 내용에서 자연스럽게 도출된다. 아울러 맥락상 '위무위 사무사 미무미'와 '대소다소 보원이덕'이 영어의 'If 조건절, then' 형식의 문장임을 알 수 있다. 누군가에게 원망을 갖게 된 이유는 그가 자신에게 큰 일 대신 작은 일을, 많은 일 대신 적은 일을 맡겼기 때문이다. 즉, 상대적으로 중요하지 않은 사람처럼 취급 받았기 때문이다. 큰 일은 작은 것에서, 많은 일은 적은 것에서 비롯됨을 이해하지 못하고 유위, 유사, 유미의 방식으로 임했기 때문이다. 결국 '위무위 사무사 미무미'를 통해 스스로 깨닫게 되면 원망의 마음은 사라지고 그 자리에 감사의 마음이 자리잡게 된다는 것이다. 이제 우리는 첫 단락의 뜻을 알게 되었으니 다음과 같이 그것을 줄여서 정리해도 무방할 것이다. '무위로 하고 무사로 일하며 무미로 느껴라. 큰 일은 작은 것에서 많은 일은 적은 것에서 비롯되니, 원망은 덕으로 갚아라'

첫 단락을 이해하면 두 번째 단락은 간단하다. 어려운 일과 큰 일은 각각 쉽고 작은 일부터 하라는 것이다. 대부분의 사람들은 도전이라는 미명 하에 거창한 목표를 세운 다음 어렵고 큰일에 매진한다. 그래야 남의 눈에 폼도 나고 자부심도 올라가기 때문이다. 욕심이 개입되어 있음은 물론이다. 하지만 그렇게 하는 일은 대부분 하나의 성격으로 귀결되고 만다. 바로 '무리한 일'이다. 무리한 일은 오래가지 못한다. 노자는 '세細'라는 글자를 써서 작은 정도가 아니라 아주 작은 일부터 하라고 조언한다. 큰 일, 거창한 일 대신 날마다 해야 할 작은 일에 최선을 다할 때 큰 일은 무위로 이루어지는 것이라는 취지로 노자는 말한다.

마지막으로 노자는 쉽게 승낙하는 사람과 쉽게 쉽게 풀리는 일들을 경계하라고 충고한다. 이는 언뜻 쉬운 일, 그리고 작은 일과 비슷해 보이지만 불순한 의도와 미처 예상하지 못한 변수 등이 숨어 있을 가능성이 있다는 점에서 더욱 신중함이 필요하다고 노자가 지적하는 것이다. 성인은 안이한 태도로 넋 놓지 않고 주의를 기울이기에 무난하게 일을 마무리짓는다고 얘기한다.

07 Chapter

자신을 알아주지 않아도 괘념치 마라. (70장)

吾言甚易知 甚易行 天下莫能知 莫能行 言有宗 事有君 夫唯無知 是以 不我知 知我者希 則我者貴 是以聖人 被褐懷玉
오언심이지 심이행 천하막능지 막능행 언유종 사유군 부유무지 시이 불아지 지아자희 즉아자귀 시이성인 피갈회옥

- 나의 말은 매우 알기 쉬워 행하기도 쉬운데, 천하가 알지 못하니 행하지 못한다. 말에는 근본이 있고 일에는 중심이 있는데 다만 알지 못하기에 나를 알지 못한다. 나를 아는 자는 드물고 나를 본받는 자는 귀하다. 이런 까닭에 성인은 베옷을 입고 있어도 옥을 품고 있는 것이다.

67장과 연결하여 읽어야 할 장이다. 67장에서 세상 사람들은 노자의 도를 크다고 하면서도 본받으려 하지 않는다. 이 장에서 노자는 그 세태에 대한 아쉬움을 피력한다.

알기 쉬워 실천하기도 쉬운 자신의 사상을 알고자 하지 않는 사람들, 그로 인해 자신을 모르는 사람들에 대한 안타까움과 동시대의 대중들로부터 외면 받는 깨달은 자의 서글픔이 묻어난다. 비록 약하기는 하지만 20장에 이어 노자가 자신의 감정을 슬며시 드러낸 장이다.

'언유종 사유군'에서 '군君'을 '중심'으로 해석한 이유는 다음과 같다. 여기에서는 품사와 의미가 다르게 쓰였지만 '사군事君'은 '임금을 섬기다'는 뜻이다. 임금의 섬김은 충忠으로 하는 법이다. 충을 파자하면 중심中心이 된다. 일에 중심이 있다는 얘기는 확고한 철학과 주관을 담아 일을 한다는 것이다.

자신을 아는 자는 드물고 자신을 따르려는 자는 더욱 적지만 그래도 노자는 실망하지 않는다. 자기 자신에 대한 확신을 품고 있는 깨달은 자의 높은 자존감을 그는 갖고 있기 때문이다.

'갈褐'은 베옷이다. 베옷은 비단옷과 달리 거칠다. 내면에 빛나는 깨달음을 품은 사람이 거친 옷 따위에 신경 쓸 리 만무하다. 예나 지금이나 세상은 남녀노소 가릴 것 없이 물질을 탐하느라 외화내빈의 상태가 되었다. 내면이 빈곤할수록 더욱 더 화려한 겉모습을 추구하기 마련이다. 많은 돈을 벌었다는 사람들의 말과 글을 기웃거리는 것으로 시간을 쓰다 보면 결국 자신의 것은 아무 것도 키우지 못하고 만다.

부와 권력을 쥔 사람, 유명세를 얻은 사람은 본시 드문 법인데, 깨달은 자들로 꽉 들어찬 듯한 지금 세상은 아무래도 뭔가 이상하다. 대단히 낮은 확률을 뚫고 그 고지에 올랐다는 사람들 저마다의 훈계에 눈과 귀를 내어 주기를 멈춰야 한다. 대신 그 시간을 자기 자신을 파악하고, 자신의 길을 설정한 다음 그 길에 필요한 것들을 채우는데 정성스럽게 써야 한다.

08 Chapter

지식은 대단한 게 아니다. (71장)

知不知上 不知知病 夫唯病病 是以不病 聖人不病 以其病病 是以不病
지부지상 부지지병 부유병병 시이불병 성인불병 이기병병 시이불병

- 알지만 알지 못한다고 하는 것이 으뜸이요, 알지 못하면서 안다고 하는 것은 병이다. 무릇 병을 병으로 여기면 병이 되지 않는다. 성인은 병이 없다. 병을 병으로 여기므로 병들지 않는다.

56장에서 '아는 사람은 말이 없고, 말하는 자는 알지 못한다'고 했다. 알지만 침묵하는 것, 알지만 모른다고 하는 것은 겸손 이상의 경지다. 앎이란 사실 일시적인 것이다. 지식이 늘어날수록 모르는 영역은 지속적으로 증가하기 마련이다. 이러한 앎은 '학學'을 통해서 축적되는 것이다. 48장에서 우리는 '위학'과 '위도'의 차이점을 익힌 바 있다. 그렇기에 노자는 위학을 멀리하고 위도를 추구함으로써 덜고 또 덜어 무위에 이르는 길을 택한 것이다. 그러니 알지만 모른다고 하는 것은 '학'을 통해 배운 것이 적다고 인정하는 겸손처럼 보이지만 사실은 그런 앎에 가치를 두지 않는 태도인 것이다.

노자의 눈에 세상은 알지도 못하면서 안다고 떠들어대는 사람들로 가득하다. 부와 명예, 인기를 얻고 더 키우기 위해 아는 척하는 병에 걸린 것과도 같다는 것이다. 일종의 인정 중독인 셈이다. 병에 걸렸다는 것을 알아채면 병에서 벗어날 수 있음에도 환자라는 사실을 모르니 고치지 못한다는 것이다.

반면에 노자는 그런 '학'에 기반한 지식인들의 앎을 꿰뚫고 있으면서도 모른다고 하니 그들처럼 병들지 않는다고 말하고 있다. 쓸데없는 학문이라고 생각하니 굳이 안다고 할 이유가 없는 것이다. 18, 19, 20장을 참고하면 노자가 왜 '병'이라는 글자를 썼는지 선명하게 이해할 수 있을 것이다.

서두르는 걸음으로는
나아갈 수 없다.

PART V

경쟁과 조화

: 상선약수 上善若水 – 최고의 선은 물과 같다.

01 Chapter

성인은 다투지 않는다. (8장)

上善若水 水善利萬物而不爭 處衆人之所惡 故幾於道 居善地 心善淵 與善仁 言善信 正善治 事善能 動善時 夫唯不爭 故無尤
상선약수 수선이만물이부쟁 처중인지소오 고기어도 거선지 심선연 여선인 언선신 정선치 사선능 동선시 부유부쟁 고무우

- 최고의 선은 물과 같다. 물의 선이란 만물을 이롭게 하면서도 다투지 않고 뭇사람이 꺼리는 곳에 머물기에 도에 가깝다. (성인은) 있어야 할 자리에 있고, 근원적인 것에 마음을 쓰며, 인한 것에 간여하고, 신실한 말을 하며, 자기 다스림을 바르게 하고, 능력을 다해 일하며, 때에 맞게 움직인다. 무릇 다만 다투지 않으니, 원망이 없다.

『도덕경』에서 가장 유명한 문구라고 해도 과언이 아닐 '상선약수'가 등장하고 있다.

노자는 앞 장들에서 말한 도道에 대한 자신의 설명이 읽는 이들에게 너무 어려울까 염려했던 모양이다. 그는 땅 위의 만물 중 도에 가장 가까운 물을 빌려서 도에 대한 이해를 돕고 있다. 아울러 도에 가까워지는 '물을 닮은 삶의 태도'란 어떤 것인지 알려 주고 있다. 물에 대한 예찬 따위로 읽으면 안 된다.

이 장의 핵심은 '부쟁不爭'에 있다. 6장에서 본 바와 같이 무위로 행하는 도가 다툴 일이 있을 리가 없다. 즉, 노자는 도의 무위를 은유하는 부쟁의 속성에 가장 근접한 사물로 물을 콕 집어 '쟁'하지 말고 순리대로 살라고 조언하고 있는 것임을 알아채야 한다.

'처중인지소오'는 '처+중인지소오'로 읽어야 맞다. 낮은 곳이든, 더러운 곳이든, 궁벽진 곳이든, 물은 가리지 않는다는 것이다. 사람들은 분별하지만 물은 분별하지 않는다는 얘기다. '인지소오'는 42장에도 나오는 표현이다. 『논어』, 「이인」편을 잠시 읽겠다.

자왈 부여귀 시인지소욕야 불이기도득지 불처야 빈여천 시인지소오야 불이기도득지 불거야 군자거인 오호성명 군자무종식지문위인 조차필어시 전패필어시子曰 富與貴 是人之所欲也 不以其道得之 不處也 貧與賤 是人之所惡也 不以其道得之 不去也 君子去仁 惡乎成名 君子無終食之間違仁 造次必於是 顚沛必於是 – 공자가 말했다. "부귀는 사람들이 바라는 것이지만 도리에 맞게 얻은 것이 아니라면 누리지 말아야 한다. 빈천은 사람들이 싫어하는 것이지만 이치에 맞지 않게 그리 되었어도 피하지 말아야 한다. 군자가 인을 버리고 어찌 이름을 떨치겠는가? 군자는 밥을 먹는 짧은 시간에도 인을 어기지 말아야 하고, 아무리 급한 때라도 반드시 인을 따라야 하며, 엎어지고 자빠져도 반드시 인을 추구해야 한다."

'인지소오'라는 동일한 표현이 등장한다. 6장의 '중인지소오'가 '사람들이 싫어하는 장소'의 의미를 갖고 있다는 것은 명확하다.

이후 '거선지' 이하는 도에 가까운 물처럼 살아가는 성인의 태도로 읽어야 한다. 즉, 거선지 앞에 '성인聖人'이 생략되어 있는 것이다. 이렇게 읽어야 맨 마지막의 '부유부쟁 고무우'에 자연스럽게 연결되며 전체 맥락이 통한다.

선善이라는 글자의 쓰임을 잘 이해해야 한다. '거지, 심연, 여인, 인신, 정치, 사능, 동시'의 중간에 선을 집어넣음으로써 '물의 선(水之善)과 같이' 정도의 뉘앙스를 풍기는 것이다. 거선지부터 동선시까지를 어떻게 해석하느냐는 별로 중요하지 않다. 사람마다 조금씩 다르게 해석할 여지가 많기 때문이다. 그것들이 물의 속성에서 차용한 성인의 삶의 태도를 말한다는 것을 아는 것이 더 중요하다.

노자도 그 속내를 밝히고 있다. 자신이 말한 성인의 삶의 태도가 물의 속성과 온전히 일치하지는 않는다는 것을 그도 알고 있기 때문이다. 물은 성인이 아니고 성인은 물이 아니니 대비의 한계를 인정하는 것이다. 그래서 그는 다 떠나서 '성인은 부쟁한다'는 것을 강조한다. 물의 부쟁과 성인의 부쟁이 곧 도의 무위를 닮은 속성이라고 말하고 있는 것이다.

인간 사회의 쟁爭이란 '경쟁競爭, 투쟁鬪爭, 분쟁紛爭, 정쟁政爭, 전쟁戰爭' 등 온갖 종류의 다툼을 아우른다. 한마디로 무위와 거리가 먼 것이다. 2장에서 말한 유무, 난이, 장단, 고하 등을 분별하는 어리석음 탓에 벌어지는 일이다. 서로 다르기에 공존하고 있다는 사실을 모르는 무지함에서 비롯되는 작위적인 일이다. 다투지 않으면 원망을 살 일도 원망할 일도 없게 된다는 것이다.

물론 범인들은 성인의 '부쟁'을 실천하며 살기 어렵다. 사회 시스템 자체가 쟁의 원리 위에서 작동하기 때문이다. 하지만 그것은 인간의 원리일 뿐 천지의 그것은 아니다. 인간의 원리가 인류 전체를 위기에 몰아넣고 있음은 주지의 사실이다. 인류의 위기는 '자생自生'을 '타생他生'으로 전환할 때 극복 가능해질 수 있음을 7장에서 배운 바 있다.

02 Chapter

무와 유의 균형으로 쓰임과 이로움이 생긴다. (11장)

三十輻共一轂 當其無有 車之用 挺埴以爲器 當其無有 器之用 鑿戶牖
以爲室 當其無有 室之用 故 有之以爲利 無之以爲用

삼십복공일곡 당기무유 거지용 선식이위기 당기무유 기지용 착호유이위
실 당기무유 실지용 고 유지이위리 무지이위용

- 서른 개의 바큇살이 한 개의 바퀴통을 향하는데 무와 유가 균형을 이루기에 수레가 쓰이게 된다. 찰흙을 반죽하면 그릇이 되는데 무와 유가 균형을 이루기에 그릇이 쓰이게 된다. 문과 들창을 뚫으면 방이 되는데 무와 유가 균형을 이루기에 방이 쓰이게 된다. 그러므로 유는 이가 되고 무는 용이 된다.

널리 알려진 내용이지만, 기존의 해석들은 노자의 마음으로부터 아주 멀리 떨어져 있다고 생각한다.

먼저, 무無는 '비어 있음emptiness'이 아니다. 그 뜻으로 쓰인 글자는 4장의 충沖과 5장의 허虛, 그리고 21장의 공孔이다. 이 장은 결코 비어 있음을 예찬하는 따위의 내용이 아니다. 이 장의 핵심은 유는 이이고 무는 용이라는 마지막 문장에 담겨 있다. 곧 이용利用에 관한 얘기다.

이 장은 고故를 기준으로 하여 크게 두 부분으로 구성되어 있다. 전반부는 수레, 그릇, 방이 어떻게 쓰임을 얻게 된 것인지 얘기한다.

'당기무유 거지용'이라고 끊어 읽어야 한다. 무와 유는 한 쌍이다. 무유無有는 19장과 43장에도 쓰였다. 유무有無는 2장에서 딱 한 번 쓰였다. 무유가 이상한 표현이 아니라는 것이다. 이렇게 구조를 인식하고 풀이해야 맨 마지막 문장으로 향하는 노자의 뜻을 알 수 있다.

당當은 술어로서 '균형 잡히다, 균형을 이루다'의 의미로 쓰였다. 따라서 '무와 유가 균형을 이루기에 수레가 쓰이게 된다'는 뜻이 된다. 기其가 가리키는 것은 바큇살과 바퀴통이 아니라 앞 문장 전체다. 즉, '바큇살 서른 개가 바퀴통 하나에 모이는 과정에서' 정도의 뉘앙스다. 그렇기에 굳이 '그, 그것'이라고 풀이할 이유가 없다. 마찬가지로 '당기무유기지용'과 '당기무유 실지용'에서의 '기'도 각각 '찰흙으로 반죽하는 과정에서'와 '문과 들창을 뚫는 과정에서'의 뉘앙스를 갖는다.

이제 무와 유, 이와 용이 무엇을 뜻하는지 살펴보도록 하자.

서른 개의 바큇살과 한 개의 바퀴통은 유다. 수레도 유다. 바큇살과 바큇살 사이에 추가될 수 있었던 여분의 바큇살이나 바퀴통은 무다. 무와 유가 균형 잡히지 않았다면 수레는 제대로 나아가지 못할 것이다. 서른 개의 바큇살과 한 개의 바퀴통으로 구성된 네 쌍의 바퀴 세트는 수레를 움직이는 이로움을 만들고, 수레는 움직여 사람과 짐을 나를 수 있게 해주는 이로움을 주관한다. 반면에, 있을 수 있었으나 있지 않은 상태로 남은 여분의 바큇살과 바퀴통은 서른 개의 바큇살과 한 개의 바퀴통으로 조합된 바퀴가 잘 작동하여 수레가 굴러갈 수 있도록 해준다. 무가 쓰임(用)을 만들고, 유가 이로움(利)를 제공하는 것이다.

찰흙은 유다. 반죽하는 행위와 그릇도 유다. 사람에게 음식을 담아 먹게 하는 이로움을 준다. 더하거나 덜 수 있었던 찰흙과 가하거나 감할 수 있었던 힘이나 열기 등은 무다. 두께, 깊이 등에 변화를 일으켜 용도에 맞지 않는 모양의 그릇이 나올 수도 있었다.

문과 들창은 유다. 출입과 환기, 전망 등의 이로움을 준다. 방 하나에 문 두세 개, 들창 네다섯 개를 만들 수도 있다. 위치도 뒤죽박죽일 수 있다. 만들 수 있었지만 만들지 않은 문과 들창들로 방은 방의 쓰임을 얻는다. 무와 유의 균형 덕분이다.

우리는 1장과 2장에서 '무명천지지시 유명만물지모'와 '유무상생'이라는 표현을 각각 배운 바 있다. 무에서 유가 나온 것이다. 무의 용이 있어 유의 이가 가능한 것이다. 노자는 지금 이것을 말하고 있다. 유를 볼 때 그것을 가능하게 했던 그 이전의 무와 유의 균형을 인식하라는 것이다. 결국 천지의 무위의 작용력을 깨달으라는 것이다. 도를 이해시키기 위해 8장에서 물을 끌어왔듯 이것을 알게 하기 위해 수레, 그릇, 방을 예로 삼은 것뿐이다. 다시 한 번 강조하지만 노자는 비움의 가치를 얘기하는 것이 아니다. 우리의 오관은 유만을 감각한다. 이로움, 유익함, 이익을 얻기 위해 만든 세상의 수많은 유는 인위적이다. 인간만을 위한 것이다. 우리는 인간의 것이 자리한 곳에 존재했을 수도 있는 무를 생각해 봐야 한다.

2장에서 노자는 세상 모든 것이 인간의 기준에 맞추어, 인간의 필요에 따라 존재하는 것이 아니라 순리에 따라 무위로 그 자리에 실재한다는 가르침을 주었다. 현 인류 앞의 유는 수레, 그릇, 방 수준이 아니다. 무위로 존재하고 있는 것을 허물고 이익이라는 잣대로 허상의 인위를 세우려고 하는 모든 행위는 생生이 아니라 사死의 선택이다. 장기적 안목에서 보면 AI 연구, 마지막 갯벌 '수라'의 개발, 후쿠시마 핵 폐수의 방류 등이 다 생이 아니라 사의 방향을 택한 인위다.

무와 유의 균형이 깨진 시대, 인간에게는 현명해질 시간이 남아 있을까? '이용하다'의 첫 번째 사전적 정의는 '대상을 필요에 따라 이롭게 쓰다'이다. 인간, 그것도 극소수의 인간의 필요에 따라 대상을 함부로 쓰는 대신 생명 전체의 필요에 따라 그야말로 이롭게 써야 한다. 하지만 쉽지 않을 것이다. 인간은 '이용하다'의 두 번째 사전적 정의에 익숙해져 있기 때문이다. 그것은 '다른 사람이나 대상을 자신의 이익을 채우기 위한 방편으로 쓰다'이다.

03 Chapter

낮추고, 물러나라. (22장)

曲則全
枉則直 窪則盈 弊則新 少則得 多則惑 是以聖人抱一爲天下式 不自見
故明 不自是 故彰 不自伐 故有功 不自矜 故長 夫唯不爭 故天下莫能
與之爭
古之所謂曲則全者 豈虛言哉 誠全而歸之
곡즉전
왕즉직 와즉영 폐즉신 소즉득 다즉혹 시이성인포일위천하식 부자현 고명
부자시 고창 부자벌 고유공 부자긍 고장 부유부쟁 고천하막능여지쟁
고지소위곡즉전자 기허언재 성전이귀지

- 굽음이 온전함이다.

휘어야 곧게 되고, 움푹해야 차게 되며, 해어져야 새롭게 되고, 적어야 얻게 되며, 많으면 미혹되기에 성인은 하나로 뭉쳐 천하의 원리로 삼는다. 스스로 드러내지 않기에 빛나고, 자기만 옳다 하지 않기에 드러나며, 스스로 자랑하지 않기에 공이 있게 되고, 스스로 뽐내지 않기에 오래간다. 다만 다투지 않기에 천하 누구도 그와 다툴 수 없다.
옛말에 굽음이 온전함이라 한 것이 어찌 허언이겠는가? 진실로 온전해지려면 굽음으로 돌아가라.

이 장은 크게 세 단락으로 구분해서 봐야 한다. 먼저, '굽음=온전함'이라고 전제하고, 그에 대한 근거를 죽 설명한 후에 마지막으로 자신의 전제에 동의하여 실천할 것을 요청한다.

노자는 굽음, 구부러짐이야말로 온전함이라고 얘기한다. 즉, 굽음이 만물의 본바탕이라는 것이다. 이 곡曲을 '곡선의 미학' 정도로 곡해하면 안 된다. 이런 의미의 곡은 직直에 대비되는 개념이기 때문이다. 여기에서의 곡이 느림, 유연함 등의 속성을 뜻하는 것이 아니라는 말이다. 직은 두 번째 단락의 처음에 왕枉의 상대 개념으로 쓰였다. 둘째 단락의 내용을 통해서 우리는 노자의 용어 곡이 '낮춤, 물러남, 다투지 않음'을 상징하고 있음을 알 수 있다.

식式은 법, 제도, 기준 등을 뜻하는 단어다. 문맥상 '원리'라고 풀이하는 것이 적절하다. '휘어야 곧게 되고, 움푹해야 차게 되며, 해져야 새롭게 되고, 적어야 얻게 되며, 많으면 미혹된다'는 것은 만물의 개별적 작동 방식이 그렇다는 것이다. 노자는 그것을 아우르는 원리 곧 만물의 근본 이치가 무엇인지 아는 것이다. 그것이 곡임은 당연하다. '포일'은 10장에도 나오는 단어다.

이어지는 설명을 통해 노자는 자신의 논지를 분명히 한다. '만물의 개별적 작동 방식을 하나로 뭉쳐 보아 하니 '곡'이구나, 저것이 본질이구나, 그 본질에서 모든 것이 무위로 이루어지는구나', 노자의 생각은 이렇다. 그리하여 세상의 원리를 깨달은 성인은 어떤 작위적인 행위도 하지 않는다고 말한다. 여기의 성인에 노자 자신이 투영되어 있음은 물론이다. 『도덕경』에 쓰인 성인이라는 단어는 노자를 투영한 것과 그렇지 않은 것으로 구분된다.

이제 마지막 단락이다. '고지소위'를 직역하면 '옛날에 이른 바인' 정도가 되겠다. 노자는 '곡즉전'이 자신의 말이 아니라고 한다. 노자의 정직함을 엿볼 수 있는 대목이자, 사실은 그것이 아주 엄청난 사유가 필요한 것은 아님을 밝히는 것이기도 하다. 세상 만물을 조망하면 누구나 알 수 있다는 것이다. 그래서 오래 전에 누군가 지혜로 남길 수 있었다는 것이다.

이렇듯 마음만 먹으면 누구나 알 수 있는 원리를 따라야 하지 않겠느냐고 노자는 말한다. "그대의 본바탕을 회복하고자 한다면 곡으로 돌아가라. 낮춤과 물러남과 다투지 않음의 자세를 실천하라"고 조언하는 것이다. 맨 뒤의 지之가 가리키는 것은 곡이지 도가 아니다. 이 장에서는 도를 얘기하지 않는다. 오래 전부터 이어져 내려온 평범한 사유이지만 곡의 원리가 곧 무위를 반영하고 있음을 이해시키는 것이다. "무위의 실천은 어려운 것이 아니다. 곡의 원리를 알고 일상에 적용하면 된다"고 자상하게 일러 주는 것이다. '친절한 노자씨'다.

04 Chapter

고수는 싸우지 않는다. (68장)

善爲士者不武 善戰者不怒 善勝敵者不與 善用人者爲之下 是謂不爭之德 是謂用人之力 是謂配天 古之極
선위사자불무 선전자불노 선승적자불여 선용인자위지하 시위부쟁지덕 시위용인지력 시위배천 고지극

- 군사들을 잘 다스리는 자는 무력을 쓰지 않고, 싸움을 잘하는 자는 노하지 않으며, 적을 잘 이기는 자는 더불어 싸우지 않고, 사람을 잘 쓰는 자는 그 아래에 머무른다. 이를 다투지 않는 덕이라 하고, 사람을 쓰는 능력이라 하며, 하늘과 짝한다고 한다. 예로부터 내려오는 지극함이다.

'사士'는 '군사軍士'의 뜻이다. '위사'는 군사를 다스리는 것이고, '선善'은 그것을 잘하는 것, 그것에 능숙한 것이다. 그래서 '선위사자'를 요약하면 '뛰어난 장수'가 된다. 뛰어난 장수가 함부로 무력을 쓰지 않는다는 것은 꼭 필요할 때, 반드시 승리할 수 있을 때에만 군사들을 움직여 전투에 임한다는 것이다. 더 적극적으로 해석하면 아예 무력을 동원할 필요가 없도록 사선에 협상력을 발휘하는 것이다. 거란 장수 소손녕과 담판을 지어 군사를 물리게 했던 고려의 서희 장군이 좋은 예가 된다.

'선전자'를 압축하면 '뛰어난 전사' 정도의 뜻이 된다. 노자는 싸움에 능한 전사일수록 감정의 동요가 없다고 말하고 있다. 분노란 감정 중에서 평정심을 상실한 가장 확실한 증거가 되니까. 45장에서 말하는 조급함에 해당하는 감정이다. 고요함에 패배할 수밖에 없는 성질의 감정이다. 상대의 도발에 감정이 흔들리는 수준으로는 훌륭한 전사 소리를 들을 수 없을 것이다.

'선승적자'는 줄여서 '뛰어난 승자'라고 부를 수 있을 것이다. '여與'는 '더불다'는 뜻이니 웬만하면 적과 마주쳐 대결하게 되는 상황을 만들지 않는다는 것이다. 무의미한 싸움을 거듭하며 가치 없는 승리를 축적하는 것은 어리석은 짓이다. 불필요하게 자신을 노출함으로써 상대로 하여금 자신의 장점과 단점을 알게 해줄 뿐이다. 기껏해야 호승심을 다스리지 못하는 수준 낮은 자의 행위에 불과하므로, 결정적일 때 상대의 계책에 속아 넘어가 큰 패배를 당할 위험성이 크다.

'선용인자'는 '뛰어난 지휘관'이라 할 수 있다. '선위사자'가 야전 사령관이라면 '선용인자'는 제갈공명과 같은 군사軍師로 볼 수 있다. 전장에서 실 전투를 진두지휘하지는 않지만 작전을 세우고 그것에 따라 장수별로 임무를 부여하는 등 사실상 전투의 설계자 역할을 담당하는 사람이다. 축구로 비유하자면 히딩크 감독 같은 사람이다. 지장智將의 리더십을 가진 사람이다.

노자가 말하는 '부쟁지덕'은 '선위사자'와 '선전자', 그리고 '선승적자'에, '용인지력'은 '선용인자'에 각각 해당한다.

'배配'는 '짝, 짝짓다'는 뜻이니 '배천'은 하늘의 짝이 될 만하다는 것이다. 그 만큼 높은 자질과 덕성을 갖추었음을 의미한다.

'고지극'은 '오래 전부터 내려오는 지극한 원리' 정도의 뜻이다.

이런 장의 내용을 근거로 『도덕경』을 병법서로 보는 것은 유치한 인식이다. 앞에서 '다투지 말라', 겸손하라'고 했던 조언에 대한 노자의 부연 설명으로 보면 된다.

05 Chapter

물러나는 것이 이기는 것이다. (69장)

用兵有言 吾不敢爲主而爲客 不敢進寸而退尺 是謂 行無行 攘無臂 執無兵 扔無敵
禍莫大於輕敵 輕敵幾喪吾寶 故 抗兵相加 哀者勝矣

용병유언 오불감위주이위객 불감진촌이퇴척 시위 행무행 양무비 집무병 잉무적
화막대어경적 경적기상오보 고 항병상가 애자승의

- 군사를 부리는 것에 대해 말하자면, 나는 굳이 주인이 되지 않고 손님이 되겠다. 굳이 한 치를 나아가지 않고 한 자를 물러나겠다. 이를 일컬어 나아감 없이 나아감, 쇠뇌 없이 내쫓음, 무기 없이 쥠, 싸움 없이 무찌름이라고 한다.

재앙은 적을 가볍게 여기는 것보다 큰 것이 없으니, 적을 가벼이 여기면 나의 보배를 거의 잃게 된다. 이런 까닭에 대항하는 병사들이 서로 늘어나는 상황에서는 슬퍼하는 편이 승리하는 것이다.

　　두 단락으로 구성되어 있다. 앞 단락은 용병에 대한 자신의 철학을 얘기하고 있으며, 뒷 단락은 생명에 대해 연민하는 태도의 중요성을 말하고 있다. 31장과 연결된다.
　　'용병유언'을 용병에 대한 옛말이 있다든가 병법에 이러이러한 말이 있다는 식으로 풀이하는데, 바로 이어지는 문장에서 '오吾'를 썼다는 점을 감안하면 당연히 노자의 말로 봐야 한다. 그의 철학이 담긴 문장으로 봐야 제대로 된 해석이 가능하기도 하다.

주인은 어떤 사태와 직접적으로 관련된 당사자다. 주인이 아니라 손님이 되겠다는 말은 '용병'이라는 일과는 구태여 인연을 맺고 싶지 않다는 것이다. 내 분야가 아니다, 하기 싫다는 것이다.

만일 해야 한다면 진격 위주의 적극적인 공략 대신 협상을 통한 타협 위주의 전략을 펼 것이고, 필요하다면 전략적 양보도 기꺼이 택하겠다는 생각이 다음 문장에 담겨 있다. '척尺'은 우리가 '자'라고 부르는 길이의 단위이며 약 30.3cm이고, '촌寸'은 '치'라고 번역되며 '척'의 10분의 1 길이에 해당한다.

'무행'은 무위, 무사, 무욕 등 노자 특유의 용어와는 무관하다. 일반적으로 전쟁에서는 조금이라도 앞으로 나아가 영토를 넓히려고 하지만 노자는 오히려 뒤로 물러서겠다고 한다. 그것이 '무행'이다. 나아가지 않음이다. 하지만 겉으로 물러나는 그 물리적 행위가 장기적으로 나라에 더 큰 이익으로 돌아온다면 그것은 '행'이다. 노자의 '행무행'은 눈앞의 이해관계에만 얽매이는 단견을 넘는 전략적 사고이자 미래에 대한 통찰에 바탕한 장기적 포석인 것이다.

'비臂'는 '팔뚝'과 '쇠뇌'의 뜻을 갖고 있다. 전자의 뜻을 적용해 '양무비'를 일반적으로 '팔뚝 없이 팔을 걷음', '팔뚝 없이 휘두름', '팔뚝 없이 물리침' 등과 같이 해석하여 알쏭달쏭한 와중에 지휘하지 않고 적을 물리친다는 뉘앙스를 담고 있는데 억지라고 본다. '쇠뇌'는 사거리가 길고 공격력이 우수해 멀리서 공격할 수 있기에 적의 근접을 막는데 효과적이다. 즉, 쇠뇌를 쓴다는 것은 적을 뒤로 멀찌감치 물러나게 한다는 것이다. 따라서 '양무비'는 쇠뇌를 쓰지 않고도 적을 밖으로 멀리 내모는 결과를 거두는 협상력에 대한 비유임을 알 수 있다.

'집무병 잉무적'은 판본에 따라 순서가 바뀌기도 하지만 문맥을 감안하면 이 순서로 풀이하는 것이 적절하다. '병'은 병기, 병장기이니 곧 무기이고, '집'은 잡다, 쥐다의 뜻이니 '집무병'은 '무기 없이 쥠'이요, 달리 말하면 '없는 무기를 쥐는 것'이고 결국 물리적인 무기를 쥐지 않고도 그보다 더 큰 효과를 발휘하는 진정한 무기를 쥐는 것이다. 군사 개개인이 사용하는 물리적 무기는 전투에서 자신의 목숨을 담보로 적병을 베고 찌르는 용도로만 쓰이지만, 말과 글이라는 협상의 무기는 아군과 적군의 생명을 모두 지키면서도 전쟁 당사자 모두를 만족시킬 수 있는 타협에 이르게 하기 때문이다.

마지막으로 '잉무적'은 말 그대로 '대적함 없이 무찌름'이니 적과 물리적 충돌 없이도 적을 쳐부순 것과 동일한 효과를 거둠을 말한다.

첫 단락에 드러난 노자의 전쟁 철학은 간단하다. 결코 전쟁을 해서는 안 되지만 만일 어쩔 수 없이 해야 하는 상황이 된다고 해도 실제로 죽고 죽이는 물리적 살상을 피해야 한다는 것이다. 협상을 통해 타협하지 못하는 것은 따지고 보면 위정자들의 부덕의 소치에 다름 아니라는 인식이 담겨 있는 것이다. 자기라면 다 할 수 있다는 얘기이니까.

그러나 노자는 적을 업신여기지 말라고 주의를 준다. 전쟁에서의 적이란 만만한 존재가 아니며, 내 생각대로 반응하지 않기 때문이다.

'보寶'를 67장의 '삼보'로 보는 것은 너무 나가는 것이다. 맥락에 맞지 않다. 영토, 백성, 재산 등 나라의 소중한 자원으로 보는 것이 타당하다.

두 번째 단락에서는 어쩔 수 없이 물리적 대결로 치닫는 상황을 가정하고 있음을 알아야 한다. 노자는 양측의 병사들이 계속 증가하는 극한 대결의 상황을 상정하고 있다. 이런 형국에서는 '애자'가 승리한다고 말하고 있다. 노자는 67장에서 자비로워야 전쟁에서 승리한다고 얘기했다. 결국 하늘은 자비로운 쪽을 구원하기 때문이다.

이는 31장에 구체화되어 있다. '살인을 즐기는 자는 천하에서 뜻을 이룰 수 없다'고 못박았다. 생명을 빼앗는 것은 하늘의 섭리에 어긋나는 것인데 적이라고 해서 마구 죽이는 일을 즐긴다면, 결코 용서 받을 수 없다는 것이다.

PART VI

덕과 리더십

: 유약처상柔弱處上 – 부드럽고 약한 것이 위를 차지한다.

01 Chapter

현덕은 리더의 덕목이다. (10장)

載營魄抱一 能無離乎 專氣致柔 能嬰兒乎 滌除玄覽 能無疵乎
愛民治國 能無爲乎 天門開闔 能爲雌乎 明白四達 能無知乎
生之畜之 生而不有 爲而不恃 長而不宰 是謂玄德
재영백포일 능무리호 전기치유 능영아호 척제현람 능무자호
애민치국 능무위호 천문개합 능위자호 명백사달 능무지호
생지축지 생이불유 위이불시 장이부재 시위현덕

- 한가득한 어지러운 마음을 하나로 뭉쳐 흩어지지 않게 할 수 있겠는가? 기를 집중하여 유함에 이르러 갓난아이처럼 될 수 있겠는가? 기존의 인식을 씻어 버리고 티 없이 맑은 정신 상태가 될 수 있겠는가?
백성을 사랑하고 나라를 다스림에 무위로 할 수 있겠는가? 도에 순응하겠는가? 명백히 세상의 이치에 통달한다 해도 무지로 할 수 있겠는가?
기르고 모으는 것, 기르되 소유하지 않는 것, 위하되 의지하지 않는 것, 우두머리가 되어도 군림하지 않는 것, 이를 현덕이라 한다.

『도덕경』 중 가장 난해하기로 손꼽히는 장 중의 하나다. 하지만 노자와 공명하며 앞 장들의 내용을 숙지했다면 이 장에서 노자가 전하고자 하는 바를 수월하게 알아차릴 수 있다.

이 장은 크게 세 부분으로 구성되어 있다. 이해의 편의를 위해 줄을 바꿔 부분별로 구분하였다.

결론을 먼저 얘기하자면 이 장은 리더가 되고자 하는 사람들에게 현덕을 가르치는 내용으로 구성되어 있다. '애민치국'을 보면 임금에게 하는 얘기가 분명하지만 나는 대상이 위정자에 한정되지 않는다고 생각한

다. 그 이유는 끝부분에 밝혔다. 노자는 그들에게 정신의 개벽과 무위의 실천에 대한 의지가 있는지 묻는다. 그것 없이는 현덕을 갖춘 리더가 될 수 없다는 것이다. 그리고 마지막으로 현덕의 의미를 말해 준다.

영營은 '경영하다'는 뜻으로 익숙한 글자다. 이것저것 계획하고, 꾀하는 것이기도 하여 오락가락하다는 의미가 있다. 백魄은 넋, 정신인데 그냥 마음이라고 풀이해도 무방하다. '영백'은 오락가락하는 마음이다. 하고 싶은 일, 해야 할 일, 이루고 싶은 목표 등에 대한 생각과 일상의 잡스런 문제들로 인한 고민으로 사람의 마음은 늘 번잡하다. '영백'은 이렇게 어지러운 마음을 뜻한다.

재載는 '싣다'의 뜻이다. 여기에서는 '가득하다'의 뜻으로 영백을 꾸미는 수식어로 보았다. 첫 문장은 정신을 산란하게 하는 온갖 생각의 파편들을 하나의 덩어리로 뭉쳐 쉽게 동요하지 않는 마음의 무게를 갖춰야 한다고 말하는 것이다.

'전기'는 '기를 오로지하다, 기를 모아 하나의 것에만 쓰다' 정도의 의미다. 성인成人의 몸에 흐르는 기는 이미 아이 시절의 순함을 잃고 거칠 대로 거칠어진 상태다. 그래서 기의 흐름이 조화를 이루지 못해 심신이 탁하다. 기氣가 모여 질質을 형성하는 까닭이다. 마음이 어지러우니 기의 움직임도 산만하다. 기를 다스리기 위해 먼저 마음 상태를 평정하게 할 것을 요구한 이유다.

평정심 위에서 기의 순환이 원활해진다는 것은 인공적인 물질들의 영향을 받지 않은 갓난아이의 부드러움, 순수함을 회복하는 것이다. 아마도 현대인들이 심신의 치유를 위해 하는 명상과 요가 등이 궁극적으로 추구하는 경지가 이와 같을 것이다. 노자의 말은 도인들에게나 가능한 그런 경지에 이르라는 것이 아니라, 평안하고 고요한 마음 위에서 어느 것에도 가벼이 휘둘리며 오염되지 않는 본연의 마음을 회복하라는 것이다.

'척제'는 씻어 없애는 것이다. 그 대상은 '현람'이다. 현람을 사전에서 찾아보면 '사물의 진상을 꿰뚫어 앎'이라고 되어 있다. 우리가 주의해야 할 것은 여기에서의 현람은 이런 뜻이 아니라는 것이다. 아직 정신의 개벽 과정이 완료되지 않은 상태로 보는 현효은 무와 유의 합으로서의 하늘이 아니다. 진리가 아니다. 그러므로 스스로 그렇다고 믿는 허상으로서의 현에 불과하다. 그리하여 위에서 '기존의 인식'이라고 풀이하였다.

자疵는 '허물, 흠, 결점'의 뜻이니 맥락에 어울리도록 '무자無疵'를 '티 없이 맑은 정신 상태가 되다'라고 해석했다.

"이렇게 정신의 개벽을 이루었다면 그대는 예비 단계를 통과했다. 이제 리더가 될 때 무위를 실천할 수 있는지 묻겠다." 마치 노자는 이렇게 선언한 듯 2단계 질문들을 이어간다. 실천 의지에 대한 질문들이다.

처음과 마지막의 질문은 무위와 무지에 대한 것이다. 무위와 무지에 대해서는 이제 언급할 필요가 없을 것이다.

10장에 대한 기존 해석들은 십인십색이다. 모호하기 이를 데 없다. 그 중에서도 '천문개합 능위자호'에 대한 견해들은 좀 심각해 보인다. 노자 사유의 정수를 이해하고 여기 이 구절에서 노자의 의도를 파악한다면 자雌라는 글자를 암컷, 여성, 어머니, 여성성, 음의 성질 등과 같이 풀이하는데서 멈출 수는 없다.

왜 내가 위와 같이 풀어 놓았는지 설명하겠다. '천문개합'은 하늘의 문이 열렸다 닫혔다 하는 것이다. 쉽다. 천문은 앞에서 우리가 익혔던 '중묘지문'이고 '현빈지문'이다. 문제는 그 다음 문장과의 연결이다. 직역하면 '하늘의 문이 여닫힐 때 능히 암컷이 될 수 있겠는가?' 이다.

하늘의 문에서 나오는 것은 도이다. 땅은 하늘로부터 천도天道를 부여받아 지도地道를 펼치고, 리더는 하늘로부터 천도를 위임 받아 인도人道를 수행해야 하는 존재다. 그것이 리더의 존재 이유다. 노자는 적나라하게 얘기한다. "수컷의 씨를 받는 암컷처럼 그대도 하늘의 뜻을 받는 암컷이 기꺼이 되겠는가?"하고 말이다. "도에 순응하겠는가?"라고 해석되어야 마땅한 것이다.

리더가 되고자 한다면 먼저 이전과는 전혀 다른 정신의 소유자가 되어야 하고, 하늘의 대리인이라는 사명감으로 무위의 리더십을 펼칠 의지가 분명해야 한다고 알려 준 노자는 이제 현덕이 무엇인지 가르쳐 준다. 『도덕경』에 덕德이 최초로 등장하는 순간이다.

'생지축지'는 '낳고 기르다'라고 해석할 수도 있지만, 리더의 입장에서는 '기르고 쌓다, 기르고 모으다'의 뜻이 더 어울린다. 돌봐야 할 이들을 위해서는 곡식도, 가축도, 재화도, 사람도 기르고 모아야 한다.

'생이불유 위이불시'는 2장에 나왔던 표현이다. 리더를 왕, 대통령, 사장, 교수 등으로 상정해 보면 쉽게 풀린다.

'장이부재'의 장長에서 나는 노자가 왕王에 한정하여 이 장을 말하지 않았음을 느꼈다. 당대의 권력자만이 아니라 모든 시대의 리더에게 하는 얘기임을 알았다. 앞의 '애민치국'을 생각하면 장이 임금임이 쉽게 유추되지만, 그것이 왕이 아니라 장으로 표기된 것에는 노자의 의도가 담겨 있다고 본다.

재宰는 '주관하다, 다스리다'의 뜻이다. '군림하다'라고 의역했다. '장이부재'가 무위의 리더십을 가리킴은 물론이다.

도가 그 작용력을 무위로 행하듯 성인도 무위로 일을 처리한다. 천도의 오묘한 이치(玄)를 깨달아 겉으로 억지로 드러내지 않고 과시하거나 군림하지 않는 속 깊은 무위의 '현덕'을 갖출 때 비로소 리더로서의 자격이 있다고 노자는 우리에게 말하고 있다.

02 Chapter

자기애를 버려라. (13장)

寵辱若驚 貴大患若身
何謂寵辱若驚 寵爲上 辱爲下 得之若驚 失之若驚 是謂寵辱若驚
何謂貴大患若身 吾所以有大患者 爲吾有身 及吾無身 吾有何患
故 貴以身爲天下 若可寄天下 愛以身爲天下 若可託天下

총욕약경 귀대환약신
하위총욕약경 총위상 욕위하 득지약경 실지약경 시위총욕약경
하위귀대환약신 오소이유대환자 위오유신 급오무신 오유하환
고 귀이신위천하 약가기천하 애이신위천하 약가탁천하

- 총애와 모욕에 놀란다면 큰 근심을 몸과 같이 대단하게 여기는 것이다. 어째서 총애와 모욕에 놀라는가? 총애는 높임 받는 것이고 모욕은 하대 받는 것이라 생각하니, 총애를 받아도 놀라고 총애를 잃어도 놀라는 것이다. 이에 총애와 모욕에 놀란다고 하는 것이다.
어째서 큰 근심을 몸과 같이 대단하게 여기는가? 우리에게 큰 근심이라는 것이 있는 까닭은 우리에게 몸이 있기 때문이다. 우리에게 몸이 없다면 우리에게 어찌 근심이 있겠는가?
그러므로 몸을 귀하게 여기는 것처럼 천하를 위한다면 천하를 맡길 수 있고, 몸을 아끼는 것처럼 천하를 위한다면 천하를 맡길 수 있다.

총寵은 특히 윗사람으로부터 특별히 사랑 받는 것이다. 욕辱은 반대로 모욕을 당하는 것이니 곧 총애를 잃음으로써 겪는 수모다. 총을 사람들로부터 인정받는 것으로 봐도 무방하다.

노자는 첫 문장에서 만일 총애를 받거나 모욕을 당할 때 놀란다면,

'대환'을 자신의 몸과 같이 대단하게 여기기 때문이라고 단정하여 말한다. 환은 근심, 걱정이니 자기의 의지와 상관 없이 발생하는 총이나 욕과 같은 외부 요인들로 인해 심각하게 영향 받는 내면의 부실함을 비판하는 것이다. 우리는 이 장이 12장과 연결되어 있음을 자연스럽게 알 수 있다. 이때 귀貴는 문맥에 맞게 '대단하게 여기다'로 해석하는 것이 좋다. 대상이 큰 근심이니 귀하게 여긴다고 풀이하면 어색하다.

노자는 자신이 말한 '총욕약경'과 '귀대환약신'의 뜻을 차례로 밝힌 후 결론으로 나아간다.

먼저 '총욕약경'을 설명해 준다. '총위상 욕위하'에서 위爲는 '생각하다'의 뜻이다. 총과 욕은 실상 자신의 본질과 무관한 허상의 자기에 대한 외부의 가치 판단에 불과하다. 외부의 대상에 오관이 자극 받듯 외부의 평가에 감정이 휘둘리는 이유는 스스로 형성한 관념 때문이라는 것이다. 총은 좋은 것이요 욕은 나쁜 것이라는 그릇된 고정 관념을 갖고 있으니 외부의 평가에 따라 자기 자신의 존재 가치가 흔들리는 것이다. 놀라다는 뜻의 경驚은 곧 감정의 요동으로 보면 된다.

다음으로 '귀대환약신'에 대한 설명을 이어간다. 인정받을 수 있을까 걱정, 인정받지 못할까 걱정, 인정받아도 걱정, 인정받지 못해도 걱정, 이래도 걱정 저래도 걱정인 까닭은 우리에게 몸이 있기 때문이라고 말한다. 몸은 '나'라는 관념에 대한 은유다. 몸에 대한 사랑은 곧 자기애다. 타자와 구별되는 나에 대한 강한 자기애로 인해 총과 욕으로 상징되는 타인의 시선에 휘둘리고 늘 걱정 속에서 살아가게 된다는 것을 지적하고 있다.

노자는 지적에 머무르지 않고 해결책을 제시한다. 몸에서 벗어나라는 것이다. 자기애를 버리라는 것이다. 인간의 보편적 본성에 대한 해설을 마친 노자의 조언은 위정자를 향한다. 위정자가 정치하는 법은 간단하다는 것이다. "너라는 존재가 귀한 것처럼, 딱 그 만큼만 나라와 백성을 소중히 여기고 사랑하라"는 것이다. 그럼 최고의 정치를 할 수 있다는 것이다. 그런 사람이라면 나라의 운영을 맡길 수 있다는 것이다. 그런 사람에게 나라의 운영을 맡겨야 한다는 것이다.

03 Chapter

공평무사하라. (16장)

▰▰▰

致虛極 守靜篤 萬物竝作 吾以觀復 夫物芸芸 各復歸其根
歸根曰靜 是謂復命 復命曰常 知常曰明 不知常 妄作凶 知常容 容乃
公 公乃王 王乃天 天乃道 道乃久 沒身不殆
치허극 수정독 만물병작 오이관복 부물운운 각복귀기근
귀근왈정 시위복명 복명왈상 지상왈명 부지상 망작흉 지상용 용내공 공
내왕 왕내천 천내도 도내구 몰신불태

- 허의 극에 이르러 온전한 고요에 닿았을 때, 만물이 다 같이 일어나는 것부터 돌아가는 것까지 나는 보았다. 많기도 많은 만물은 저마다 근원으로 다시 복귀했다!

근원으로 돌아감을 정이라 하고, 이를 복명이라 하며, 복명을 상이라 하고, 상을 아는 것을 명이라 한다. 상을 알지 못하면 망령되이 흉한 짓을 하게 된다. 상을 알면 용하게 된다. 용이란 곧 공평이고, 공평이란 곧 왕의 성정이며, 왕의 성정이란 곧 하늘의 본성이고, 하늘의 본성이란 곧 도이며, 도란 곧 항구함이니, 몸은 없어진다 해도 도는 사라지지 않는다.

▰▰▰

첫 문장을 통해 우리는 노자가 자신의 사유 속에서 본 것을 얘기하고 있음을 알 수 있다.

'치허극'은 내면을 완전히 텅 비웠다는 얘기가 아니라 1장에서 설명했던 허무의 극 곧 무극에 사유가 도달했다는 것이다. 곧 천지의 시작까지 사유를 밀고 올라갔다는 얘기다. 그것이 어떤 의미인지 14장을 참조하면 된다.

그 순간 노자는 정靜의 상태를 맛보게 된다. 정은 고요함이다. 독독은 도탑다는 뜻이지만 여기에서는 '전일하다, 순일하다'의 의미가 어울린다.

그래서 '수정독'은 온전한 고요에 닿은 것이다. 14장의 이, 희, 미가 섞여 하나로 존재하는 극한의 적막함 한가운데에 놓인 것이다.

노자의 눈앞에서 만물이 탄생하고 성장했다가 다시 근원으로 돌아가는 모습이 펼쳐진다. 마치 빅뱅 후의 우주를 상상하여 만든 비디오 영상이 빠른 속도로 되감겼다가 빅뱅 직전에 일순간 정지된 듯한 장면이 연상된다. '만물병작 오이관복'에서 이以는 '~부터'의 뜻으로 앞의 만물병작을 받는다. 오吾는 문장 전체의 주어가 된다. 만물의 탄생과 생장, 그리고 죽음의 과정을 노자가 자신의 사유 속에서 본 것이다.

'부물운운 각복귀기근'에서 부夫는 감탄사다. 헤아릴 수 없을 만큼 많은 세상의 만물이 다시 빅뱅의 순간으로 되돌아가는 모습은 장관이었을 것이다. '복귀'의 진정한 의미가 무엇인지 14장에서 살펴본 바 있다.

노자의 설명이 이어진다. 노자가 사용한 그만의 고유한 철학적 용어들은 있는 그대로 수용하는 것이 좋다. 6장 해설에서 그 이유를 얘기한 바 있다. 그럼에도 노자의 말을 이해하기 위해서는 그가 사용한 용어들의 의미를 최대한 적확하게 풀어 내야 하는 것이 당연하다.

앞에서 정靜은 고요함으로 보았다. '복명'은 천명을 받드는 것이다. 만물은 천명에 따라 세상에 나왔듯 천명을 받들어 근원으로 돌아간다. 노자는 이를 상常이라 표현한다. 한결 같은 이치, 변치 않는 이치인 것이다. 하늘의 이치요, 진리이며, 천도임을 1장에서 보았다. 맥락상 여기에서는 순환의 이치를 뜻할 것이다.

명明은 밝음이니 지혜나 깨달음으로 해석하면 된다. 이 대목을 풀이서 정리하면 다음과 같이 된다. '근원으로 돌아감을 고요라 하고, 고요를 천명을 받듦이라 하며, 천명을 받듦을 변치 않는 이치라 하고, 변치 않는 이치를 아는 것을 깨달음이라 한다.'

상을 알지 못하면 지혜가 없는 것이다. 몽매한 것이다. 영원히 살 것처럼 부와 명예를 탐하느라 못된 짓을 하게 된다. 전쟁 등으로 타인들의 목숨도 함부로 빼앗고, 불로초를 찾아 헤매고, 불법 장기 밀매도 하는 등 천명을 거역하는 흉한 짓들을 벌이게 된다.

노자는 상을 알면 용용(容)하게 된다고 말한다. 수용受容이자 관용寬容이다. 하늘의 이치를 있는 그대로 받아들여 세상 모든 것에 대해 너그러워지는 것이다. 생로병사도 부귀빈천도 다 하늘의 뜻임을 알고 인정하는 것이다. 그러나 노자가 말하는 수용과 관용은 인정에 머무는 수동적 개념이 아니다. 이후의 논리 전개에 노자의 주장이 확고히 담겨 있다. 9장에서 언급했던 77장의 '천지도 손유여이보부족'의 논리다.

노자는 수용과 관용이란 곧 공평이라고 말한다. 인정하는데 머무는 것이 아니라 공평무사, 불편부당으로 나아가야 한다는 것이다. 인간의 현명한 개입이 필요하다는 입장인 것이다. '타생'의 개념이다. 그것이 왕으로 상징되는 리더의 역할이요 그것이 곧 하늘이 바라는 바이며, 그것이 곧 도라고 점증법을 구사한다.

이러한 도는 영원한 것이기에 우리 인간의 몸은 죽어 없어져도 도는 위태롭게 되는 일이 없다고 한다. 문맥상 불태不殆는 '사라지지 않는다'고 풀이하는게 적절하다.

04 Chapter

무위의 선을 행하라. (27장)

善行無轍迹 善言無瑕謫 善數不用籌策 善閉無關楗而不可開 善結無繩約而不可解
是以聖人 常善救人 故無棄人 常善救物 故無棄物 是謂襲明 故善人者 不善人之師 不善人者 善人之資 不貴其師 不愛其資 雖智大迷 是謂要妙
선행무철적 선언무하적 선수불용주책 선폐무관건이불가개 선결무승약이불가해
시이성인 상선구인 고무기인 상선구물 고무기물 시위습명 고선인자 불선인지사 불선인자 선인지자 불귀기사 불애기자 수지대미 시위요묘

- 선한 행실은 바퀴 자국을 남기지 않고, 선한 말은 허물을 남기지 않으며, 선한 계산은 산가지를 쓰지 않는다. 선한 닫음은 빗장을 걸지 않아도 열 수 없고, 선한 맺음은 노끈이 없어도 풀 수 없다.

이런 까닭에 성인은 늘 선으로 사람을 구하기에 저버리지 않고, 늘 선으로 만물을 돕기에 버리지 않는다. 이를 습명이라 한다. 선인이라는 존재는 불선인의 스승이고 불선인은 선인의 제자이니, 스승을 귀히 여기지 않고 제자를 아끼지 않으면 비록 지혜롭다고 해도 크게 미혹될 것이다. 이를 일컬어 요묘라 한다.

크게 두 단락으로 나누어 읽어야 한다. 앞 단락에서는 진정한 선善의 실천이란 무위로 이루어지는 것임을 밝히고 있고, 뒷 단락에서는 선이란 결국 선과 불선의 상호 작용 속에서 성인의 '타생'에 의해서 가능할 수 있음을 얘기한다.

2장에서는 분명히 분별하지 말라고 했지만 선은 '선하다'는 기본 개념으로 『도덕경』 곳곳에서 사용되었다. 『도덕경』이 노자라는 1인의 독자적 기록물이 아니라 그의 사유에 일종의 집단 창작이 가미된 텍스트라는 의견이 있다는 점을 염두에 두어야겠다. 이 장의 선을 '잘하다'의 의미로 풀기도 하는데 나는 본래의 '선하다'의 뜻으로 봐야 한다고 생각한다.

첫 문장의 '철적'은 '바퀴 자국'이다. 수레의 바퀴 자국이다. 이는 여기에서 말하는 선행이 26장의 '성인종일행 불리치중'과 연결된다는 증거다. '종일'이란 '평생'에 대한 은유다. 성인이 수레라는 자신의 삶을 끌고 앞으로 나아가는데 바퀴 자국이 남지 않는다는 말의 의미는 다음과 같다.

예를 들어, 수레가 질척거리는 흙탕길을 덜컹거리며 지나간다면 바퀴 자국이 남지 않을 수 없다. 맑은 날이 이어져 땅이 말라도 선명하게 흔적이 남는다. 하지만 단단한 평지를 매끄럽게 굴러가는 수레바퀴는 땅에 상처를 내지 않는다. 자국이 남지 않는다. 이처럼 선행이란 정도正道로 나아가는 수레바퀴처럼 무위로 하는 것이기에 알려지지 않는다는 얘기다. "나 지금 이렇게 기부하고 있어!", "나 누구 도왔어!"와 같이 세상에 드러내지 않는다는 뜻이다. 성인의 선행이 그와 같다는 것이다.

앞에서 우리는 가급적 말을 많이 하지 말아야 한다는 노자의 조언을 자주 접했다. 8장에는 '언선신(신실한 말을 하다)'이라는 표현이 등장한다. 위의 '선언'은 이 뉘앙스다. 신실한 말만을 하는 성인이 말로 구설수에 오르는 일은 없을 것이다.

'선수'는 선한 셈 곧 선한 계산이다. 산가지는 점을 칠 때 쓰는 도구로 가는 막대기들을 말한다. 산가지의 수효를 세는 것은 정확하게 계산하는 것이다. 하지만 상대에게 조금이라도 이익을 더 주려는 태도, 그저 좋아서 상대에게 저녁을 사거나 선물을 주거나 혜택을 제공하는 것 등은 계산적이지 않은 행위다. 즉, 선한 계산은 계산적인 의도가 없는 선의를 뜻한다.

그 다음 구절은 우리에게 생각하기를 요구한다. 만일 어느 빵집 밖에 테이블 하나가 놓여 있고 그 위에 수십 개의 빵이 든 유리 상자가 있다고 가정해 보라. 상자 위에는 다음과 같이 적혀 있는 작은 안내판이 있다. '문 닫는 시각인 밤 10까지 팔리지 않고 남은 빵입니다. 오늘 아침에 만든 빵이고 신선하게 보관 중이었으니 안심하고 드셔도 됩니다. 저녁 끼니를 놓치신 분 누구나 드시면 됩니다. 그래도 다른 분들을 위해 한 분당 두 개 이내로만 가져가시면 고맙겠습니다.'

시간이 흐름에 따라 빵집 주인의 마음이 동네 사람들에게 알려진다. 처음에는 '에라 모르겠다'는 심정으로 여러 개의 빵을 가져간 사람도 있었지만, 점차 아침을 못 먹는 가난한 집 아이들과 홀로 사는 어르신들을 위해 양보하자는 생각이 이심전심으로 퍼진다. 누구나 열 수 있고 잠금장치도 없지만 이제 그 유리 상자는 대부분의 사람들에게 열 수 없는 것이 된다. 빵집 사장의 따뜻한 마음에 의해 선하게 닫혀 있기 때문이다. 우리는 이렇게 '선폐'에 대해 이해했다.

다음으로, '선결'의 결結은 '맺다, 묶다, 모으다' 등의 뜻을 갖고 있다. 결속結束, 결집結集, 결의結義, 단결團結, 타결妥結, 결합結合 등의 단어에서 그 뉘앙스를 느껴야 한다. 예를 들어, 한달에 한 번 매주 셋째 주 토요일에 보육원 봉사 활동을 하는 모임을 만들고 매월 꾸준히 실천해 온 대학생들이 있다고 가정해 보겠다. 집안일 등으로 불가피하게 결석하는 인원이 발생할 수는 있어도 역사가 쌓일수록 모임은 해체되기 어렵다. 봉사에 뜻을 둔 신입생들이 지속적으로 가입할 테니까. 사회에 진출한 선배들도 후원과 연중행사 참여 등으로 연대를 지속할 수 있을 것이다. 노끈으로 상징되는 강제 조항이 없어도 사람들간의 자발적 유대는 풀리지 않는다. 사람들 간의 약속도 그렇다. 이익 배분을 목적으로 모인 사람들은 이익이 발생되지 않거나 발생한 이익의 분배가 끝나면 흩어진다. '선결'에 대해서도 이해했다.

'구인'은 '구인 구직'할 때의 그 구인이다. 일할 사람을 구하는 것이다. 적재적소에 배치하기 위해 유능한 인재를 찾는 것이어서 일단 함께 일하면 함부로 내치거나 등지지 않는다.

그 다음 구절 '상선구물 고무기물'에 대해서는 2장의 '만물작언이부사'에 대한 해설을 참조하면 된다.

'습명'은 밝음을 답습하는 것이니 '밝음을 따름'이라고 해석할 수 있다. '밝지 않음을 따름'의 반대다. 성인이 사람과 사물을 대하는 태도로써 7장에서 해설한 '타생'의 개념임을 알 수 있다.

'사자師資'는 '스승과 제자'다. 불선인은 선인을 스승으로 삼아 선해지기 위해 노력해야 한다. 선인은 불선인을 선인이 될 가능성을 품고 있는 질료로 여겨야 한다. 불선인이 선인을 본받지 않으면 계속 어둠을 따르는 불선인으로 남을 것이요, 선인이 불선인을 아껴 이끌지 않으면 세상에 선인의 수는 점차 감소하고 말 것이니, 결국 무엇이 선이고 무엇이 불선인지 알 수 없는 어지러운 상황이 되고 말 것이다.

이런 상태를 노자는 '요묘'라고 부르고 있다. '현묘함을 요함'이라고 해석할 수 있다. 미혹되지 않기 위해서는 선과 불선의 공존을 이해하고 오직 밝음을 따라야 한다는 것이며(습명), 불선인이 선인을 본받고 선인이 불선인을 이끌 때 세상에 무위의 선이 행해지게 되는 오묘한 이치를 알아야 한다는 것이다.

05 Chapter

본바탕으로 살아가라. (28장)

知其雄 守其雌 爲天下谿 爲天下谿 常德不離 復歸於嬰兒 知其白 守其黑 爲天下式 爲天下式 常德不忒 復歸於無極 知其榮 守其辱 爲天下谷 爲天下谷 常德乃足 復歸於樸 樸散則爲器 聖人用之 則爲官長 故大制不割
지기웅 수기자 위천하계 위천하계 상덕불리 복귀어영아 지기백 수기흑 위천하식 위천하식 상덕불특 복귀어무극 지기영 수기욕 위천하곡 위천하곡 상덕내족 복귀어박 박산즉위기 성인용지 즉위관장 고대제불할

- 수컷을 알아 암컷을 지킴을 천하의 시내로 삼아라. 천하의 시내로 삼으면 상덕이 떠나지 않아 갓난아이로 돌아갈 수 있다. 백을 알되 흑을 지킴을 천하의 원리로 삼아라. 천하의 원리로 삼으면 상덕에 어긋나지 않아 무극으로 돌아갈 수 있다. 영화로움을 알되 모욕을 지킴을 천하의 골짜기로 삼아라. 천하의 골짜기로 삼으면 상덕이 충족되니 통나무로 돌아갈 수 있다. 통나무를 흩으면 그릇이 되고 성인은 그것을 써 관의 수장이 된다. 이런 까닭에 큰 마름질은 자르지 않는다.

역시 은유와 상징이 난무하지만 대부분 앞에서 등장했던 것이므로 차분히 풀어 가면 된다. 이 장에는 앞의 주요 장들의 내용이 사실상 총망라되어 있는 셈이다. 특히 10장과의 연결성이 높다.

수컷과 암컷은 양과 음, 남성성과 여성성을 얘기하는 것이 아니다. 6장을 해설하면서 언급한 바 있지만 그렇게 보는 것을 틀렸다고 할 수는 없지만, 그것으로는 부족하다. 노자가 음의 가치를 높이 평가한 것은 맞지만 그것을 여성성에 귀착시키는 것은 『도덕경』 전체의 내용에 비추어 보면 침소봉대에 불과하다.

'자雌'는 10장의 '천문개합 능위자호'에 등장했던 글자다. 그것의 뜻을 상기한다면 여기의 '암컷을 지킴, 암컷으로 남기를 고수함'이라는 표현이 하늘의 뜻에 순응한다는 의미임을 이해할 수 있다. 수컷은 당연히 도道다.

'계谿'는 뒤에 나오는 '곡谷'과 함께 계곡谿谷/溪谷으로 쓰이는 글자다. 세상의 골짜기에 흐르는 시냇물이다. 6장의 '곡신'을 떠올린다면 '천하계'는 곧 인도에 대한 은유임을 알 수 있다. 세상에서 사람으로서 지켜야 할 도리다.

도에 순응함을 사람이 마땅히 따라야 할 도리로 삼으면 '상덕'이 머문다고 했다. 상常은 1장의 '상도', '상명'에 쓰였던 글자다. 그 뉘앙스를 그대로 끌고 와야 한다. '한결같음'이다.

'영아'는 10장에서 그 의미를 자세히 알아본 바 있다. 따라서 첫 구절은 '하늘의 뜻에 어긋나는 일을 하고 있음을 자각하여 순응하는 자세를 유지함을 사람의 도리로 삼는다면 본연의 순수함을 회복할 수 있다'는 말이다.

'백白'은 밝음이요, '흑黑'은 어두움이다. 백은 10장의 '명백', 흑은 같은 장의 '무지'와 일맥상통한다. 세상의 위장된 지식이 아니라 스스로 깨달아 안 무위의 지혜를 세상의 원리로 삼을 때 무극으로 돌아갈 수 있다고 노자는 말한다. '식式'은 22장에 나왔던 글자다. '원리'의 뜻이다. 무극은 1장에서 노자가 천지의 시작이라고 말했던 무無다. 무극으로 돌아갈 수 있다는 것은 도를 깨달을 수 있는 가능성을 갖게 된다는 말이다.

그 다음 구절은 '세상의 영화로움이 무엇인지 알더라도 그런 부질없는 것을 추구하는 대신 세상 사람들이 싫어하는 낮은 곳에 기꺼이 머무르라'는 의미다. 앞에서 '천하의 시내'가 세상에서 따라야 할 인간의 도리였으므로, '천하의 골짜기'란 그 도리가 있는 장소, 영역을 말한다. 그곳은 화려한 부귀영화와는 거리가 먼 곳임을 욕辱이라는 글자가 알려 준다. 꼭 치욕을 당하고 모욕을 받는다는 뜻이 아니라 '영욕'을 말하기 위해 쓴 글자다. 15장과 19장에 등장했던 '박樸'이라는 글자를 쓴 것에서 이 추론이 정확함을 알 수 있다. 박은 '질박함, 수수함'을 은유한다. 영광, 영예를 추구하지 않을 때 욕망으로부터 멀어져 질박한 영혼을 되찾을 수 있다고 노자는 얘기하고 있다. 박은 이 외에 '후덕함'의 의미도 갖고 있다. 15장에서 살펴본 바 있다. 그렇기에 노자는 '족足'이라는 글자를 사용한 것이다.

'산散'은 흩다는 뜻이니 통나무를 흩는다는 것은 끌로 속을 파내는 것이다. 그러면 그릇이 된다. 그릇은 인재에 대한 은유다. 『논어』「위정」편 12장의 '군자불기君子不器'를 연상시킨다. 그릇은 통나무가 상징하는 인간 본연의 후덕하고 질박한 본바탕이 아니라, 필요와 목적에 따라 소용되는 전문성을 가진 인재를 뜻한다.

노자는 그릇이라는 인재들을 등용하여 일을 하게 만드는 존재가 성인이라고 얘기하면서, 성인은 그저 통나무로 남을 뿐 그릇이 되지 않는다는 취지의 말을 한다. 리더는 본바탕 그대로 쓰인다는 것이다.

Chapter 06

낮아져야 돋보인다. (39장)

昔之得一者 天得一以淸 地得一以寧 神得一以靈 谷得一以盈 萬物得一以生 侯王得一以爲天下貞 其致之一也
天無以淸將恐裂 地無以寧將恐發 神無以靈將恐歇 谷無以盈將恐竭 萬物無以生將恐滅 侯王無以貴高將恐蹶 故貴以賤爲本 高以下爲基 是以侯王自謂孤寡不穀 此非以賤爲本耶 非乎 故致數譽無譽 不欲琭琭如玉 珞珞如石

석지득일자 천득일이청 지득일이녕 신득일이령 곡득일이영 만물득일이생 후왕득일이위천하정 기치지일야
천무이청장공렬 지무이녕장공발 신무이령장공헐 곡무이영장공갈 만물무이생장공멸 후왕무이귀고장공궐 고귀이천위본 고이하위기 시이후왕자위고과불곡 차비이천위본야 비호 고치수예무예 불욕록록여옥 낙락여석

- 오래전 득일이라는 것에 이르렀다. 하늘은 득일하여 맑아졌고, 땅은 득일하여 편안해졌으며, 신은 득일하여 영험해졌고, 골짜기는 득일하여 충만해졌으며, 만물은 득일하여 생겨났고, 후왕은 득일하여 천하를 바르게 했다. 그것들을 이룬 것이 일이다.

하늘이 맑지 않으면 장차 무너질까 두렵고, 땅이 편치 않으면 장차 일이 생길까 두려우며, 신이 영험하지 않으면 장차 그칠까 두렵고, 골짜기가 충만하지 않으면 장차 마를까 두려우며, 만물이 생겨나지 않으면 장차 소멸될까 두렵고, 후왕이 고귀하지 않으면 장차 거꾸러질까 두려운 법이다. 이런 까닭에 귀함은 천함을 근본으로 삼고, 높음은 낮음을 토대로 삼아야 한다. 이에 후왕은 스스로를 고, 과, 불곡이라고 일컫는다. 이것이 천함을 근본으로 삼는 것 아니겠는가? 아닌가? 그러므로 명예를 계산하는 것은 명예롭지 않은 것이다. 옥과 같이 빛나 보이려 하지 말고 돌처럼 평범하게 처신하라.

두 단락으로 구성되어 있다. 이 장은 42장과 연결하여 읽어야 그 의미를 제대로 파악할 수 있다.

노자는 먼저 시기를 특정할 수 없는 먼 옛날의 '득일'에 대해 얘기한다. '득일'은 '하나를 얻음'이라는 뜻이지만 노자의 철학 용어 그대로 사용하는 것이 좋겠다. 42장에 따르면 '일一'은 도가 낳은 것이다. 곧 '일=무극(태극)'이다. 무극과 태극의 개념에 대해서는 1장 해설에서 자세히 정리한 바 있다. 즉, 득일이란 절대적 없음에서 상대적 있음의 상태로의 변화를 뜻한다. 당연히 도의 작용력 덕분이다.

도가 작용함으로써 '도-하늘-땅-왕'의 질서가 수립되었음을 얘기한다. 땅에는 인간만이 있는 것이 아님을 말하기 위해 신과 골짜기, 그리고 만물을 등장시켰다. 도의 작용력은 무위이니 다음의 등식은 저마다 무위로 할 때 획득하게 되는 각각의 본질적 속성이다. '천天=청淸', '지地=영寧', '신神=영靈', '곡谷=영盈', '만물萬物=생生', '후왕侯王=정貞'.

하지만 이 속성은 고정불변의 것이 아니다. 항구한 것은 오직 도뿐이다. 노자는 인간의 불안한 심리에 대해 얘기한다. '하늘에 맑음이 없어지면… 땅에 편안함이 없어지면…'과 같이 직역되는 문장들을 부드럽게 의역했다.

먹구름이 잔뜩 끼고 이어 천둥과 번개가 내리치면 하늘이 무너지기라도 할 것 같고, 지진이나 홍수가 일어나면 세상이 망하기라도 할 것만 같아 염려된다. 신의 개념은 옛 사람들 입장에서 생각해야 한다. 일식이나 월식, 무지개, 지성을 드리면 아들을 낳게 해주는 바위 등 뭐라고 규정할 수 없지만 존재하는 신비로운 현상들은 그들에게 신이 자신의 영험함을 드러내는 방식으로 수용되었다. 기우제, 산신제, 풍어제 등이 모두 신을 삶의 일부로 받아들인 증거다. 비가 오랫동안 내리지 않거나 물고기가 전혀 잡히지 않으면 신이 노여워하여 더 이상 영험함을 베풀지 않을까 걱정이 이만저만 아니었을 것이다. '신무이령장공헐'의 의미다.

마찬가지로 골짜기에 물이 줄어들거나 곡식이 열매를 충분히 맺지 못하거나 들짐승, 날짐승들의 숫자가 적어지면 최악의 상황을 상상하게 된다. 사람들에겐 걱정이 늘어난다. 임금에게서 고귀함을 느낄 수 없으면 임금이 바뀌는 혼란스러운 일이 벌어지거나 아예 나라가 망하지 않을까 근심하기 마련이다. '귀고'는 곧 '고귀'다.

이제 노자는 자신이 왜 앞에서 득일을 얘기하고 두려움을 언급했는지 본론을 얘기한다.

노자에 따르면 하늘이 맑지 않은 것은 천함이고 낮음이며, 맑은 것은 귀함이고 높음이다. 천함을 근본으로 삼고 낮음을 토대로 삼으라는 것은 그래야 귀함과 높음 곧 고귀함의 가치를 온전히 알 수 있다는 얘기다. 다른 것들도 다 마찬가지 관점에서 풀이하면 된다. 핵심은 위정자의 고귀함을 말하려는 데 있다. 하늘과 땅, 신, 골짜기, 만물이 득일하여 획득한 본성과 상반되는 모습을 보일 때 사람들이 두려움을 느끼듯이, 고귀함이 본질이어야 하는 임금의 비천한 모습은 백성들로 하여금 두려움을 느끼게 하기 충분하다. 그런데 임금의 '낮고 천한 모습'이 전혀 낮고 천해 보이지 않는다면 그의 고귀함의 수준이 어느 정도일지 짐작할 수 있다. '낮고 천한 모습'이란 38장의 '화華에 머무르지 않음', 곧 '꾸밈 없이 진실되게 처신하는 언행'을 말한다.

고귀함이란 스스로 낮아질 줄 알 때 돋보이는 것임을 노자는 강조하고 있는 것이다. 흐리고 탁한 날이 있어야 맑은 날의 푸른 하늘이 더욱 아름답게 느껴지는 것처럼 말이다. '고', '과', '불곡'은 각각 임금이 자신을 낮춰 부르는 호칭이다. 우리에게는 '과인寡人'이 익숙하다. '덕이 적은 사람'이라는 뜻이다. '고'와 '불곡'을 굳이 번역하자면 '외로운 사람', '복이 없는 사람' 정도가 될 것이다.

노자는 위정자가 자신을 낮추는 호칭을 사용하는 것이 오히려 고귀함을 빛내는 태도라고 보고 있다. '예譽'는 '영예, 명예, 칭찬' 등의 뜻이고 '수數'는 '셈하다, 계산하다'의 의미이니, '수예'는 어떻게 하면 좀 더 명예가 높아질까, 칭찬을 받을까, 인기가 높아질까 등을 생각하며 계산적으로 말하고 행동하는 것이다. 그렇게 얻는 지지는 자랑스러운 것이 못 된다.

이제 위정자에게 건네는 노자의 결론이다. 돋보이려고 억지로 꾸미지 말고 자연스럽게 행동하라고 노자는 말한다. 작위적인 짓을 그만두고 무위로 정치하라는 것이다. 옥과 돌이 상징하는 바다.

아무리 이미지 메이킹에 열을 올려도 국민들은 위정자의 본모습을 다 꿰뚫어 보게 된다. 시간이 걸릴 뿐이다. 일반 리더 차원에서도 마찬가지다.

07 Chapter

덜어 내야 더해진다. (42장)

道生一 一生二 二生三 三生萬物 萬物負陰而抱陽 沖氣以爲和 人之所惡 唯孤寡不穀 而王公以爲稱 故物 或損之而益 或益之而損 人之所敎 我亦敎之 强梁者不得其死 吾將以爲敎父
도생일 일생이 이생삼 삼생만물 만물부음이포양 충기이위화 인지소오 유고과불곡 이왕공이위칭 고물 혹손지이익 혹익지이손 인지소교 아역교지 강량자부득기사 오장이위교부

- 도는 일을 생하고, 일은 이를 생하며, 이는 삼을 생하고, 삼은 만물을 생한다. 만물은 음을 업고 양을 안아 충기하여 조화를 이룬다. 사람들이 꺼리는 바는 다만 고, 과, 불곡인데 왕공은 그것을 호칭으로 삼는다. 이런 까닭에 만물은 덜어 낼 때 더해지고 더할 때 줄어드는 것이다. 사람들이 가르치는 바를 나 역시 가르친다. 단단한 들보 같은 자들은 제 명대로 살지 못한다. 나는 장차 이것을 가르침의 아비로 삼을 것이다.

　39장에서 우리는 '득일'이라는 표현과 이때의 '일'이 무극(태극)임을 배웠다. 노자의 용어로 단순화하면 '무無'다. 따라서 '도생일'은 '도는 무를 생한다'는 뜻이다. '생生'을 '낳다'로 번역하면 뜻이 너무 협소해진다. 세상에 없던 것을 새로 있게 만드는 것 외에 그것에 지속적으로 에너지를 공급하며 도와준다는 의미를 포함시키려면 '생하다'라고 풀이해야 한다. 오행의 순환적 생극 관계(목생화 화생토 토생금 금생수 수생목)에 대한 기초 이해가 있다면 쉽게 동의할 수 있을 것이다.

　미리 말하자면 일, 이, 삼을 '하나, 둘, 셋'의 개수 개념만으로 보지 말고, '첫 번째, 두 번째, 세 번째'의 순서 개념으로도 함께 봐야 한다.

그렇지 않으면 삼을 '천지인'이나 '도+음+양'으로 보는 등 억지로 세 개에 맞추려다가 얼토당토않은 논리적 오류를 저지르게 된다. '일생이'는 '무는 음양을 생한다'는 뜻이고, '이생삼'은 '음양은 유有를 생한다'는 뜻이다. 삼이 유인 것은 명확하다. 1장의 '유명만물지모'를 떠올린다면 만물을 생하는 삼은 유일 수밖에 없는 것이다. 따라서 우리는 무와 유의 중간에 음양이 있다는 것을 알 수 있다. 절대적 없음을 상대적 있음으로 전환시키는 것이 음양의 작용임을 노자가 인식하고 있었다는 것이다.

만물이 음을 업고 양을 안는다는 것은 만물에는 음과 양이 함께 깃들어 있다는 뜻이다. 부負와 포抱는 우리가 흔히 쓰는 포부抱負를 생각하면 낯설지 않을 것이다. '충기'의 의미를 아는 것이 중요하다. 여기의 충沖은 4장의 '도충이용지'에서 비어 있음의 의미로 쓰인 것과는 다르다. 기氣는 음양이다. 음양은 각각 음기와 양기로 존재한다. 충이란 단독으로 존재하는 상대적인 기운과 기운이 부딪히면서 새로운 작용력을 일으키고 그것을 통해 변화를 만드는 것이다. 명리학에서는 기초적인 개념이다. 하지만 그 기초 지식이 없으면 실감이 나지 않을 수 있다. 충기를 '빈 기운'이나 '기를 비움' 또는 '솟구치는 기운'이나 '기운이 솟구침' 등으로 해석하는 일이 벌어지고 만다. 안타까운 일이다.

세상 만물은 충기를 통해 조화를 이룬다. 노자의 인식은 정확하다. 멀리 갈 것도 없이 남녀의 충기를 통해 유지되는 인간 사회를 보면 공감할 수 있다. 인간 사회의 부조화는 조화의 음일뿐이다. 음양은 언제나 공존한다. 부조화가 조화를 압도할 때 인간 사회가 지속되기 어렵게 된다. 지구의 대부분이 사막화된다면 인간이 살 수 없는 것과 마찬가지다.

고, 과, 불곡은 39장에 나왔던 용어다. 여기에서는 사람들이 꺼려하는 대상이니 외로움, 부덕함, 박복함 정도의 뜻이다. 원래 제후와 제왕이 자신을 낮추어 쓰는 호칭이라고 했는데 이 장에서는 왕공이라고 했으니 왕공은 왕이나 왕실 귀족을 아우른다고 봐야 할 것이다.

이어서 노자는 핵심을 말한다. 그리고 그것이 자기만의 특별한 얘기가 아니라 다른 학파에서도 다 보편적으로 가르치는 것임을 밝힌다. 『주역』에서도 『논어』에서도 더 갖고 더 쌓으라고 말하지는 않았다. 반대로 많은 것에서 덜어 적은 것에 더해 주기를, 안빈낙도하기를 조언했다.

'강량'은 단단한 들보라는 뜻이니 '강량자'는 부귀와 권세를 누리는 사람들이다. 덜어 낼 줄 모르고 이익만을 추구하는 자들이다. 노자는 그런 자들은 제 명에 죽지 못한다고 말한다. 24장과 36장에 동일한 취지의 내용이 있다.

노자는 자신의 결심을 밝힌다. 순환의 이치를 거부하는 자들이 오래가지 못함을 가르침의 근본으로 삼겠다는 것이다. 이는 영화롭게만 보이는 그들의 현실적 모습이 일시적일 뿐임을, 그렇게 살아서는 결코 영예로운 삶으로 남을 수 없음을 증명하겠다는 의지처럼 느껴지기도 한다.

08 Chapter

이루면 내려놓고 채우면 비워라. (45장)

大成若缺 其用不弊 大盈若沖 其用不窮
大直若屈 大巧若拙 大辯若訥
躁勝寒 靜勝熱 淸靜爲天下正
대성약결 기용불폐 대영약충 기용불궁
대직약굴 대교약졸 대변약눌
조승한 정승열 청정위천하정

- 크게 이루면 이지러지기에 그 작용이 끊어지지 않고, 크게 차면 비우기에 그 작용이 다하지 않는다.
큰 곧음은 굽은 듯하고, 큰 기교는 서툰 듯하며, 큰 언변은 어눌한 듯하다.
조급함은 추위보다 강하고 고요함은 더위보다 강하니, 맑은 고요함이 천하를 바르게 한다.

'대大'를 얘기했다는 점에서 41장의 후속편이라 할 만하다. 하지만 노자가 전달하고자 하는 핵심은 16장 및 26장과 연결되어 있다.

짧지만 맥락을 이해하며 논리적으로 해석하지 않으면 아주 엉뚱한 풀이가 되고 말기에 주의해야 한다. 세 부분으로 나누어 읽어야 한다. 처음에는 자연의 이치에 대해 말한다. 다음으로 그것이 사람에게서 발현되는 모습을 얘기하고, 마지막으로 고요함을 찬양한다.

첫 대목의 약若은 '만약 ~하면'의 뜻이다. 이를 '같다'로 번역하면 문맥이 맞지 않는다. 달이 차서 보름달이 되면 곧 이지러질 일만 남게 된다. 그 이지러짐 없이 달이 계속 만월의 상태를 유지한다면 세상은 지속될 수 없다. 5장에서 보았던 것처럼 풀무가 공기를 머금어 가득 차 있기만 하다면 바람을 내뱉지도 못하고 풍선처럼 터져 버리고 만다. 차면 다시 비우기에 풀무질이 계속될 수 있다. 모두 도의 작용력에 따른 것이다.

노자는 이 이치를 아는 사람의 성정과 재주와 말솜씨가 어떠한지 알려준다. 진정한 곧음은 대쪽 같다는 소리를 들을 정도로 고지식하고 꼬장꼬장한 것이 아니라 오히려 유연한 융통성이 있어 얼핏 보면 곧지 않은 것처럼 보인다는 것이다. 장인의 솜씨는 단순하고 간결하기에 군더더기가 없다. 그렇기에 적당히 숙련된 기술자의 민첩하고 화려한 손놀림에 비해 외려 서툴게 보인다는 것이다. 지혜롭고 생각이 깊은 사람은 불필요한 언사를 삼가고 듣기를 주로 하며 꼭 해야 할 말만을 하기에 어눌해 보일 수 있다는 것이다. '굴직屈直', '졸교拙巧', '눌변訥辯'의 아름다움이다. 크게 이루고 크게 채웠기에 덜어 내고 비워 낸 경지에 이른 사람만이 보일 수 있는 수준의 것이다.

이제 마지막 단락이다. '승勝'은 '이기다'는 뜻이다. 이 겉뜻에 얽매이면 '조급하게 움직이면서 추위를 이기고, 고요하게 지내면서 더위를 이긴다'와 같은 이상한 해석을 하게 된다. 이길 수 있는 까닭은 상대적으로 강하기 때문이다. 추위와 더위는 조급함과 고요함을 대비하기 위해 사용한 장치에 불과하다. 조급함과 고요함이 그만큼 강력한 성질임을 말하는 것이다. 이 지점에서 우리는 26장의 '정위조군(고요함은 조급함의 임금이다)'을 참고해야 한다. 한기를 몰아낼 정도로 조급함의 화火 기운이 강하지만, 열기를 물리치는 고요함의 수水 기운에 한참 못 미치는 낮은 수준의 성정에 불과하다는 것이다. 수극화, 수는 화를 이긴다.

이루고도 더 이루려 하고 채우고도 더 채우려고 하는 마음이 조급함이다. 이루었으면 내려놓고 채웠으면 나눠 주는 마음이 고요함이다. 그래서 '청정'을 '맑고 고요함'이 아니라 '맑은 고요함'이라고 해석했다. 맑다는 것은 탐욕이 없다는 것이다. 즉, 청정은 무욕의 고요한 마음이다. 16장에서 '정靜'을 '근원으로 돌아감'이라고 했다. 그것이 왕의 성정과 이어짐을, 그것이 곧 도임을 16장에 잘 해설해 두었다. 이제 우리는 맑은 고요함이 천하를 바르게 한다고 한 노자의 말을 이해할 수 있게 되었다. 그것이 곧 도를 따르는 왕의 성정이기 때문이다.

09 Chapter

생의 에너지를 길러라. (50장)

▪▪▪

出生入死 生之徒十有三 死之徒十有三 人之生動之死地亦十有三 夫何故 以其生生之厚
蓋聞善攝生者 陸行不遇兕虎 入軍不被甲兵 兕無所投其角 虎無所措其爪 兵無所容其刃 夫何故 以其無死地

출생입사 생지도십유삼 사지도십유삼 인지생동지사지역십유삼 부하고 이기생생지후
개문선섭생자 육행불우시호 입군불피갑병 시무소투기각 호무소조기조 병무소용기인 부하고 이기무사지

- 세상에 나와 죽을 때까지 생의 무리가 열에 셋이요, 사의 무리가 열에 셋이며, 사람이 살아 움직이다가 사지로 가는 것이 또한 열에 셋이다. 대체 어떤 연유인가? 나고 살아감의 무게 때문이다.

들리는 소문으로는 섭생을 잘한 사람은 뭍으로 다녀도 코뿔소나 호랑이를 만나지 않고, 입대해도 적병과 마주치지 않는다고 한다. 코뿔소가 뿔로 들이받는 경우도 없고, 호랑이가 발톱으로 할퀴는 경우도 없으며, 병사가 칼날을 휘두르는 경우도 없다고 한다. 대체 어떤 연유인가? 그에게는 사지가 없기 때문이다.

▪▪▪

　이 장은 76장을 참고하면서 두 단락으로 구분하여 읽으면 어렵지 않게 이해할 수 있다. 43장도 참고하면 좋다.
　'출생입사'는 '세상에 나와 죽을 때까지'라는 뜻이다. 인간이 출생하여 죽음으로 들어갈 때까지 삶을 세 등분하면 '생지도'와 '사지도', 그리고 '인지생동지사지'로 구성된다는 얘기를 하고 있다.

76장에서 '유약자생지도', '견강자사지도'라고 했다. 즉, '생지도'는 부드럽고 약한 것(유약자), '사지도'는 딱딱하고 강한 것(견강자)을 말한다. 76장을 참고하면서 첫 문장을 해석하면, 사람의 일생은 부드럽고 연약한 생의 에너지로 사는 기간이 30%이고, 생기를 잃어 딱딱하게 굳어가는 기간이 30%인데, 생기 있게 살아가다가 갑자기 죽음을 맞는 경우도 30%에 달한다는 것이다. 그렇다면 나머지 10%는 무엇일까? 태어나자마자 죽거나, 살았는지 죽었는지 알 수 없는 실종의 상태에 처하는 등 위의 세 가지에 해당되지 않는 경우들일 것이다.

'인지생동지사지'는 '인지생동+지+사지'로 끊어 읽어야 한다. 두 번째 '지之'는 '가다'의 뜻이다.

노자는 그 이유를 '생생지후'라고 얘기한다. 46장처럼 여기의 '후厚'도 '무게'의 의미다. 우리는 '중후重厚하다'는 표현을 쓴다. 이 단어의 '후'도 무게의 뜻이다. '후'를 꼭 두터움으로 볼 필요가 없다. '큼', '무거움'의 뉘앙스를 두루 갖는다. 노자는 육체를 얻어 세상에 나와 살아가는 인간이 짊어진 삶의 무게를 느낀다. 그것이 천지의 기운을 받아 본래 유약한 생의 에너지로 가득 찼던 인간의 몸을 점차 굳게 만드는 것이다. 대부분의 사람들에게 삶이란 곧 생기를 잃는 과정인 것이다.

살다 보면 어제까지만 해도 생동감 넘치는 모습을 보여 주었던 사람의 갑작스런 부고를 듣기도 한다. 현대 사회는 교통사고가 흔하고 요즘은 예기치 않은 재앙에 휘말리는 경우도 잦다. 갑자기 중병을 진단 받는 경우도 적지 않다. 옛날 같으면 전쟁이 발발해 전장으로 끌려가는 일도 포함될 것이다. 사지로 가는 일이다.

노자는 소문을 빌려 자신의 생각을 전한다. '섭생'의 사전적 의미는 '병에 걸리지 아니하도록 건강관리를 잘하여 오래 살기를 꾀함'이다. 여기에서는 이 뜻에 더해 '도를 닦아 본연의 유약함을 유지함' 정도의 뉘앙스를 갖는다. 10장의 '전기치유 능영아호'의 경지에 도달한 것이다. 즉 '섭생을 잘한 사람'은 '기를 집중하여 유함에 이르러 갓난아이처럼 된' 성인에 다름 아니다.

여기까지 풀게 되면 그 다음 구절에 고개가 끄덕여진다. 자연과 하나가 된 성인에게서는 어떠한 살기도 감돌지 않는다. 생의 기운이 넘친다. 만물을 향한 '타생'의 기운이다. 그러므로 맹수들도, 전장에서 마주치는 적병들도 전의를 상실한다. 목숨을 걸고 최후의 일전을 치러야 할 상대가 아님을 본능적으로 알기 때문이다. 생의 에너지로 가득한 존재의 선의를 온몸으로 느끼는 것이다.

노자는 성인에게는 사지가 없다고 말한다. 2장에서 우리는 성인이 '불거不去'함을 알았다. 성인의 경지에 오르면 육체적 죽음은 별 의미가 없다는 것이다. 자연에서 태어나 자연과 하나되어 살다가 자연의 일부로 돌아가는 순환의 이치 속에 녹아들면 동시에 그 이치 안에서 반복됨을 알기 때문이다. 노자의 사상과 정신은 죽지 않고 많은 사람들의 가슴 속에서 생생하게 살아 숨 쉬고 있다.

이 장은 '선교仙敎'의 느낌을 물씬 풍긴다. 동양철학에는 종교성이 가미되었기에 이 점은 부자연스러운 것이 아니다. 꼭 속세를 떠나 깊은 산중으로 들어가지 않아도 현대인들은 명상과 요가 등을 통해 심신의 치유를 꾀한다. 물론 가끔은 템플스테이 등으로 자연 속 수양에 몸을 맡기기도 한다. 모두 우리가 타고났지만 부지불식간에 잃어버린 부드러움과 연약함을 회복하려는 노력의 일환이다. 본래의 순수한 영혼과 유연한 육체의 상태로 되돌아가려는 생의 의지다.

특이점의 순간이 오면 인간은 죽음을 극복한 존재 곧 불멸의 존재가 될 수 있다고 한다. 생명 공학과 로봇 공학의 합작품인 신인류는 현재의 호모 사피엔스 개념과는 많이 달라질 것이 분명하다. 죽음에서 자유로워진 삶도 분명 나름의 의미가 있을 것이다. 학문과 연구의 단절을 피할 수 있게 된 천재들이 AI의 도움까지 받으면 상상 이상의 과학 기술적 성취를 이뤄 낼 수도 있을 것이다. 어쩌면 그것은 모든 인간에게 열린 기회가 될 수도 있을 것이다. 이론적으로는 누구나 타고난 뇌 용량의 한계를 뛰어넘을 수 있을 테니까 말이다.

하지만 분별하는데 익숙한 인류가 모든 인간을 죽음으로부터 해방시키는 선택을 취할 것 같지는 않다. 결국 인간이 만드는 영생은 상품의 일종이 될 것이고 그것의 구매에는 막대한 비용이 들 것이다. 돈이 인간의 삶과 죽음에 관여하는 정도가 지금보다 훨씬 심화될 것이 명약관화하다.

노자는 우리에게 묻고 있다. "그곳은 생지인가, 사지인가? 그대들은 어디로 가려는 것인가?" 우리는 노자적으로 살다가 노자적으로 가야 한다.

10 Chapter

군림하지 마라. (51장)

■■■

道生之 德畜之 物形之 勢成之 是以萬物 莫不尊道而貴德 道之尊 德之貴 夫莫之命而常自然 故 道生之 德畜之 長之育之 亭之毒之 養之覆之
生而不有 爲而不恃 長而不宰 是謂玄德
도생지 덕축지 물형지 세성지 시이만물 막불존도이귀덕 도지존 덕지귀 부막지명이상자연 고 도생지 덕축지 장지육지 정지독지 양지복지
생이불유 위이불시 장이부재 시위현덕

- 도가 생하여 덕이 쌓이면 만물은 드러나 세력을 이룬다. 이에 만물은 도를 높이 여기고 덕을 귀히 여기지 않음이 없다. 도는 높고 덕은 귀하니 명을 내리지 않아도 한결 같이 저절로 그렇게 된다. 그러므로 도가 생하여 덕이 쌓이면 만물은 나서 길러지고, 보살핌을 받아 자라며, 나서 자람을 되풀이한다.
기르되 소유하지 않는 것, 위하되 의지하지 않는 것, 우두머리가 되어도 군림하지 않는 것, 이를 현덕이라 한다.

■■■

　　이번 장은 덕이 최초로 등장했던 10장의 내용과 연결된다. 다만, 10장에서는 일관되게 리더에 대해 얘기했다면 이 장에서는 먼저 도와 덕에 대해 얘기한다는 것이 다르다. 첫 번째 단락은 도와 덕이 만물을 순환시킴에 대해, 두 번째 단락은 10장과 마찬가지로 도에 따라 무위의 정치를 펼치는 리더의 현덕에 대해 각각 말하고 있다. 37장과 30장을 참고하면서 읽어야 한다.

첫 대목인 '도생지 덕축지 물형지 세성지'의 해석이 잘못되면 이 장 전체의 풀이가 어그러지고 만다. 30장에서 만물이 성하고 쇠하는(물장즉로) 것은 도에 어긋난다고 했다. 그런데 첫 단락에서는 만물의 자연스러운 순환에 대해 얘기하고 있다. 즉, 그것은 도가 아니라 덕의 작용이다. 37장에서 제후와 제왕이 무위를 지킬 수 있다면 만물이 저절로 감화될 것이라고 했다. 노자는 지금 '도-하늘-땅-왕'의 관계 하에서 만물을 순환하게 하는 왕의 덕에 대해 얘기하는 것이다. 왕은 천하를 안정시켜야 할 책임을 가진 존재이며, 만물에는 백성이 포함된다. 도가 생한다는 것은 왕의 입장에서는 도의 생을 받는 것이요 도를 따르는 것이다. 그러면 덕이 쌓이는 것이다. 덕이 쌓이면 감화된 만물이 모습(形)을 드러내고 군집과 집단을 이룬다는 것(세성)이다. '세勢'는 세력이며 흔히 우리가 '세를 불리다', '세를 키우다'라고 할 때의 그 세이다.

도와 덕 덕분에 세상에 태어나 어우러져 살 수 있게 되었으니 만물의 입장에서는 도와 덕이 높고 귀할 수밖에 없다. 앞에서 우리는 노자가 의인법을 자주 구사한다는 것을 알았다. 도와 덕이 명령하지 않는다는 것은 무위로 작용한다는 뜻이다. 그 무위성에 따라 만물은 번성하며 자연스러운 순환을 거듭한다는 것이다.

'장지육지 정지독지 양지복지'는 만물의 일생과 순환을 얘기한 것이다. 이를 꿰뚫어보지 못하면 각 글자의 파편적인 의미만 나열되고 만다. '장육長育'은 출생과 보육, '정독亭毒'은 양육, 그리고 '양복養覆'은 장육과 정독의 반복이다. '물장즉로, 다시 물장'의 순환이다.

도와 덕이 무위로 만물의 순환을 관장하는 진리를 얘기한 후에 노자는 이를 두 번째 단락에서 왕이라는 이름의 리더에게 그대로 적용한다. 10장의 마지막 문장과 동일한 내용을 반복하고 있다. 나라를 운영할 권한을 부여 받은 자들은 현덕을 갖춰야 한다는 것이다. 그래야 국민들로부터 귀하게 대접 받을 수 있을 테니까.

Chapter 11

덕의 크기가 리더의 크기다. (54장)

善建者不拔 善抱者不脫 子孫以祭祀不輟 修之於身 其德乃眞 修之於家 其德乃餘 修之於鄕 其德乃長 修之於國 其德乃豊 修之於天下 其德乃普 故 以身觀身 以家觀家 以鄕觀鄕 以國觀國 以天下觀天下 吾何以知天下然哉 以此

선건자불발 선포자불탈 자손이제사불철 수지어신 기덕내진 수지어가 기덕내여 수지어향 기덕내장 수지어국 기덕내풍 수지어천하 기덕내보 고 이신관신 이가관가 이향관향 이국관국 이천하관천하 오하이지천하연재 이차

- 덕을 잘 세운 사람은 덕이 뽑히지 않고 덕을 잘 안은 사람은 덕이 풀리지 않으니 자손들이 제사를 그치지 않는다. 덕을 닦아 몸에 이르면 그 덕이 참되고, 덕을 닦아 집에 이르면 그 덕이 넘치며, 덕을 닦아 마을에 이르면 그 덕이 자라고, 덕을 닦아 나라에 이르면 그 덕이 가득해지며, 덕을 닦아 천하에 이르면 그 덕이 두루 미친다. 그러므로 몸으로 몸을 보고, 집으로 집을 보며, 마을로 마을을 보고, 나라로 나라를 보며, 천하로 천하를 보는 것이다. 내가 어찌 천하의 이치를 알겠는가? 이것 때문이다.

'건建'은 41장에서 '건덕'이라는 용어로 등장했다. 이를 떠올리고 전체 내용을 읽으면 '덕德'이 '건建'과 '포抱'의 목적어이며, '발拔'과 '탈脫'의 주어임을 쉽게 유추할 수 있다. 덕을 굳건히 세우고 덕을 꼭 껴안았다는 것은 그 만큼 쌓은 덕이 크다는 것이다. 그러니 세월이 아득하게 흘러도 자손들이 그 덕을 기려 모시기를 게을리하지 않을 것이다. 자손들에게는 크나큰 자랑일 테니까.

그 다음 이어지는 문장은 유가의 '수신제가치국평천하'의 가치와 일맥상통한다. 몸부터 천하에 이르기까지 덕의 영역이 점증적으로 확장되고 있다.

이제 노자는 '관觀'을 강조한다. 관은 '통관通觀'이다. 미루어 전체를 이해하고 꿰뚫어보는 것이다. 주의할 점이 있다. 내 몸과 내 집안, 내 마을, 내 나라를 통해 타인의 몸, 집안, 마을, 나라의 작동 방식을 유추할 수 있다는 식으로 해석하면 안 된다. 노자는 지금 덕을 쌓는 정도에 따라 그 덕의 영향력이 미치는 범위가 달라진다는 것을 말하고 있는 것이기 때문이다. 나와 타인을 대비하는 방식으로 해석하면 '이천하관천하'에서 막혀 버리게 된다. 앞에서 나라를 말했기 때문에 그보다 상위 개념으로 쓰인 천하를 나의 천하와 타인의 천하로 나눌 수 없다. 나의 천하와 타인의 천하가 다를 수 없다는 것이다.

'수신' 차원의 덕을 쌓으면 다른 개인에게 참된 덕을 베풀 수 있는 수준은 된다는 것이며, 덕의 크기에 따라 '가', '향', '국' 등으로 덕이 미치는 대상이 확장될 수 있다는 것이다. 마지막 문장에서 이 추론이 맞다고 노자가 얘기하고 있다. 자신은 '천하연' 곧 '천하가 그러함'을 안다는 것이다. 천하의 그러함이란 달리 말하면 천하의 이치다. 왜 천하의 모습은 이러한가, 왜 천하는 이렇게 작동하고 있는가를 자신은 훤히 꿰뚫고 있다는 것이다. 자신의 덕은 천하를 대상으로 삼을 수 있는 크기이기에 천하를 통관할 수 있다는 것이다.

언뜻 맹자의 '호연지기'가 느껴지기도 하지만, 노자는 지금 덕을 중심으로 얘기하고 있다는 것을 잊지 말아야 한다. 덕이란 '도道'에 대한 깨달음이 전제된 개념이다. 도가 생해야 쌓이는 것이 덕이다(51장). 47장에서 얘기한 성인이 곧 자기 자신이니 자신의 덕은 천하의 이치를 얘기할 수 있는 차원이라는 것이다.

나는 노자의 이런 웅혼한 기상이 마음에 든다. 깨달은 사람만이 할 수 있는 당당한 말이기 때문이다. 수준 낮은 권력자가 아무렇게나 단어를 조합하여 떠들어대는 빈 깡통 소리 같은 공허함과는 비교할 수 없는 통찰이 느껴진다. '수신'에도 이르지 못한 자가 나라의 운영을 맡는 일이 벌어지는 현실은 지독한 블랙 코미디와 같다. 이제 우리는 '삼면이 핵폐수로 오염된 바다'에 갇히게 되었다. 시한부 권력을 위임 받은 자가 저지른 이 참혹한 일은 결코 용서 받지 못할 것이나, 망가진 바다는 되살릴 수 없을 것이니 참으로 통탄할 일이다.

바다가 자정 작용을 통해 이 무도한 행위로 초래된 손상을 치유하고 본래의 수준을 복원하고자 한다면 인간이 상상하기 어려운 규모의 태풍과 해일 등이 발생할 것이다. 그러나 그것은 자연이 지구를 포기하지 않는다는 증거일 것이다. 후손들이 살아갈 수 있는 터전으로 되돌리기 위한 재해라는 이름의 자연의 노력을 현 세대는 감수해야 할 것이다. 특히, 파괴의 주범인 일본은 자연의 응징을 피하기 어려울 것이며, 일본 정부에 동조한 반자연적이고 반인륜적이며 반국가적인 수구의 무리들은 반드시 자연과 역사의 처절한 심판을 받게 될 것이다.

12 Chapter

덕을 갖추면 조화롭게 된다. (55장)

含德之厚 比於赤子 蜂蠆虺蛇不螫 猛獸不據 攫鳥不搏 骨弱筋柔而握固 未知牝牡之合而朘作 精之至也 終日號而不嗄 和之至也 和曰常 知和曰明
益生曰祥 心使氣曰强 物壯則老 謂之不道 不道早已

함덕지후 비어적자 봉채훼사불석 맹수불거 확조불박 골약근유이악고 미지빈모지합이최작 정지지야 종일호이불사 화지지야 화왈상 지화왈명
익생왈상 심사기왈강 물장즉로 위지부도 부도조이

- 함덕이 큰 사람은 갓난아이에 비견된다. 벌과 전갈과 뱀이 물지 않고, 맹수가 할퀴지 않으며, 맹금이 움키지 않는다. 뼈가 약하고 힘줄이 여려도 악력은 단단하다. 음양의 합일을 알지 못해도 생식기가 일어나니, 정기가 지극한 것이다. 종일 울어도 목이 쉬지 않으니, 조화로움이 지극한 것이다. 조화로움을 상이라 하고, 조화로움을 아는 것을 명이라 한다. 생명 연장을 복이라 하고 마음먹은 대로 기를 다스리는 것을 강하다고 하지만, 만물은 성하면 쇠하는 법이다. 이것을 도에 어긋난다고 하고, 도에 어긋나면 조기에 끝난다.

여러 장의 내용이 집대성된 장이다. '영아'와 맹수가 각각 등장하는 10장과 50장, 그리고 '물장즉로' 이하의 구절이 동일한 30장과는 직접적으로 연결된다.

두 단락으로 구분하여 읽어야 한다. 앞 단락에서는 함덕이 큰 사람과 갓난아이의 공통점을, 뒷 단락에서는 덕이 없는 사람이 좇는 작위적 행위의 어리석음에 대해 얘기한다.

'함含'은 '머금다, 품다'의 뜻이니 '함덕지후'를 직역하면 '덕을 머금음이 두터운 사람'이다. 곧 덕을 크게 쌓은 사람이다. 노자는 그런 사람을 갓난아이에 견준다. 갓난아이에 자기를 투영하는 것임은 물론이다. 10장에서 갓난아이란 기를 집중하여 부드러움에 이른 상태에 대한 은유였다. 이번 장에서는 인간 본연의 순수함을 유지하고 있는 갓난아이의 특징을 구체적으로 설명함으로써 덕을 크게 쌓은 사람의 그것을 간접적으로 이해시킨다.

먼저, 미물이 해코지하지 않는 모습은 50장의 내용과 일맥상통한다. 함덕이 큰 사람은 섭생을 잘한 사람이기도 한 것이다. 기운을 느낄 줄 아는 미물은 자신에게 아무런 적의를 드러내지 않고 두려움도 갖지 않는 갓난아이를 해하지 않는다고 한다. 덕을 크게 쌓은 사람에게서도 갓난아이의 그것과 동일한 기가 전해진다는 것이다.

갓난아이가 무엇인가를 손에 쥐고 놓지 않으려는 본능은 대단히 강하다. 갓난아이가 손아귀로 쥐는 동작은 '함덕자'에게는 곧 도를 깨달아 덕을 쌓기를 고수하는 자세인 것이다.

노자는 소위 '유아 발기'에 대해 얘기한다. 현대 의학적으로는 해면체에 혈액이 모임으로써 자연스럽게 일어나는 현상으로 알려져 있다. 자연이 모든 생명체에게 부여한 개체 수의 증가라는 유전적 목적을 달성하기 위해서는 인간 역시 성기의 기능이 장기간에 걸쳐 자연스럽게 발달하고 강화되는 과정이 필요하다. 노자는 이를 정기의 지극함으로 표현한다. 21장에서 보았듯 정기란 '천지 만물을 생성하는 원천이 되는 기운'이다. 갓난아이의 시기는 인간이 천지에게서 부여 받은 정기가 가장 순일한 때다. 정기가 최고조에 달해 있는 기간이 맞다. 동시에 정기란 빅뱅 이후의 황홀함 속에 담겨 있었던 것이기에 도를 깨달은 성인의 정기는 갓난아이의 그것과 다를 바 없는 것이다. '함덕자'는 곧 성인인 것이다.

'빈모지합'의 '빈牝'은 6장에서 익혔던 글자다. '모牡'는 빈과 상대적 개념인 수컷이다. '빈모지합'을 굳이 남녀 교합으로 풀이할 필요는 없다. 그것을 아우르는 상위의 표현인 음양 합일이 적절하다.

갓난아이의 울음은 세상과 소통하는 몸의 언어다. 그 언어는 소통 대상에게 생의 의지를 전달한다. 목이 아니라 온몸을 조화롭게 쓰는 것이어서 목에 무리가 가지 않는 것이다. 기의 순환이 무위로 이루어지는 덕분이다. 노자는 그 조화로움을 '상常', 그 조화로움을 아는 것을 '명明'이라고 부른다. 이 지점에서 16장과 이어진다.

'근원으로 돌아감을 정이라 하고, 이를 복명이라 하며, 복명을 상이라 하고, 상을 아는 것을 명이라 한다'는 구절을 상기한다면, 조화로움은 곧 '정精'이다. 앞에서 '정기'를 말한 이유다. 갓난아이는 여전히 근원의 상태를 유지하고 있는 것이요, 갓난아이가 될 수 있는 성인은 그것을 회복한 사람이다.

'익생왈상 심사기왈강'은 덕을 쌓지 않은 사람들이 도에 어긋나는 방식으로 요행을 좇는 모습이다. '익생'은 생기를 더하는 것이고 생명력을 북돋우는 것이며, 생명을 연장하는 것이다. '도道'가 아니라 '술術'을 통해 더 오래 살고자 하는 것이다. 어떤 식으로든 수명을 늘렸다면 상서로운 일 곧 복이라고 여긴다는 것이 '익생왈상'이다.

'기氣'란 '정기'이며 42장에서 본 바와 같이 음과 양이다. '만물은 음을 업고 양을 안아 충기하여 조화를 이룬다'고 했다. 음기와 양기의 '충沖'은 무위로 이루어져야 한다. 하지만 그것을 인위적으로 조절하는 것은 순리를 거스르는 일이다. 뭔가 대단한 업적이라도 되는 것 같지만 그저 작위적인 재주에 불과하다는 것이 노자의 입장이다. 따라서 '심心'은 욕심이고 탐심이다. 3장이 그것과 동일하다.

'물장즉로' 이하는 30장의 마지막 구절과 맥락이 동일하다. 덕을 쌓지도 않은 사람들이 얄팍한 '술'을 익혀 '익생'하고 '심사기'하려는 것에 대한 경고와도 같다. 도를 깨닫지 못하여 덕을 쌓지도 못한 자들이 물장즉로의 섭리를 거슬러 쇠함을 늦추는 방식은 갓난아이와 성인의 조화로움과는 차원이 다른 저급한 인위이기에 도에 어긋나는 것이며, 바라는 만큼 오래가지도 않는다고 노자가 단언하는 것이다.

기술의 도움을 받아 노화를 억지로 늦추는 사람들의 얼굴에는 자연스러움이 없다. 그들이 부여잡고 있는 젊음에서는 기괴한 느낌이 전해진다. 그 억지 젊음이 임계점을 넘어서면 어느 한순간 얼굴이 무너져 내리고 만다. 세월을 담은 노년의 담백한 얼굴 대신 흉칙하게 일그러진 괴물의 형상이 남는다. 그것은 영혼의 수준을 고스란히 반영한다. 내면을 가꾸는 데 게을리 한 채 외면을 꾸미는데 집착한 어리석은 자의 자화상이다.

13 Chapter

자비로운 리더가 되어라. (67장)

天下皆謂 我道大似不肖 夫唯大 故似不肖 若肖 久矣其細也夫
我有三寶 持而保之 一曰慈 二曰儉 三曰不敢爲天下先 慈故能勇 儉故
能廣 不敢爲天下先 故能成器長 今舍慈且勇 舍儉且廣 舍後且先 死矣
夫慈 以戰則勝 以守則固 天將救之 以慈衛之

천하개위 아도대사불초 부유대 고사불초 약초 구의기세야부
아유삼보 지이보지 일왈자 이왈검 삼왈불감위천하선 자고능용 검고능광
불감위천하선 고능성기장 금사자차용 사검차광 사후차선 사의 부자 이전
즉승 이수즉고 천장구지 이자위지

- 천하가 모두 나의 도는 크지만 본받을 수 없을 것 같다고 말한다. 무릇 다만 크기에 본받을 수 없을 것 같은 것이다. 만일 본받을 수 있다면 그것이 아주 작아진지 오래되었을 것이다.

나에게는 세 개의 보배가 있어 늘 그것을 간직하고 있다. 첫째는 자비요, 둘째는 검소이며, 셋째는 굳이 천하의 앞에 나서지 않는 것이다. 자비롭기에 용감할 수 있고, 검소하기에 넉넉할 수 있으며, 굳이 천하의 앞에 나서지 않기에 오랫동안 그릇을 양성할 수 있는 것이다. 지금은 자비를 버린 채 용맹하기만 하고, 검소함을 버린 채 넓히려고만 하며, 뒤를 버린 채 앞에 나서려고만 하니 죽음뿐이다. 무릇 자비로워야 전쟁해도 승리하고 지켜도 견고하니, 하늘이 장차 그를 구원하고자 할 때는 자비로 그를 지킨다.

두 단락으로 구성되어 있다. 첫 단락에서 노자는 세상 사람들이 자신의 도를 크다고 평가하기는 하지만 오히려 그렇기에 따르기에는 부담스러워하는 현실을 얘기한다. 두 번째 단락에서는 자신의 도를 구체화하여

설명하고 사람들의 행태를 적시하여 사람들이 자신의 도를 본받지 못하는 까닭을 간접적으로 드러낸다.

'사불초'의 '초肖'는 '닮다, 모양이 같다, 본받다'의 뜻이다. 문맥상 가장 적절한 풀이는 '본받다'이다. '불초 소생'처럼 '불초'를 '못나고 어리석다'고 해석하면 앞의 '아도대'와 맥락이 맞지 않는다. 왜 '본받다'로 풀이하는 것이 옳은지 두 번째 단락에서 확인할 수 있다.

노자는 자신이 소중하게 여기는 세 가지 가치를 소개한다. 내용상 그중에서도 '자慈'를 으뜸으로 여긴다는 것을 알 수 있다. '자'는 사랑, 자애로 번역해도 무방하다. 노자는 앞서 전쟁을 소재로 얘기하면서 생명을 죽이는 짓을 하지 말라고 했다. 자비는 만물에 대한 사랑이요 생명에 대해 가엾게 여기는 마음이라고 볼 수 있다. 그러므로 생명을 해치는 행위에 대해 용기 내어 맞서 싸울 수 있는 것이다.

'검儉'은 검소함이다. 44장에서 노자는 물욕을 절제하라고 했고, 33장에서는 만족을 아는 사람은 부유하다고 했다. 검소하면 불필요한 것에 욕심을 내지 않고 적은 것에 만족할 줄 아니 저절로 넉넉해지는 것이다.

64장에서 '불감위'를 '구태여 하지 않는다'고 해석했다. 성인은 억지로 하지 않으며 굳이 나서지 않는다. 노자는 앞에 나서지 않기에 '능성기장' 할 수 있다고 한다. 41장에서 '대기만성'을 설명하면서 그릇이 상징하는 바를 보았다. 바로 인재다. '성기成器'는 '인재를 양성하다'는 뜻이고 '장長'은 '오랫동안'의 뜻으로 쓰였다. 앞에 나서지 않고 은둔하여 제자들을 기르는 노자의 모습을 연상할 수 있다.

노자가 묘사하는 세상 사람들의 모습에는 노자가 생각하는 근본이 없다. 사람들은 마치 "자비로우면서 어떻게 적을 죽이냐?", "뭐하러 적은 것에 만족하며 힘들게 사느냐, 사업을 넓히고 영토를 넓혀 재물을 늘리면 되는 것 아니냐?", "뒤에 처져서 낙오자로 살면 무시당하며 빈곤하게 사는데 왜 그래야 하느냐?"고 따지는 듯하다. 이 지점에서 왜 노자가 사람들이 자신의 도를 크다고 하면서도 본받을 수 없을 듯하다고 한 것인지 이해할 수 있다.

사람들은 노자의 도를 현실에 맞지 않는 이상적 가치라고 보는 것이다. 달리 말하면 뺏지 않으면 뺏기는 투쟁의 장인 세상에서 그렇게 순진하게 살아서는 굶어 죽기 십상이라고 생각하는 것이다. 재미있는 것은 노자가 사람들의 쟁투를 보며 "그렇게 살다간 다 죽어!"의 뉘앙스로 말하고 있다는 점이다. 마치 빚과 소비를 권하는 이 시대의 자본주의에 대한 노자의 일갈처럼 들리기도 한다. "그럼 어쩌란 말이냐, 앉아서 죽으란 소리냐, 일단 살고 봐야지!"라며 날마다 돈을 벌고자 피 터지게 경쟁하는 사람들의 풍경을 지켜보며 인간의 한계를 절감하는 노자의 씁쓸함이 느껴지는 듯하다.

맨 마지막 구절은 자비에 대한 강조다. 31장의 내용과 연결된다. 자비심은 백성과 군사뿐만 아니라 적병에 대한 마음이기도 하다. 불필요한 희생과 살생을 피하는 것이다. 민심이 어디로 향할 지는 불보듯 뻔한 것이다.

하늘은 생명을 해하는 자를 좋아하지 않는다. '타생'을 연상하면 간단하다. 그러므로 하늘은 자비를 베푸는 사람을 자비로 지킴으로써 돕는다고 노자는 말한다. 세상 만물에 대한 사랑을 실천하는 사람을 하늘은 사랑으로 보살핀다는 얘기다.

14 Chapter

유함이 진정한 강함이다. (76장)

■■■

人之生也柔弱 其死也堅强 萬物草木之生也柔脆 其死也枯槁 故 堅强者 死之徒 柔弱者生之徒 是以 兵强則不勝 木强則折 强大處下 柔弱處上
인지생야유약 기사야견강 만물초목지생야유취 기사야고고 견강자사지도 유약자생지도 시이 병강즉불승 목강즉절 강대처하 유약처상

- 사람은 살아서는 유약하지만 죽어서는 딱딱하고 강해진다. 만물 초목은 살아서는 연하고 무른데 죽어서는 마르고 시든다. 이런 까닭에 딱딱하고 강한 것은 사의 무리요, 부드럽고 약한 것은 생의 무리다. 이에 군사가 강하기만 하면 이기지 못하고, 나무가 강하기만 하면 부러진다. 강하고 큰 것은 아래를 차지하고, 부드럽고 약한 것이 위를 차지한다.

■■■

우리는 50장에서 이 장의 일부를 미리 살펴본 바 있다. 이 장은 36장, 40장, 43장, 50장의 내용과 연결된다. 함께 읽으면 쉽게 이해할 수 있다.

노자는 언제나 '유약'을 찬미한다. 그것이 '생生'의 속성이요, '도道'의 작용력이기 때문이다.

군사가 강하기만 하면 무력으로 모든 것을 빼앗을 수 있다고 착각하게 된다. '부쟁지덕(68장)'과 유약승강강(36장)'의 이치를 알지 못하니 승리할 수 없다. 세월의 풍파를 온몸으로 수용하며 살아온 벼랑 위의 등굽은 소나무는 몰아치는 강풍에도 유연하게 살아남지만, 하늘 높은 줄 모르고 꼿꼿이 키를 높여 온 나무들은 허리가 부러지게 마련이다.

노자에게 있어 유약한 리더란 도에 순응하여 현덕을 갖춘 사람이다. 그러므로 위에 위치하게 된다. 위에 있어도 무위로 할 뿐, 군림하려 들지 않는다. 따라서 만일 강하게 굴면서 스스로 대단한 척하는 자가 위에 있다면 그곳은 그가 있을 곳이 아닌 것이다. 제 분수에 넘치는 자리에 앉은 사람은 자리의 무게에 짓눌려 아래로 곤두박질치게 되는 법이다.

15 Chapter

많이 갖게 되면 세상을 위해 써라. (77장)

天之道 其猶張弓與 高者抑之 下者擧之 有餘者損之 不足者補之 天之道 損有餘而補不足 人之道 則不然 損不足以奉有餘 孰能有餘 以奉天下 唯有道者 是以聖人 爲而不恃 功成而不處 其不欲見賢

천지도 기유장궁여 고자억지 하자거지 유여자손지 부족자보지 천지도 손유여이보부족 인지도 즉불연 손부족이봉유여 숙능유여 이봉천하 유유도자 시이성인 위이불시 공성이불처 기불욕현현

- 하늘의 도는 활시위를 얹는 것과 같다. 높으면 활을 내리고, 낮으면 올린다. 남음이 있으면 덜고, 부족하면 보태는 것이다. 하늘의 도는 남는 곳에서 덜어 부족한 곳에 더해 주는 것이다. 사람의 도는 그렇지 않아서 부족한 데서 덜어 남는 데에 바치니, 누가 능히 남는 것으로 천하에 이바지할 것인가? 오직 도를 깨달은 자만 그렇게 할 수 있다. 이에 성인은 위하되 의지하지 않고, 공을 이루어도 머무르지 않으며, 현명함을 드러내고자 하지 않는다.

하늘의 도와 인간의 도의 극적인 차이점을 대비하고 있다.

노자는 먼저 활시위를 얹는 것으로 하늘의 도를 비유한다. 화살을 시위에 걸어 목표물을 겨냥할 때는 활을 움직여 높낮이를 조정하게 된다. 노자는 여기에서 '남음이 있으면 덜고, 부족하면 보탠다'는 이치를 도출해 낸다. '유여자손지 부족자보지'는 '남는 것이 있으면 그것에서 덜고, 부족한 것은 그것에 보탠다'고 직역되니, 이를 자연스럽게 해석하면 위와 같이 된다.

남는 곳에서 덜어 부족한 곳에 더해 주는 하늘의 도와 오히려 부족한

데서 덜어 남는 데에 바치는 인간의 도는 차이가 극명하다. 예나 지금이나 별반 다를 바 없다. 부자들의 세금은 감면해 주면서 서민들에게 혜택이 돌아가는 복지 예산을 줄이고, 부족한 세수를 다시 국민을 쥐어짜는 방식으로 보충하는 악랄한 정책을 펴는 극악한 정권이 등장할 때마다 노자의 통찰을 떠올리게 된다. '인간이란 이토록 하찮은 존재에 불과한 것인가?'라는 자조적 질문을 던지게 된다.

타인의 고통에 공감하지 못하는 인간은 더 이상 인간이 아니다. 이미 인간성을 상실했기 때문이다. 그래서 감정과 양심이 없는 기회주의자에게 권력을 주는 것만큼 국민에게 불행한 일은 없다. 국민에게 돌아갈 기회를 박탈하고 오직 자기 자신의 이익을 극대화하기 위한 기회 창출에만 몰두할 테니까.

남는 것이 산처럼 쌓여 있어도 무늬만 부자들은 세상에 기여할 줄 모른다. 노자도 이 점을 익히 알고 있다. 그래서 노자는 오직 자기와 같은 성인만이 그 일을 할 수 있다고 단정적으로 말한다. 성인은 남는 곳에서 덜어 부족한 곳에 더해 주는 하늘의 도를 깨우친 사람이기 때문이다. 그렇게 할 때 인간 세상의 순환과 지속이 가능함을 알기 때문이다. 맨 마지막 구절은 2장 및 9장과 연결된다.

큰 물질적 성취를 이루었으면 세상에 돌려 줘야 한다. 인간 세상은 불평등하기 때문이다. 인간은 태생적으로 불평등하기 때문이다. 그 불평등을 당연한 것으로 받아들이는 것이 아니라 그것의 해소에 기여하기 위해 자신의 성취를 사용할 때 인간은 위대해진다. 하지만 안타깝게도 대부분의 인간은 위대한 인간으로 올라서기를 원치 않는다. 기꺼이 하찮은 수준의 인간으로 남아 소유를 즐기고 쾌락을 누리는데 만족한다.

하지만 우리는 알아야 한다. 남는 곳에서 덜어 부족한 곳에 더해 주는 것이 하늘의 도인 한, 인간이 쌓은 부 역시 결국 반드시 하늘의 도를 따르게 된다는 사실을 말이다. 많이 가졌음에도 덜어 내어 부족한 곳에 더하지 않고 더 가지려 하는 사람은 끝내 물질을 모두 잃게 되거나 대신 자신의 몸이나 명예를 상하게 된다. 44장에서 노자가 강조한 바 있다.

16 Chapter

원한을 사는 불미한 일을 하지 마라. (79장)

和大怨 必有餘怨 安可以爲善 是以聖人 執左契而不責於人 有德司契 無德司徹 天道無親 常與善人
화대원 필유여원 안가이위선 시이성인 집좌계이불책어인 유덕사계 무덕사철 천도무친 상여선인

- 큰 원한을 화해시켜도 반드시 앙금은 남으니, 어찌 선을 행하는 것이겠는가? 이에 성인은 좌계를 갖고 있어도 재촉하지 않는다. 덕이 있으면 계약 업무를 맡고, 덕이 없으면 징수 업무를 맡는다. 천도는 사사로운 정이 없어도, 항상 선인에게 베풀어 준다.

63장에 '보원이덕'이라는 표현이 있었다. '원망을 덕으로 갚는다'는 뜻이다. 이번 장에서는 물질을 매개로 형성되는 사람과 사람 사이의 사적 원한에 대해 얘기한다.

'여원'은 '남는 원한'의 뜻이니 '유여원'은 '앙금이 남다'로 풀이하는 것이 자연스럽다. 전체 내용에 비추어 보면 여기에서의 원한은 채권, 채무 관계로 인한 것이다. 그 원한을 풀어 없애려고 중재한다고 해도 말끔히 사라지지 않는 것이 인지상정인지라 그것은 선을 행하는 것이 아니라는 말은, 아예 원한이 쌓이지 않도록 처신하는 것이야말로 선의 실천이라는 뜻이다.

돈을 빌려 줬다고 해서 형편을 감안하지 않고 가혹하게 추심하면 반드시 상대의 마음에 원한이 깃들게 마련이다. 그래서 노자는 성인이라면 계약서가 있어도 독촉하지 않는다고 말한다. 그러면 원한이 생길 원인 자체가 만들어지지 않는다.

증표를 나누어 각자 보관하다가 훗날 증거로써 맞추어 보는 물건을 부신符信이라고 한다. 주몽이 유리에게 남긴 칼 조각이나 그리스 신화에서 아이게우스가 테세우스에게 남긴 칼과 샌들이 대표적인 예다. '좌계'는 계약 내용을 새긴 목판을 반으로 쪼갰을 때의 좌측 조각 정도로 보면 된다.

'유덕사계 무덕사철'은 덕의 유무에 따라 성정의 차이가 존재한다는 것, 세상에는 사람으로서 차마 하고 싶지 않은 유의 일이 있다는 것, 그래서 유덕한 사람은 타인들로부터 돈을 받는 일에 종사하지는 않는다는 얘기다. 극단적으로 얘기하면 덕 있는 사람이 불법 사채업을 하지는 않을 것이다. 좌계가 있어도 다그치지 않는 성인의 마음은 상대를 아끼기 때문이다. 49장에 그 마음이 잘 나타나 있다. 흔히 '그는 사업하는 사람이기 때문에 십 원 한 장에도 철두철미하다'와 같은 소리를 듣게 되는데, 그럴 때마다 나는 『도덕경』의 이 장을 생각한다. 그는 돈에 있어서 냉철한 사람일 뿐, 향기 나는 큰 사람은 아닌 것이다.

'천도무친'은 5장의 '천지불인'과 일맥상통한다. 그래도 노자는 희망적인 덕담으로 마무리한다. 우리는 선하게 살아가야 한다.

17 Chapter

사람들을 위해 쓰는 것이 넉넉함의 비결이다. (81장)

信言不美 美言不信 善者不辯 辯者不善 知者不博 博者不知 聖人不積
旣以爲人己愈有 旣以與人己愈多 天之道 利而不害 聖人之道 爲而不爭
신언불미 미언불신 선자불변 변자불선 지자불박 박자부지 성인부적 기이
위인기유유 기이여인기유다 천지도 이이불해 성인지도 위이부쟁

- 신의 있는 말은 아름답지 않고, 아름다운 말은 신의가 없다. 선한 사람은 말을 잘하지 않고, 말을 잘하는 자는 선하지 않다. 아는 사람은 박학하지 않고, 박학한 자는 알지 못한다. 성인은 쌓아두지 않고 사람들을 위해 다 쓰기에 더욱 넉넉해지고, 사람들에게 주느라 다 쓰기에 더욱 많아진다. 하늘의 도는 이로울 뿐 해롭지 않고, 성인의 도는 위할 뿐 다투지 않는다.

'미언'은 '감언甘言'과 일맥상통한다. 귀를 살살 녹이는 달콤하고 아름다운 말에는 반드시 의도가 숨어 있다. 정직한 말은 그저 담백할 뿐이다.

선한 사람은 화려한 미사여구를 구사하지 않는다. 바른 논리로 정연하게 말할 뿐이다. 역시 담백함이 생명이다.

56장에서 '아는 사람은 말이 없고, 말하는 자는 알지 못한다'고 했다. 노자는 박학다식 역시 진정한 앎의 요건과 거리가 멀다고 말한다. 진정한 앎이란 깨달음의 영역 곧 도와 관련되기 때문이다.

그 다음 '성인부적' 이하의 구절을 잘 해석해야 한다. 쌓음의 대상을 폭넓게 바라볼 필요가 있다. 꼭 재물만이 아니라 학문, 자비심 등으로 확장해야 한다는 것이다. 재물에 국한하면 타인을 위해 다 써 버리는데 어떻게 재물이 더 불어날 수 있느냐고 반문할 수도 있다. 물론 노자에게

이 질문에 대한 답이 준비되지 않았을리 없다. 베풀고 또 베푸는 부자라면 만인의 존경을 받기 마련이고, 사람들은 그가 하는 사업에 관심을 가져 그가 만들어 파는 상품과 서비스를 적극적으로 구매할 것이다. 마치 오늘날 우리 사회의 '돈쭐 문화'처럼 말이다. 그래서 진정성보다 위대한 마케팅은 없는 것이다. 더 큰 이익을 거두기 위한 방편으로 교묘하게 기획된 베풂과 나눔을 사람들은 결국 눈치채고 만다. 노자는 베풂과 나눔에 대한 성인의 진정성을 얘기하고 있는 것이다.

이제 노자는 마지막 구절로 자신의 철학의 정수인 『도덕경』을 마무리한다. 누구나 글의 처음과 끝에는 핵심을 담으려 하는 법이다. '도가도비상도 명가명비상명'으로 시작한 『도덕경』이 '천지도 이이불해 성인지도 위이부쟁'으로 끝나는 것은 우연이 아닐 것이다.

우리는 그 동안 하늘의 도가 무엇인지 말할 수 있는 근거를 노자로부터 얻었다. 그것이 '상도'는 아니겠지만 인간의 인식이 도달할 수 있는 거리까지 도에 다가선 것은 맞다. 노자의 사유가 중단 없이 극한까지 내달린 덕분이다.

이제 노자는 말한다. 하늘의 도에 순응하여 따르라고 말이다. 그것은 인간에게 이로움을 선사할 뿐, 그 어떤 해로움도 없기 때문이다. 오직 만물을 생하고 또 생하는 '타생'의 본성에 해로움은 깃들 수 없다. 그렇기에 노자는 자신을 투영한 성인의 도란 하늘의 도를 닮아 위할 뿐 다투지 않는다고 다시 한 번 강조한다.

그에게 세상은 뺏고 뺏기는 이전투구의 장이다. 찰나의 생을 산다 가면서 '타생'의 가치로 공존공영의 길을 여는 대신 '타살他殺'을 통해 결국 공멸의 길로 치닫는 인간들의 모습은 끔찍하게 다가왔을 것이다. 감수성이 발달된 노자는 피비린내 나는 속세라는 감옥 한 구석에 갇힌 검투사와 같은 삶을 견디기 어려웠을 것이다.

자연으로 돌아간 그는 자유로웠을 것이다. 만물이 하늘로부터 부여 받은 본성대로 다툼 없이 무위의 삶을 누리다 갈 수 있는 세상을 염원했을 것이다. 물론 그도 가끔은 아무 생각 없이 어우러져 웃고 떠드는 사람들의 평범한 일상을 보며 외로움을 느끼기도 했다. 하지만 깨달은 자는 본래의 자리로 돌아오는데 시간이 걸리지 않는 법이다. 사람들이 알아주지 않아도 노자는 자신이 깨달아 안 진리의 품속에서 충분히 행복했을 것이다. '위이부쟁'이 곧 그가 사람들에게 전하고자 하는 행복론에 다름 아니다.

현대인의 모든 나날은 경쟁과 투쟁의 가치로 채워져 있다. 시장에서 협력과 타협은 불가능하다. 아침부터 저녁까지 경쟁 업체를 무찌르고, 경쟁자를 이기기 위한 분투가 지속된다. 패자의 낙오와 승자의 독식을 당연히 여기는 사회 풍조 속에서는 '승자의 불안'이 해소되지 않는다. 패자로 전락할 수 있는 위험으로부터 멀어지기 위해 승자는 더 많이 갖기를 멈추지 못한다. 불안을 조장하는 사회에서 구성원 모두는 끊임없이 '쟁爭'할 뿐이다. 그 '쟁'의 끝에는 더 이상 '쟁'할 대상이 남아 있지 않을 것이다.

평범한 사람들이 노자처럼 쌓아두지 않고 세상에게 건네며, 다투지 않고 그저 위할 뿐인 삶을 살기란 쉽지 않다. 그래도 세상에는 그런 사람들이 존재한다. 그래서 그들이 비범한 것이다. 인간의 수준을 높이는 사람들이다. 평범함을 택하여 사회 시스템에 순응하면서 사는 대로 살아가는 것도 한 편의 삶이다. 그러나 노자는 고개를 가로젓는다. 노자는 우리에게 가르쳐 준다. 인간은 지금보다 하늘에 훨씬 더 가까워질 수 있는 잠재력을 가진 존재라는 사실을 말이다.

우리 각자에게는 지금보다 훨씬 깊고 높은 존재로 거듭날 수 있는 길이 열려 있다. 세상에 가득한 불행으로부터 눈과 귀를 닫고 내 앞의 안락과 쾌락만을 추구하는 삶은 오래가지 못한다. 불행은 행복을, 행복은 불행을 전염시킨다. 불행한 사회에서 나만의 행복이 지켜질 것이라고 믿는 것은 어리석은 일이다. 나의 행복을 지키기 위해서라도 세상에서 불행의 크기를 줄여가야 한다. 행복으로 불행을 잠식해 들어가야 한다. '위이부쟁'의 행복론을 실천해 나가야 한다.

모두가 인간으로 태어난 보람을 느끼며 더불어 행복하게 살아가는 세상을 나는 꿈꾼다.

도는 하나의 상징이 아니다.

그것은 열린 사람의 앞으로 뻗어 있는 고요한 길이다.

PART

정치와 행정

: 이백성심위심以百姓心爲心 – 국민의 마음으로 마음을 삼는다.

01 Chapter

무위의 정치를 펼쳐라. (17장)

太上 下知有之 其次 親而譽之 其次 畏之 其次 侮之
信不足焉 有不信焉 悠兮其貴言 功成事遂 百姓皆謂我自然
태상 하지유지 기차 친이예지 기차 외지 기차 모지
신부족언 유불신언 유혜기귀언 공성사수 백성개위아자연

- 최고의 임금은, 아래에서 그가 있다는 것만 안다. 그 다음 임금은, 그를 좋아하여 칭찬한다. 그 다음 임금은, 그를 두려워한다. 그 다음 임금은, 그를 업신여긴다.
신실함이 부족하면 불신이 있게 된다. 그 귀한 말을 내내 생각하며 공을 이루고 일을 마치면 백성들은 다들 "우리는 저절로 그렇게 되었다"고 말할 것이다.

'태상'은 '최고의 천자/왕/임금/군주'를 뜻한다. 어느 것으로 써도 무방하다. '하下'는 문맥상 백성을 지칭하겠으나 뒤에 백성이 등장하니 그냥 원래의 뜻을 살리는 것이 자연스럽다. '지之'는 앞의 태상을 가리킨다. '하지유지'는 백성들이 임금의 존재만 알고 있는 상황을 말한다. 현대 사회에서는 사실상 있을 수 없는 일이지만, 임금이 노자가 말하는 무위의 정치를 하고 있기 때문이다.

최고의 임금 아랫 단계의 임금은 백성들로부터 사랑 받고 칭찬 받는 사람이다. 현대 민주주의 사회에서는 가장 이상적인 리더상이라고 할 수 있겠다. 그는 선정을 펼 것이다.

백성들이 두려워하는 임금의 정치는 학정일 것이다. 마지막으로 백성이 조롱하는 수준의 임금이라면 환관 등의 간신배에 휘둘리는 무능한 자일 것이다.

'신부족언 유불신언'은 리더에게 신실함이 부족하면 신뢰 받지 못한다는 것이다. 당연한 얘기다. 아무리 깊고 깊은 구중궁궐 안에 있어도 임금이 어떤 유형의 인물인지는 백성들에게 훤히 알려졌다. 백성들은 자신들의 삶으로 임금의 정치와 그의 자질을 감각할 수 있었으니까. 지금이야 두말하면 잔소리다. 아무리 정보를 통제해도 국민들에게 모든 것이 알려질 수밖에 없는 시대다. 과거와 달리 권력을 오래 유지할 수도 없다. 리더의 이미지를 꾸미려는 모든 작위적인 시도는 실패하기 마련이다.

'기귀언'은 '그 귀한 말'의 뜻으로 바로 앞의 '신부족언 유불신언'을 가리킨다. '유悠'는 술어로 '생각하다'의 뜻이다. '신실하지 않으면 신뢰 받지 못한다'는 귀한 말을 내내 가슴에 품는 것이다. '유'에는 원래 '멀다, 아득하다'는 뜻이 있다.

자신의 신념과 의지를 지켜 성취하고 업적을 쌓았는데 백성들은 알아주지 않는다. 그저 저절로, 자연스럽게, 모든 일이 잘 풀렸다고 생각할 따름이다. 이유는 간단하다. 그들은 그들 나름대로 최선을 다했기 때문이다. 백성들이 최선을 다하는 동안, 리더는 그저 그림자처럼 그들 아래에서 무위의 정치를 펼쳤기 때문이다.

진정한 리더는 이러해야 한다는 것이 노자의 주장이다. 자신의 노력 덕에, 자신의 인내 덕에, 자신의 고통 덕에 백성들이 잘 살게 되었더라도, 자신의 공을 내세우지 않고 그저 백성들의 행복한 모습을 바라보며 뿌듯해 할 뿐이다. 이것이 무위의 의미다. 자신이 무엇을 했는지 백성들이 몰라주더라도, 최선을 다한 자신을 자랑스러워하는 것이다. 삶의 보람을 느끼는 것이다.

02 Chapter

도를 본받아 무위의 정치를 하라. (25장)

有物混成 先天地生 寂兮寥兮 獨立不改 周行而不殆 可以爲天下母 吾不知其名 字之曰道 强爲之名曰大 大曰逝 逝曰遠 遠曰反 故道大 天大 地大 王亦大 域中有四大 而王居其一焉 人法地 地法天 天法道 道法自然
유물혼성 선천지생 적혜요혜 독립불개 주행이불태 가이위천하모 오부지기명 자지왈도 강위지명왈대 대왈서 서왈원 원왈반 고도대 천대 지대 왕역대 역중유사대 이왕거기일언 인법지 지법천 천법도 도법자연

- 혼돈이 있었던 것은 천지가 생겨나기 이전이었다. 적적하고 쓸쓸하건만 홀로 있기를 바꾸지 않는다. 두루 다녀도 지치지 않으니 천하의 근본이 될 만하다. 나는 그 이름을 알지 못하기에 글자로는 도라 하고, 억지로 이름 붙여 대라고 부른다. 크게 움직여 멀어졌다가 돌아오기에 도는 크다. 하늘도 크고, 땅도 크며, 왕 역시 크다. 세상 가운데 네 개의 대가 있는데, 왕도 그 중의 하나다. 사람은 땅을 본받고, 땅은 하늘을 본받으며, 하늘은 도를 본받고, 도는 자연을 본받는다.

'유물혼성'을 직역하면 '섞임이 이루어진 물이 있었다' 정도가 된다. 物物은 만물, 사물이 아니다. '것' 정도의 뉘앙스다. 混混은 14장에서 보았던 글자다. 14장을 참고하면 이 장이 보다 수월해진다. 혼은 혼돈을 뜻한다. 따라서 유물혼성을 다시 해석하면 '혼돈이 이루어진 것이 있었다'인데, 이를 자연스럽게 풀이하면 '혼돈이 있었다'가 된다. 그래서 '유물혼성 선천지생'은 '혼돈이 있었던 것은 천지가 생겨나기 이전이었다'는 뜻이 되는 것이다. 혼돈이란 천지가 나뉘기 이전의 개벽 초기의 상황을 뜻하므로, 노자는 '고려가 있었던 것은 조선이 생겨나기 이전이었다'와 같은 형식의 문장을 구성한 것뿐이다. 혼돈이란 14장에서 '홀황'이라고 불

렸던 상태에 다름 아니다.

그 다음 두 문장에서 노자는 의인법을 구사하고 있다. 이는 『도덕경』에서 노자가 자주 구사하는 방식이다. 23장에서는 도와 덕, 그리고 실이 의인화되었다. 여기에서 도의 의인화는 마치 노자가 도에 자신을 투영한 것과 같다. 그 역시 적적하고 쓸쓸해도 혼자 있기를 고수했고, 지치지 않고 두루 다녔다. 비록 아주 가끔 외로움을 느꼈지만 잠시뿐이었다. 20장에 관련 내용이 있다.

이제 노자는 자신이 도에 대해 얘기하고 있음을 밝힌다. 요즘식 표현으로는 '도道라고 쓰고 대大라고 읽는다' 정도의 뉘앙스로 말한다. 곧 대도大道이다. 도를 설명할 표현은 '크다' 밖에 없다는 것이다.

'대왈서 서왈원 원왈반 고도대'는 부드럽게 풀어야 한다. '대를 서라 하고, 서를 원이라 하고, 원을 반이라 하기에 도는 크다' 이렇게 구조를 읽어 놓고, 서, 원, 반에 각각 '가다', '멀어지다', '돌아오다'의 뜻을 적용하면 무슨 말인지 이해하기 어렵게 된다. 부사적으로 해석하여 위와 같이 정리하였다. 노자가 도의 광대함을 말하고 있음을 직관적으로 알 수 있다.

마지막 대목에서 노자는 이 장을 통해 전하고자 하는 바를 분명히 한다. 도가 자연 곧 '저절로 그러함'을 본받는다는 것은 도가 무위로 행한다는 뜻이다. 도의 무위성이다. 도를 본받는 하늘도 땅도 무위로 하니, 땅의 이치에 순응해야 하는 사람도 무위로 하라는 것이다. 하늘을 대신해 땅에 하늘의 섭리를 구현해야 하는 대리인으로서 왕이 해야 할 일은 무위의 정치라는 것이다. 그래야 최고의 임금이 된다는 것이다. 리더는 그리해야 한다는 것이다.

무거움과 고요함을 유지하라. (26장)

重爲輕根 靜爲躁君 是以聖人終日行 不離輜重 雖有榮觀 燕處超然 奈何萬乘之主 而以身輕天下 輕則失本 躁則失君
중위경근 정위조군 시이성인종일행 불리치중 수유영관 연처초연 내하만승지주 이이신경천하 경즉실본 조즉실군

- 무거움은 가벼움의 뿌리요 고요함은 조급함의 임금이다. 그러므로 성인은 종일 다녀도 수레의 짐을 버리지 않고, 비록 영예롭게 되더라도 제비처럼 살며 초연히 지낸다. 어찌 천자가 되어 몸소 천하를 가벼이 여기는가? 가벼이 하면 근본을 잃고, 조급하면 임금의 지위를 잃는다.

25장에서 노자는 '도-하늘-땅-왕'의 관계 속에서 왕의 책임이 얼마나 막중한 지 일깨웠다. 이번 장에서는 무거움과 고요함을 왕이 지녀야 할 성정으로 제시한다.

노자는 무거움과 가벼움을 나무에 비유한다. 나뭇가지와 나뭇잎이 세찬 바람에 이리저리 흔들리더라도 뿌리가 깊으면 나무는 쓰러지지 않는다. 뿌리가 뿌리답지 못하면 가지와 잎의 움직임에 줄기가 휘둘리고 결국 뿌리가 뽑혀 버린다. 뿌리처럼, 나라라는 나무를 곧게 지탱하는 것은 무거움이라는 것이다. 문맥상 권력에 수반되는 책임의 무게를 상징한다는 것을 쉽게 알 수 있다.

고요함이 조급함의 임금이라면 조급함은 고요함의 신하다. 감정을 다스리지 못해 평정심을 잃고 조급하면 임금이 신하에 내둘리는 꼴이다. 권력을 가진 자가 조급하면 냉철함을 잃어 국익과 민심에 반하는 어리석은 판단과 의사 결정을 반복할 가능성이 높아진다. 노자가 고요함을 강조한 이유다.

　수레는 성인의 삶에 대한 은유다. 수레에 실린 짐은 성인이 짊어진 책임을 상징한다. 나라를 부강하게 만들고 백성의 행복을 증진시켜야 하는 막중한 책무 말이다. 그것이 무겁다고 수레 밖으로 던져 버리면 성인의 자격이 없을 것이다.

　그 다음 구절 '수유영관 연처초연'이 재미있다. 영榮은 '영화, 영예'이고 관觀은 '보다, 보이게 하다, 나타내다'의 뜻이니, '영관'은 '영예롭게 되다'의 뜻이다. 관觀에는 황새 관(雚)이 들어 있다. 황새가 높은 곳에 올라가 조망하는 것이 관이다. 황새는 명예와 권력을 가진 높은 사람, 여기에서는 임금을 상징한다. 즉 '수유영관'은 '비록 임금의 자리에 오를지라도'의 속뜻을 갖게 된다.

　이 속뜻을 알게 되면 '연처초연'이 뜻하는 바를 정확히 이해할 수 있다. '연처'를 '편안하게 머물다, 한가롭게 살다' 정도로 해석하면 앞의 영관과의 상관성도 사라지고 글의 맛이 밋밋해 진다. '연燕'은 제비다. 제비는 자연의 이치에 순응하는 대표적 철새다. 겨울이 다가오면 강남으로 떠났다가 봄이 되면 돌아오는 제비처럼 산다는 것은 자연의 섭리를 거스르지 않는 무위의 삶을 비유한다. 화려한 영화로움에 눈이 멀어 평정심을 잃고 순리를 거스르는 대신 그에 아랑곳하지 않고 순리대로 담백하게 사는 삶에 대한 은유다. '초연'하다고 표현한 이유다.

　'만승지국'은 '전쟁 시 만 대의 수레를 보낼 규모를 갖춘 나라'의 뜻으로 천자의 나라를 의미한다. 따라서 '만승지주'는 곧 천자다. 참고로 『논어』에 자주 등장하는 '천승지국千乘之國'은 제후국을 뜻한다.

　마치 『논어』의 한 구절을 읽는 듯한 느낌이 든다. 노자는 지금 근본을 잃어 왕의 자격을 사실상 상실한 천자에 대해 신랄한 비판을 가하고 있다. 근본이란 25장 끝에서 언급한 '대리인'으로서의 사명이다.

성인들이 중重과 정靜을 강조한 것은 우연이 아닐 것이다. 우리의 성인 이순신 장군은 '물령망동 정중여산勿令妄動 靜重如山'이라는 말을 남겼다. 비록 전투에 임하기 전 부하들에게 당부한 것이지만 무능한 임금 선조가 귀담아들었어야 할 말이다.

무거움과 고요함을 상실한 리더는 재앙을 부를 뿐이다. 노자가 중과 정을 강조하지 않을 수 없었던 까닭이다.

04 Chapter

과분한 것을 도모하면 얻지 못한다. (29장)

■■■

將欲取天下而爲之 吾見其不得已 天下神器 不可爲也 爲者敗之 執者失之
故物 或行或隨 或歔或吹 或强或羸 或挫或隳 是以聖人 去甚 去奢 去泰
장욕취천하이위지 오견기부득이 천하신기 불가위야 위자패지 집자실지
고물 혹행혹수 혹허혹취 혹강혹리 혹좌혹휴 시이성인 거심 거사 거태

- 천하를 취하고자 도모한다면 내가 보기에 그는 얻지 못할 것이다. 천하란 신령스러운 그릇과 같아서 도모할 수 없다. 도모하는 자는 패할 것이며, 쥐는 자는 놓칠 것이다.

그 까닭은 만물이란 앞서가기도 하고 뒤따르기도 하며, 흐느끼기도 하고 불기도 하며, 강하다가 약해져 꺾이어 무너지기도 하기 때문이다. 이에 성인은 정도가 지나친 것을 피하고, 사치스러운 것을 피하며, 큰 것을 피한다.

■■■

전반적으로 평이한 내용이지만, 알쏭달쏭한 대목이 포함되어 있다.

첫 단락에서는 '천하를 갖겠다, 세상을 지배하겠다'와 같은 허황된 야욕은 반드시 실패한다고 얘기하고 있다. 권력자에게 하는 말이다.

'도-하늘-땅-왕'의 관계 하에서 도를 본받는 하늘, 그 하늘을 본받는 땅이라는 이름의 천하가 신령스러운 것은 당연하다. 세상에는 인간의 능력으로는 알 수 없는 신묘한 법칙이 작동하고 있다. 천하를 움켜쥐겠다는 생각은 하늘에 순응하여 무위의 정치를 펼쳐야 하는 대리인의 책무를 가진 정치 지도자가 그것을 방기하고 스스로 하늘이 되기를 꿈꾸는 것이다. 하늘이 허락할 리 없다.

노자는 만물의 속성을 설명함으로써 자신의 주장을 관철시키려 한다.

먼저, 만물은 그저 앞서거니 뒤서거니 할 뿐임을 말한다. 3장에서 말한 쟁爭의 개념이 만물에게는 없다는 것이다.

그 다음 문장이 아리송하지만, 흑흑 흐느낄 때와 악기를 불 때의 호흡 작용을 생각해 보면 쉽다. 각각 수축과 팽창이나 축소와 확장을 뜻한다.

'혹강혹리 혹좌혹휴'는 연결하여 한꺼번에 해석하는 것이 좋다. '좌휴'가 대비적인 관계가 아니기 때문이다. 만물의 일원인 인간이 하늘 높은 줄 모르고 기세등등하다가 순식간에 와르르 몰락하는 것도 다 만물의 속성이 그러하기 때문임을 잘 보여 준다.

평범한 사람들은 큰 부와 명예, 인기 등을 추구하지만, 도를 아는 성인은 오히려 과한 것, 화려한 것으로부터 멀어진다고 노자는 말하고 있다. 인위적으로 획득한 모든 것은 일시적일 뿐이다. 모든 것은 변한다.

땅에 무엇을 심고 가꾸느냐에 따라 그것의 가치가 달라지듯이, 그릇에 무엇을 담느냐에 따라 그릇의 쓰임이 결정된다. 불의와 전쟁을 담을 수도 있고, 정의와 평화를 담을 수도 있다. 부의 대물림을 담을 수도 있고, 대신 사회 환원을 담을 수도 있다. 사람은 자신의 마음 그릇만큼 세상의 그릇에 담을 내용물을 결정한다.

05 Chapter

군사력을 함부로 쓰지 마라. (30장)

▪▪▪

以道佐人主者 不以兵强天下 其事好還 師之所處 荊棘生焉 大軍之後 必有凶年 善有果而已 不敢以取强
果而勿矜 果而勿伐 果而勿驕 果而不得已 果而勿强 物壯則老 是謂不道 不道早已
이도좌인주자 불이병강천하 기사호환 사지소처 형극생언 대군지후 필유흉년 선유과이이 불감이취강
과이물긍 과이물벌 과이물교 과이부득이 과이물강 물장즉로 시위부도 부도조이

- 도로 백성들을 다스릴 것을 주장하는 사람은 군사력으로 천하를 강제하지 않는다. 그 일이 바로 돌아오기 때문이다. 군대가 머무르던 곳에는 가시덤불이 생겨나고, 대군이 지나간 후에는 반드시 흉년이 든다. 최선을 다해 결과를 얻으면 그만이지 구태여 강제로 취하려 하지 말라.
공을 세워도 뽐내지 말고, 공을 세워도 자랑하지 말며, 공을 세워도 교만하지 말라. 결과적으로 얻지 못해도 그쳐야지 공을 세우려고 강제로 하지 말라. 만물은 성하면 쇠한다. 이것을 도에 어긋난다고 하고, 도에 어긋나면 조기에 끝난다.

▪▪▪

첫 문장 '이도좌인주자'는 '이도좌인+주+자'로 끊어 읽어야 한다. '도로써 백성들을 다스리기를+주장하는+사람', 이렇게 말이다. '이도+좌인주+자'로 나누어 '도로써+사람의 주인(군주)을 보좌하는+사람'으로 해석하면 이 장의 주인공이 임금을 보좌하는 장군 정도가 되고 만다. 사리에 맞지 않는 관점이다. 임금의 명에 따라야 하는 장군은 강제로 취하고 말고를 결정할 권한 자체가 없다. '도로 사람들을 다스릴 것을 주장하는 사람'은

곧 성인이며, 노자가 왕을 대상으로 얘기하고 있음은 명확하다. 30장의 내용은 29장의 그것과 바로 연결된다. 이 장과 상관관계를 갖는 31장의 '군자'도 동일하게 임금을 가리킨다. 아래에서 좀 더 자세히 살펴보겠다.

'강彊'은 '강하게 하다'가 아니라 '강제하다, 강제로 하다, 강압하다'의 의미로 쓰였다. '병兵'은 군사력이나 무력으로 번역할 수 있다. 군사력으로 세상을 강제로 지배하려는 것은 인위적인 행위다. 성인의 무위가 아니다.

'호환'에서 '호好'는 '바로'라는 뜻의 부사로 쓰였다. '기사호환'은 다른 나라의 영토를 강제로 취하려 한다면 머지않아 자신의 나라가 침략 당하는 일을 당하게 될 것이라는 의미다.

'과果'는 열매, 결과, 성과 등의 뜻이다. 여기에서는 결과와 '공功'의 뜻으로 섞여 쓰였다. 문맥을 통해 자연스럽게 구분할 수 있다. 공으로 쓰인 대목은 긍矜과 벌伐을 힌트로 알 수 있다. 이 글자들은 22장의 '부자벌 고 유공 부자긍 고장'과 24장의 '자벌자무공'에서 '공功'과 함께 사용되었다.

무력을 동원해 천하를 강제로 복속하여 발아래에 두겠다는 헛된 욕망에 대해 경계하고 있다. 그것은 도를 따르는 것이 아니므로 성인은 그런 일을 하지 않는다는 취지다. 31장, 29장과 직접적으로 연결되며, 이외에 24장, 22장, 그리고 9장과 관련된다.

'물장즉로'는 인간이 살아가는 이 땅의 만물에게 적용되는 섭리다. 영원한 것은 없다. 모든 것은 변한다. 수많은 생명을 죽여서까지 일시적으로 소유하는 그 어떤 것도 손 안의 모래처럼 사라질 운명에 처해 있을 뿐이다. 끝끝내 욕심을 부려 봐야 '항룡유회'의 쓰라린 교훈만 곱씹게 될 뿐이다.

'시위부도'에서 '시是'는 앞의 '과이물긍'에서 '과이물강'까지를 가리킨다. 16장에서 '천내도 도내구 몰신불태(하늘의 본성이란 곧 도이며, 도란 곧 항구함이니, 몸은 없어진다 해도 도는 사라지지 않는다)'고 했다. 태어나 살다가 죽는 만물의 일원으로서 대부분의 인간은 결국 사라질 운명인 일시적인 부와 명예만을 추구한다. 그래서 속성속패하는 것이다. 성인은 그렇지 않다고 했다. 그런 것에 안주하지 않기에(불거不居) 죽지 않는다(불거不去)고 2장에서 말했다.

06 Chapter

살생을 즐기는 자는 뜻을 이루지 못한다. (31장)

夫佳兵者 不祥之器 物或惡之 故有道者不處 君子居則貴左 用兵則貴右 兵者不祥之器 非君子之器 不得已而用之 恬淡爲上 勝而不美 而美之者 是樂殺人 夫樂殺人者 則不可得志於天下矣 吉事尙左 凶事尙右 偏將軍居左 上將軍居右 言以喪禮處之 殺人之衆 以哀悲泣之 戰勝以喪禮處之

부가병자 불상지기 물혹오지 고유도자불처 군자거즉귀좌 용병즉귀우 병자불상지기 비군자지기 부득이이용지 염담위상 승이불미 이미지자 시낙살인 부낙살인자 즉불가득지어천하의 길사상좌 흉사상우 편장군거좌 상장군거우 언이상례처지 살인지중 이애비읍지 전승이상례처지

- 무릇 훌륭한 군사라는 것은 상서롭지 못한 수단이다. 만물은 어떤 경우라도 그런 것을 꺼리기에 도가 있는 사람은 다루지 않는다. 군자는 평상시에는 좌를 중시하고, 군사를 부릴 때는 우를 중시한다. 군사라는 것은 상서롭지 못한 수단이기에 군자의 수단은 아니다. 부득이하게 사용할 때는 염담을 상책으로 삼는다. 승리해도 아름다운 일이 아니기에, 승리를 찬미하는 자는 살인을 즐기는 것이다. 무릇 살인을 즐기는 자는 천하에서 뜻을 이룰 수 없다. 길한 일에는 좌를 높이고 흉한 일에는 우를 높이기에, 편장군은 좌측에 위치하고 상장군은 우측에 위치한다. 말하자면 상례로 승리를 다룬다는 것이다. 많은 사람을 죽인 것에 대해 슬피 울어야 할 것이니, 전승은 상례로 다루어야 한다.

30장에 이어 전쟁을 소재로 얘기하고 있다.

29장에서는 병兵을 군사력으로 해석하였으나 여기에서는 맥락에 맞게 군사로 풀이하였다.

'물혹오지 고유도자불처'는 24장에 등장했었다. 24장과 달리 처處를 '다루다'의 뜻으로 보았다. 군사를 다루는 것이다. 병兵을 무기라고 해석하면 안 된다. 철저하게 사람으로 봐야 한다. 이 장에서는 죽음을 다루고 있기 때문이다.

임금이 사용하는 군사라는 수단은 나라를 방어하고 백성을 지키기 위한 필요조건이지만, 그것 자체가 길하고 복된 것은 아니기에 도가 있는 사람 곧 성인은 그것과 인연을 맺지 않는다고 말하고 있다. 기器는 도구를 뜻하지만 내용에 맞게 수단이라고 의역하였다.

'군자'는 노자가 이 장에서만 사용한 용어다. 유가에서 많이 쓴 것으로서 노자와는 어울리지 않는다. 여기에서는 임금을 가리킨다.

임금이 조정에 자리할 때는 남쪽을 향한다. 이를 남면南面이라고 한다. 신하들의 입장에서는 임금이 북쪽 중앙에 있게 되는 것이다. 임금의 눈을 기준으로 좌측은 동쪽이며 문관들이 섰고, 우측은 서쪽이며 무관들이 위치했다. 오행상 동쪽은 목木이고 서쪽은 금金이다. 각각 문文과 무武의 속성을 갖는다. 즉, '평상시에는 좌를 중시하고, 군사를 부릴 때는 우를 중시한다'는 것은 평상시에는 문을, 유사시에는 무를 중시한다는 의미다.

노자는 군사가 군자의 도구도 아니라고 말한다. 이는 문文이 군자의 도구라는 얘기다. 그러므로 군사를 쓸 일이 없으면 좋은데 외세의 침략을 받은 특수한 상황에서는 어쩔 수 없이 사용해야 한다. 이때 가져야 할 군자의 마음 자세를 '염담'이라고 표현하고 있다. 염담은 '고요하고 담담함', '욕심이 없고 마음이 깨끗함' 등으로 번역되는데, 문맥상으로는 '사사로움을 버림'이나 '사리사욕을 버림' 정도로 보는 것이 적절하다. 타국의 영토와 물자, 노동력을 빼앗겠다는 욕심 등을 내려놓고 최소한의 목적인 '적을 물리침'에 집중해야 한다는 것이다.

평소의 노자답지 않게 매우 직설적인 화법을 구사하기 시작한다. "전쟁에서 이겼다고 우쭐대는 그대여. 그대는 임금이 아니라 살인마일 뿐이다" 거의 이런 뉘앙스로 얘기하고 있다. 즐기듯 생명을 죽이는 자는 그저 '자생'할 뿐 '타생'을 모르는 자이니 만물을 생하는 천지의 섭리를 정면으로 어기는 것이다. 뜻을 이룰 수 없다.

상장군은 총사령관이요, 편장군은 예하 부대의 지휘관이다. 노자는 전쟁이라는 특수 상황에서의 승리를 흉사로 규정한다. 그리하여 흉사의 책임자인 상장군을 우측에 배치한다고 말한다. 수많은 인명 피해를 야기한 전쟁에서 승리했다고 해서 기뻐할 일은 아니라는 것이다. 잔치가 아니라 초상을 치르듯 경건한 마음으로 애도하는 자세가 바람직하다고 얘기한다.

노자는 '물장즉로'의 이치에서 벗어날 수 없는 인간이 천도를 따르지 않고 더 갖고 더 빼앗고자 벌이는 인위의 극치인 전쟁을 혐오하고 있다. 우리는 노자의 마음을 충분히 이해할 수 있다.

그러나 21세기에도 전면전이 가능할 수 있다는 것을 러우전쟁은 증명했다. 전쟁을 억제하고 평화를 지키기 위해서는 강력한 국방력이 절대적으로 요구된다는 교훈을 얻기에 충분한 사건이다. 다만, 평화적 해결책이 있음에도 외면하고 대립과 갈등을 부추겨 전쟁 위기를 조장하는 자들은 잔인무도한 전쟁광과 다를 바 없다. 진정으로 나라를 사랑하고 국민을 아끼는 위정자는 전쟁을 수단으로 삼지 않는다. 노자가 '낙살인'이라는 강한 표현을 쓴 것은 전쟁을 수단으로 삼는 모든 위정자는 결국 국민의 목숨을 담보로 자신의 사리사욕을 채우려는 비겁하고 잔인한 자에 불과하다는 것을 말하기 위함일 것이다.

07 Chapter

도에 순응하면 저절로 이루어진다. (32장)

道常無名樸 雖小天下莫能臣也 侯王若能守之 萬物將自賓 天地相合 以降甘露 民莫之令而自均 始制有名 名亦旣有 夫亦將知止 知止可以 不殆 譬道之在天下 猶川谷之於江海

도상무명박 수소천하막능신야 후왕약능수지 만물장자빈 천지상합 이강감로 민막지령이자균 시제유명 명역기유 부역장지지 지지가이불태 비도지재천하 유천곡지어강해

- 도는 한결같이 이름 없는 통나무와 같다. 비록 작다고 여길지라도 천하의 어떤 것도 신하로 삼을 수 없다. 제후와 제왕이 만일 본바탕을 지킬 수 있다면 만물이 장차 저절로 따를 것이다. 천지가 서로 만나 감로를 내리듯, 백성들은 법령 없이도 저절로 고르게 될 것이다. 처음으로 이름 있는 것을 만들자, 기존에 있던 것들에도 이름이 붙게 되었다. 무릇 그칠 줄 알아야 한다. 그칠 줄 알면 위태롭지 않게 될 것이다. 도가 천하에 있음을 비유하자면, 골짜기의 시내가 강과 바다로 흘러가는 것과 같다.

28장과 연결하여 읽어야 한다. 이 장에서 노자는 도를 박樸에 비유함으로써 그것에 대한 이해를 돕고자 한다. 박이 상징하는 바가 무엇인지 28장에서 살펴봤기에 28장과 함께 읽어야 하는 것이다.

우리가 알다시피 통나무란 본바탕이다. '도=통나무'라는 등식은 도란 통나무를 흩어서 만드는 그릇 같은 용도를 가진 것이 아니라 '본바탕 그대로 존재하는 무엇'이라는 얘기다. 실체가 없기에 사람들은 도의 존재를 감각하지 못한다. 하지만 노자는 다르다. 그는 '곡신'과 '현빈'이라는 자신만의 용어를 만들 정도로 한결같이 무위로 행하는 도를 감지하고 있

었다. 그는 천하의 그 어떤 인간도 도를 지배할 수 없음을 알고 있었다. 인간은 만물의 일원일 뿐이고, 왕은 '도-하늘-땅-왕'의 수직 관계 속에 놓여 있는 대리인에 불과하기 때문이다.

'후왕'을 우리는 보통 왕후라고 부른다. '왕후장상'이라는 익숙한 표현을 우리는 알고 있다. '후왕약능수지'에서 짓는 앞의 '무명박'을 받는다. 도를 은유하는 '이름 없는 통나무' 곧 본바탕이다. 후왕의 본바탕이란 다름 아닌 하늘의 이치에 순응하여 만물을 기르는 땅처럼 백성들의 행복을 증진시켜야 하는 대리인의 책무다.

'자빈'이나 '자균'은 무위를 뜻하는 표현이다. 후왕이 자신의 본바탕에 충실하면 모든 일이 무위로 이루어진다는 것이다. 하늘이 비를 내려 땅 위의 만물을 기르듯이, 우로지택은 자연히 백성들을 균등하고 평등하게 살도록 한다는 얘기다. 백성들의 평안한 삶은 법 따위가 가능하게 하는 것이 아니라 오직 도에 어긋나지 않는 군주의 무위의 정치에 달려 있다는 말이다.

이름 있는 것을 만들었다는 것은 2장에서 말한 '분별'이 생기기 시작했다는 것이다. 법과 제도를 만들고 선과 악을 나누며, 부귀와 빈천을 구분하는 등의 인위적 분별이 이루어졌다는 것이다. 불교의 '분별지分別智'와 일맥상통한다. 분별은 개념을 낳기 마련이다. 큰 지혜를 잃어 버린 채 개념에 고착되게 함으로써 인간을 서로 나뉘어 다투는 악다구니로 만들어 버린다. 노자는 이름을 붙이는 행위를 그치라고 말한다. 명명이 분별의 시작이기 때문이다. 억지 프레임을 짜 정의로운 상대에게 비도덕적이고 부정직하다는 이미지를 덧씌우는 파렴치한 정치 행위, 인민이나 동무와 같은 좋은 단어가 우리의 일상에서 쓰이지 못하는 이유 등을 연상해 보면, 인간의 분별심이 얼마나 사회의 갈등을 키우고 사회 구성원들의 삶을 위태롭게 하는지 이해할 수 있다.

노자는 도가 천하에 작용하고 있음을 알고 있다. 그리하여 골짜기의 물이 흐르고 흘러 강과 바다로 나아가듯 도가 무위로 행해지고 있다고 알려 준다. 사계절이 순환하고 뭇 생명이 더불어 살아가는 모습 자체가 노자의 주장에 대한 근거가 된다. 이 장에서 노자가 전하고자 하는 말의 핵심은 만물 중에 오직 인간만이 그 순리를 어기고 있다는 것이다. 당연히 위정자를 대상으로 한다. 위정자가 본바탕을 회복하여 도에 순응함으로써 무위의 정치를 펴기만 한다면, 세상은 아무 문제없이 잘 굴러가고 사람들의 삶은 행복할 것이라고 말하는 것이다.

08 Chapter

조짐을 읽는 혜안을 길러라. (36장)

將欲歙之 必固張之 將欲弱之 必固强之 將欲廢之 必固興之 將欲奪之 必固予之 是謂微明
柔弱勝剛强 魚不可脫於淵 國之利器不可以示人

장욕흡지 필고장지 장욕약지 필고강지 장욕폐지 필고흥지 장욕탈지 필고여지 시위미명
유약승강강 어불가탈어연 국지이기불가이시인

장차 줄어들게 하고자 하면 반드시 도리어 확장시키고, 장차 약하게 하고자 하면 반드시 도리어 강하게 하며, 장차 망하게 하고자 하면 반드시 도리어 흥하게 하고, 장차 빼앗기게 하고자 하면 반드시 도리어 주는데, 이를 미명이라고 한다.
부드럽고 약한 것이 단단하고 강한 것을 이긴다. 물고기가 못에서 벗어나서는 아니 되니, 나라의 이기를 백성들에게 보여서는 안 된다.

이 장은 30장, 31장과 함께 읽어야 한다. 『도덕경』의 전반부인 도경이 37장으로 마무리되기에 노자가 앞에서 했던 얘기들을 압축적으로 정리하는 장이다.

두 단락으로 나뉘어 있다. 내용상 첫 단락의 '장욕흡지'부터 '필고여지'까지의 숨은 주어는 '하늘'로 봐야 한다. 지之는 두 번째 단락의 나라(國)를 가리킨다. 이를 적용하여 다시 써 보겠다. '하늘이 나라를 장차 줄어들게 하고자 하면 반드시 도리어 확장시키고, 하늘이 나라를 장차 약하게 하고자 하면 반드시 도리어 강하게 하며, 하늘이 나라를 장차 망하게 하고자 하면 반드시 도리어 흥하게 하고, 하늘이 나라를 장차 빼앗기게

하고자 하면 반드시 도리어 준다'

맨 앞에서 30장, 31장과 함께 읽어야 한다고 전제한 이유가 이것이다. 노자는 지금 다시 전쟁에 대해 얘기하고 있다. 약소국이 먼저 전쟁을 일으키는 경우는 없다. 일시적으로나마 국력이 신장될 때 다른 나라를 도모할 생각을 하기 마련이다. 평범한 사람들 눈에는 국운이 상승하는 것처럼 느껴지는 정황이 사실은 그와 정반대의 결과를 암시하는 조짐이라고 노자는 말한다. 미명은 도를 깨닫지 못한 사람들은 알아챌 수 없는 '미묘한 징조'라는 뜻이다. 희미한 밝음이란 희미한 어둠이 섞여 있는 상황이다. 다들 점차 밝아질 것이라고 기대하고 있을 때 노자는 다가오는 어둠을 보고 있는 것이다.

노자가 그 징조를 분간할 수 있는 이유는 무엇일까? 당연히 정치와 전쟁의 주체인 임금을 보고 판단하기 때문이다. 30장과 31장에서 노자의 조언은 위정자를 대상으로 한다.

이제 노자는 미명을 읽지 못하고 군사력을 동원할 생각을 만지작거리는 위정자에게 말한다. 유약한 것이 강강한 것을 이기니, 좀 강해진 기분이 든다고 망동하면 지게 될 것이라고 말이다.

물고기는 백성을, 못은 나라를 은유한다. 물고기가 없는 못은 생명이 사라진 가치 없는 공간이 되며, 못 밖으로 던져진 물고기에겐 죽음만이 있을 뿐이다. 잘못된 결정을 내리면 나라가 망해 백성들이 살아갈 터전이 없어지게 될 것이라는 얘기다.

'이기'는 날카로운 병기 곧 무기다. 그것을 백성들에게 보이지 말라는 것은 달리 말하면 백성들이 무기를 보게 되는 일이 벌어지지 않도록 하라는 것이다. 즉, 절대로 전쟁을 일으키지 말라는 것이다.

이 장의 내용은 개인적 차원에서도 곱씹어 봐야 한다. 고생 끝에 사업에 성공하여 일거에 부자 반열에 오르는 사람들이 있다. 그 중에는 반드시 더 큰 몰락을 경험하는 사람이 생기기 마련이다. 크게 무너지려면 먼저 크게 이루어야 하는 이치다. 그 조짐을 읽는 것은 어렵지 않다. 예전과 달라진 그의 '강강'한 언행에 '미명'이 다 들어 있다.

09 Chapter

국민의 마음을 수용하고 포용하라. (49장)

聖人無常心 以百姓心爲心 善者吾善之 不善者吾亦善之 德善 信者吾信之 不信者吾亦信之 德信 聖人在天下歙歙 爲天下渾其心 百姓皆注其耳目 聖人皆孩之

성인무상심 이백성심위심 선자오선지 불선자오역선지 덕선 신자오신지 불신자오역신지 덕신 성인재천하흡흡 위천하혼기심 백성개주기이목 성인개해지

- 성인은 일정한 마음 없이 백성의 마음으로 마음을 삼는다. 선한 사람에게 나는 선하게 대하며, 불선한 사람에게도 나는 선하게 대한다. 덕으로 선하게 하는 것이다. 신의 있는 사람에게 나는 신의 있게 대하며, 신의 없는 사람에게도 나는 신의 있게 대한다. 덕으로 신의 있게 하는 것이다. 성인은 천하에 있는 것을 모두 거둬들여 천하의 혼탁함을 그 마음으로 삼는다. 백성들이 다 같이 귀와 눈을 모으면, 성인은 그들을 다 어린아이처럼 사랑한다.

41장에서 상덕은 골짜기와 같다고 했다. 그것을 상기하면서 읽으면 자연스럽게 이해할 수 있다.

'상심'은 한결 같은 마음이다. 성인은 자신만의 변치 않는 항상심 없이 백성들의 마음을 수용하여 그것으로 자신의 마음을 삼는다고 노자는 얘기한다. 국민 정서에 아랑곳없이 자신의 신념만이 옳다고 믿고 그릇된 정책들을 불도저처럼 밀어붙이는 위정자들을 생각해 보면 성인의 마음이 참으로 넉넉하고 깊게 느껴진다.

노자는 자신을 주어로 하여 얘기를 전개해 나간다. 이 장의 성인에도 노자가 투영되어 있다. '덕선'과 '덕신'을 문맥에 맞게 잘 해석해야 한다. 덕으로 선하게 하는 것이며, 덕으로 신의 있게 하는 것이다. 기본적으로 성인은 분별하지 않기 때문이다. 이어서 노자는 자신이 덕선하고 덕신하는 이유를 더욱 자세히 설명해 준다.

'성인재천하흡흡'은 '성인(주어)+재천하(목적어)+흡흡(술어)'으로 끊어 읽어야 한다. '흡歙'은 '들이쉬다'의 뜻이니 '흡흡'은 불선과 불신 등을 분별하지 않고 모두 거두어들이는 것이다. 곧 포용이다. 이 문장은 그 다음 문장과 자연스레 이어진다.

'위천하혼기심'은 맨 앞에서 왜 성인이 백성의 마음으로 자신의 마음을 삼는지 알려준다. 41장에서 '성인은 골짜기와 같아서 깨끗함이 클수록 더러운 듯하다'고 말한 이유다. 성인은 모든 것을 다 품기 때문이다.

마지막 구절은 백성들이 눈을 똘망똘망하게 뜨고 귀를 쫑긋 세운 모습을 연상시킨다. 주목注目은 우리에게 익숙한 단어다. 여기에서는 주이목이라고 했다. 눈뿐만 아니라 귀도 집중하는 것이다. 그런 백성들을 마치 어버이처럼 성인이 사랑한다고 노자는 말하고 있다.

5장에서 '천지불인'하고 '성인불인'하다고 했지만 그 장 해설을 통해 불인하면서 인한 것이라고 했다. 이 장에 그 면모가 잘 나타나 있다.

『도덕경』에는 노자와 같은 성인 외에 다른 유형의 성인이 하나 더 등장한다. 바로 군주다. 현대 국가의 국민은 국가 지도자가 어떤 사람이냐에 따라 삶에 지대한 영향을 받는다. 자신을 반대하는 국민들은 적대시하고 자신을 지지하는 국민들은 현혹하는 부덕한 지도자는 국민과 나라를 사랑하는 자가 아니다. 오직 자기 자신만을 아끼는 하급 인간에 불과하다. 그런 자에게 권력을 쥐어 주는 국민이 있는 나라가 잘 되기는 어려울 것이다.

10 Chapter

공적 마인드 없이 정치를 하지 마라. (53장)

■ ■ ■

使我介然有知 行於大道 唯施是畏
大道甚夷 而人好徑 朝甚除 田甚蕪 倉甚虛 服文綵 帶利劍 厭飮食 財貨有餘 是謂盜夸 非道也哉
사아개연유지 행어대도 유시시외
대도심이 이인호경 조심제 전심무 창심허 복문채 대리검 염음식 재화유여 시위도과 비도야재

- 나로 하여금 자연 속에서 알게 하여 대도를 따라 행하고 있지만 이것을 베풀기가 꺼려진다.
대도는 아무리 보려 해도 보이지 않으니 사람들은 지름길만 좋아한다. 조정은 잡풀 하나 없이 깨끗한데 밭은 황폐하고 곳간은 텅 비어 있다. 화려한 옷을 입고 날카로운 검을 두른 채 물리도록 먹고 마셔도 재물이 넘쳐나는 이 자들을 일컬어 뻔뻔한 도둑놈이라고 한다. 도를 배반한 자들이다!

■ ■ ■

두 단락으로 구분해서 읽을 때 구조를 이해하면서 깔끔하게 이해할 수 있다.

'사아개연유지'의 주어는 숨겨져 있는 '하늘'로 보면 된다. '개연'을 직역하면 '자연에 끼어'의 뜻이니 '자연 속에서'라고 풀이하면 자연스럽다. '使'의 주체는 하늘이고, '行'의 그것은 노자 자신이다. '唯'는 '다만'으로 해석하는 것이 자연스럽다.

노자는 하늘이 자신으로 하여금 자연 속에서 깨닫게 한 덕분에 대도에 순응하며 지내고 있지만, 자신의 깨달음을 사람들에게 알려 주기가

내키지 않는다고 말한다. 그 이유가 두 번째 단락에 설명되어 있다.

'이夷'는 14장에 등장했던 글자로 '보려 해도 보이지 않는 것'을 뜻한다. '대도심이'를 '대도는 매우 평탄하다'와 같이 해석하면 뒤의 '지름길'과 맥락이 맞지 않는다. 지름길은 평탄하지 않은 길이 아니라 빠른 길이기 때문이다. 대도를 얘기해 봤자 41장에 말하는 '상사'들만 새겨듣고 실천할 뿐이다. 하지만 세상이 혼탁하면 수준 높은 선비들이 적을 수밖에 없다. 개념 없는 사람들은 보이지 않을뿐더러 보게 되는 데 오랜 시간이 걸리며 돈도 되지 않는 대도에 관심을 두기 보다는 '칠규'(52장)를 활짝 열고 부귀를 빠르게 얻는 길로 분주히 나다니기를 좋아할 뿐이다.

노자는 어지러운 세상의 모습을 보여 준다. '제除'는 '청소하다'는 뜻이니 뒤의 황무지와 같은 밭을 감안하면 제초除草의 뉘앙스가 담기게 되므로 위와 같이 풀이하였다. 말끔한 조정의 풍경과 온갖 잡풀이 우거진 채 방치된 밭과 곡식 한 톨 없는 횅한 창고는 대조를 이룬다.

노자는 백성들의 삶이 피폐해진 이유를 밝힌다. 그것은 군이 자신들의 오만과 실정을 감추려 들지도 않는 뻔뻔한 도둑놈들 때문이라고 일갈한다. 화려한 관복을 걸치고, 시퍼렇게 날이 선 검을 자랑스레 덜렁거리며 으시대는 자들이 산해진미를 게걸스럽게 먹는 장면이 떠오른다. 이런 놈들이 천하를 쥐락펴락하면서 백성들을 못살게 굴고 있는 현실에서 자신이 대도에 대해 말한다는 게 노자로 하여금 자괴감을 느끼게 했을 법하다.

'비도야재'를 '도가 아니다!'나 '도에 어긋나는 짓이다!'와 같이 해석하면 너무 밋밋하다. '비도'는 앞의 뻔뻔한 도둑놈들을 가리킨다. 그러므로 '도를 배반한 자들'이라고 풀이하는 게 적절하다.

우리나라에도 이런 자들이 차고 넘친다. 나라가 망하든 말든, 국민들이 고통을 당하든 말든, 뻔뻔하게 거짓말을 일삼으며 자신들의 뱃속을 채우는 데만 혈안인 도둑놈들을 잡초 뽑듯이 모조리 뿌리 뽑아 내쳐야만 비로소 이 나라에서 다시 희망을 말할 수 있을 것이다.

11 Chapter

무위의 정치가 살기 좋은 나라를 만든다. (57장)

以正治國 以奇用兵 以無事取天下 吾何以知其然哉 以此
天下多忌諱 而民彌貧 民多利器 國家滋昏 人多伎巧 奇物滋起 法令滋
彰 盜賊多有 故聖人云 我無爲而民自化 我好靜而民自正 我無事而民
自富 我無欲而民自樸

이정치국 이기용병 이무사취천하 오하이지기연재 이차
천하다기휘 이민미빈 민다이기 국가자혼 인다기교 기물자기 법령자창 도
적다유 고성인운 아무위이민자화 아호정이민자정 아무사이민자부 아무욕
이민자박

- 정으로 나라를 다스리고, 기로 군사를 부리며, 무사로 천하를 취한다. 내가 그러함을 어찌 아는가? 이것 때문이다.

나라에 금지 사항이 많으면 백성은 더욱 가난해지고, 백성에게 무기가 많으면 나라는 더욱 혼란해지며, 장인에게 기교가 많으면 기이한 물건들이 많이 생기고, 법령이 늘어날수록 도적이 많아진다. 이에 성인이 이른다. 내가 무위로 하면 백성이 <u>스스로</u> 감화될 것이고, 내가 고요함을 좋아하면 백성이 <u>스스로</u> 바르게 될 것이며, 내가 무사로 하면 백성이 <u>스스로</u> 부유해질 것이고, 내가 무욕하면 백성이 <u>스스로</u> 질박해질 것이다.

두 단락으로 나누어 읽으면 무난히 이해할 수 있는 평이한 내용이다.

'정正'은 정의正義, 공정公正, 정도正道 등을 아우른다. '기奇'는 '기이하다'는 뜻이니 적이 생각하지 못하는 기상천외한 전략, 전술을 말한다. 노자는 천하를 도모하려면 그런 인위적인 기준이나 방법이 아니라 '무사'로 해야 한다고 말한다. 48장과 연결된다.

이제 노자는 왜 '무사'로 해야 하는지 설명한다. 먼저, '기휘'는 '꺼리거나 두려워 피함'의 뜻으로, 나라가 백성의 삶을 통제하기 위해 설정한 금기나 강제로 가하는 제약이다. 온갖 구실로 자유로운 경제 활동을 제한하면 백성의 창발성이 억압되니 빈궁에서 벗어나기 어렵다.

'이기'는 36장에 나왔던 단어로 무기를 뜻한다. 백성의 손에 농기구 대신 병장기가 들려 있다면 나라가 혼란해질 것은 자명하다.

기교가 뛰어난 장인에게는 생활필수품 성격을 벗어난 화려한 장신구 등의 사치품 의뢰가 들어오기 마련이다. 그런 물건들이 많아지면 백성들의 물욕만 자극하게 될 뿐이다. 계속 '민民'을 얘기하다가 '인人'이라고 했으니 기교라는 단어를 사용한 점을 참고하면 '장인匠人'임을 알 수 있다.

'자창'은 '더욱 드러나다'는 뜻이니 점점 많은 법령이 공포되는 것이다. 법이 많다고 범죄가 줄어드는 것은 아니라는 취지다. 현실적으로도 법을 만들고 집행하는 자들이 법을 악용해 나쁜 짓을 더 많이 한다.

노자는 '성인'을 빌려 위정자에게 자신의 말을 전한다. 권력자가 무위, 무사, 무욕하면 백성들은 알아서 다 잘한다는 것이다. 16장에서 우리는 '정靜'이 곧 도의 속성임을 보았다. 위정자가 도에 순응하며 따르면 백성도 바르게 된다고 말하는 것이다.

부정하고 부패하며 멍청하기까지 한 자가 권력을 잡고 제멋대로 휘두르면 사회 분위기 전체가 흐려진다. 정직하고 성실하게 살아온 평범한 사람들도 생각을 달리하기 쉽다. 공익적 가치들이 파괴되고 사회 구성원들 간의 분열이 극심해지면 수많은 사건, 사고들이 잇따른다. 유위, 유사, 탐욕, 무도의 정치는 국민을 죽이고 나라를 망하게 한다.

12 Chapter

원칙을 내세워 교조적인 정치를 하지 마라. (58장)

其政悶悶 其民淳淳 其政察察 其民缺缺 禍兮福之所倚 福兮禍之所伏 孰知其極 其無正 正復爲奇 善復爲妖 人之迷 其日固久 是以聖人 方而不割 廉而不劌 直而不肆 光而不燿

기정민민 기민순순 기정찰찰 기민결결 화혜복지소의 복혜화지소복 숙지기극 기무정 정복위기 선복위요 인지미 기일고구 시이성인 방이불할 염이불귀 직이불사 광이불요

- 정사가 어수룩할수록 백성은 순박해지고, 정사가 꼼꼼할수록 백성은 비뚤어진다. 화는 복이 기대는 곳이고, 복은 화가 엎드려 숨는 곳이다. 누가 그 지극함을 알겠는가? 그것은 무정이다. 정이 돌아와 기가 되고 선이 돌아와 요가 된다. 사람들이 미혹된 지 매우 오래되었다. 이에 성인은 각졌다고 해서 자르지 않고, 모났다고 해서 쪼개지 않는다. 곧다고 해서 늘어놓지 않고, 빛난다고 해서 드러내지 않는다.

바로 앞의 57장과 이어지며 2장과도 연결되는 지점이 있다. 쉬워 보이지만 만만치 않은 사유 능력을 요구하는 내용이 담겨 있다.

정사가 답답하게 느껴질 정도로 어수룩하다는 것은 정치 행정이 무위로 이루어지고 있다는 뜻이다. 이는 언뜻 백성에게 신경 쓰지 않는 것 같아도 실상은 백성의 삶에 관여하기를 삼가는 것이다. 그러면 백성은 다 알아서 한다고 했다. 공권력이 최소한으로 집행되니 위법 행위를 했다고 벌을 받는 백성의 수가 줄어들게 된다. 자연히 대부분의 백성은 순박한 상태를 유지하게 된다. 노자가 생각하는 이상적 국가상인 '소국과민'(80장)의 모습과 일맥상통한다.

반대로 정치 행정이 지나치게 꼼꼼하고 깐깐하면 사람들은 숨쉴 틈이 없게 된다. 예를 들어 어느 자영업자가 밤늦게까지 일하고 이른 새벽 시간대에 한적한 교외에 있는 집으로 귀가하면서 2차선 국도의 중앙선을 넘어 집이 있는 건너편 길로 운전했다고 가정해 보겠다. 며칠 후 중앙선 침범 건으로 과태료 통지서가 날아온다면 기분이 좋지 않을 것이다. 그래서 이의 신청을 하러 간 그에게 공무원이 꼬장꼬장하게 법을 얘기한다. 그는 슬슬 감정이 올라옴을 느끼지만 이성을 잃지 않고 침착하게 말한다. "제가 이곳에 산 지 5년이 넘었습니다. 가게에서 집으로 오는 길은 그 도로가 유일하고 유턴을 받아 오려면 2km는 더 갔다 와야 합니다. 그건 아니지 않습니까? 법이 있다고 해도 융통성을 발휘해야 하는 것 아닙니까?" 하지만 담당 공무원은 요지부동이다. CCTV에 찍힌 이상 어쩔 수 없다고 말이다.

결국 벽과의 소통을 포기한 그가 자리를 물러나면서 '앞으로는 법을 잘 지켜야겠다'고 생각할까? 앞으로 날마다 4km를 더 운전함으로써 입게 되는 자신의 손실 즉, 추가되는 유류비, 낭비되는 시간, 가중되는 심신의 피로 등을 계산하여 그것을 만회할 다른 방법을 찾으려 할 것이다. 아마도 그는 이전보다는 덜 정직한 사람이 될 가능성이 높다. '결缺'은 '이지러지다'는 뜻이지만 맥락에 맞추어 '비뚤어지다'로 해석했다. '결점', '흠결' 등의 단어에 쓰이는 글자이니 백성이 점점 흠결 있는 상태로 변한다는 의미가 된다. 작은 고기만 잡아 대는 법망으로 인해 억울함을 느낀 경험은 다들 있을 것이다. 그런 경험을 통해 우리의 준법정신은 더욱 투철해졌을까?

그 다음 구절이 아름답다. 여기의 감탄사 '혜兮'는 굳이 해석할 필요가 없다. 15장에서 그랬던 것처럼 그냥 자연스럽게 풀이하는 것이 좋다. 노자는 겉으로 드러난 화나 복의 모습은 고정된 것이 아니라고 말한다. 화 속에 복이 있고 복 속에 화가 있다는 것이다. 전화위복이자 전복위화다. 화와 복이, 복과 화가 갈마드는 것이 인생이고 세상사다. 그것을 관통하는 이치가 역易이다. 하지만 여기에서 노자가 역을 얘기하는 것은 아니다. 노자는 '무정'에 대해 말하고 있다. 비트겐슈타인 식으로 말하자면

'분별할 수 없는 것에 대해서는 분별하지 말아야 한다'는 것이다.

절대적으로 사리에 맞고 바르다는 것은 인간이 인위적 기준에 맞춰 정해 놓은 것뿐이라는 것이다. 그런 것은 애초에 존재하지 않을뿐더러 그것에 영향 받는 인간의 인식 역시 오류투성이라는 것이다. 바르다(正)고 생각했던 사람, 사물, 사건이 나중에 보면 기이하고(奇), 선하다(善)고 여겼던 그것들이 시간이 지난 후에는 요상하다(妖)고 판명되는 일이 반복되는 것이 현실인데, 그것은 이미 오래 전부터 인간의 인식에 문제가 생겼기 때문이라는 것이다.

노자는 다시 성인을 빌려 평범한 사람들과 달리 자신은 '무정'을 어떻게 실천하고 있는지 말해 준다. 이 대목은 노자 특유의 은유법을 충분히 감안하면서 풀어야 한다.

'방이불할'에서 '방方'은 '모, 네모', '할割'은 '베다, 자르다, 끊다'의 뜻이다. 뒤의 '염廉'을 감안하여 '방'을 '각지다'고 해석했다. 예를 들어, 돌이 둥글지 않다고 해서 울퉁불퉁한 부분을 잘라 내지 않는다는 것이다. 돌이 둥글어야 한다는 기준은 어디에도 없기 때문이다. 노자의 은유가 사물을 넘어 사람에게 적용됨은 물론이다.

'염이불귀'에서 '염廉'은 '날카롭다, 예리하다, 모나다', '귀劌'는 '상처 입히다, 쪼개다'의 뜻이다. 따라서 '염이불귀'는 앞의 '방이불할'과 기본적으로 동일한 의미다. '방렴方廉하다(행동이 바르고 강직하며 청렴하다)'는 단어에서 그 동일성을 확인할 수 있다.

'사肆'는 '방자하다'는 뜻이지만 여기에서는 '늘어놓다'는 의미로 쓰였다. 『장자』에 '고어지사枯魚之肆(목마른 물고기의 어물전)'가 나오는 유명한 대목이 있다. 이때의 '사'가 물건을 늘어놓는 가게라는 뜻이다. 즉, '직이불사'는 굽지 않고 반듯반듯하다고 해서 앞에 늘어놓거나 내세우지 않는다는 것이다.

'광光'은 '빛나다', '요燿'는 '비치다, 내비치다'로 구분해서 해석해야 한다. 다른 것들에 비해 반짝임의 정도가 두드러진다고 해서 그것들만 드러내 놓지 않는다는 것이 '광이불요'다.

우리는 성인의 말을 두 부분으로 나누어 이해할 수 있다. '방이불할 염이불귀'가 절대적 기준이 없기에(무정) 억지로 사물과 사람, 가치 등을 분별하고 인위적으로 기준에 맞추는 행위를 하지 않는다는 것이라면, '직이불사 광이불요'는 분별하여 기준에 맞춘 것으로 사람들을 현혹시키는 행위를 하지 않는다는 것이다.

'방정하다고 해서 그렇지 않은 사람들과의 관계를 끊지 않고, 청렴하다고 해서 그렇지 않은 사람들에게 상처를 입히지 않으며, 곧다고 해서 그렇지 않은 사람들에게 방자하게 굴지 않고, 지혜가 많다고 해서 그렇지 않은 사람들에게 지혜를 드러내지 않는다'와 같이 해석한다고 해서 틀렸다고 할 수는 없지만 아무래도 맛이 밋밋한 것은 어쩔 수 없다. 노자의 은근한 은유 속에서 풍기는 철학의 향기가 사라지는 느낌이다.

13 Chapter

덕을 쌓아야 오래간다. (59장)

治人事天 莫若嗇 夫唯嗇 是以早服 早服 謂之重積德 重積德 則無不克 無不克 則莫知其極 莫知其極 可以有國 有國之母 可以長久 是謂深根固柢 長生久視之道

치인사천 막약색 부유색 시이조복 조복 위지중적덕 중적덕 즉무불극 무불극 즉막지기극 막지기극 가이유국 유국지모 가이장구 시위 심근고저 장생구시지도

- 백성을 다스리고 하늘을 섬기는 데 인색함만한 것이 없다. 다만 인색할 때 기꺼이 순종하게 된다. 기꺼이 순종하는 것, 그것을 두텁게 덕을 쌓음이라고 한다. 두텁게 덕을 쌓으면 해내지 못함이 없고, 해내지 못함이 없으면 한계를 알지 못하며, 한계를 알지 못하면 나라를 맡게 된다. 나라의 근본이 있으면 장구할 수 있다. 이를 깊이 뿌리박고 단단히 뿌리 내렸기에 오래가는 도라고 한다.

　짧지만 깊게 사유하지 않으면 노자의 진의를 알아채기 쉽지 않은 내용이다. 노자의 말이 위정자를 대상으로 하고 있음을 염두에 두고 '색嗇', '조복무복'이 뜻하는 바를 이해하는 것이 관건이다.

　먼저, '색'은 '아낌'이나 '농사'의 의미로 풀이하는 것이 보통이다. 후자의 경우 농사를 뜻하는 가색稼穡의 색穡과 동자로 보는 것이다. 전자의 경우 67장의 검소함(儉)과 일맥상통하는 개념으로 보기도 하지만, 나는 원래대로 '인색吝嗇'의 뜻으로 해석해야 한다고 생각한다. 다만 노자가 '색'에 담아 둔 그것의 실제 의미를 파악하는 것이 중요하다.

우리는 5장에서 '불인不仁'이라는 표현을 배운 적이 있다. '천지불인'이요 '성인불인'이다. 불인은 어질지 않다는 것이 아니라 무심하다는 뜻이었다. 이 장의 '색'은 바로 이 '불인'의 뉘앙스를 잘 참고해야 한다. 백성을 다스리는 데 인색하다는 것은 반대로 후하지 않다, 관대하지 않다는 것이다. 간섭하는 바, 개입하는 바, 관여하는 바를 최소화하는 것이다. 즉, 앞에서 본 것처럼 무위, 무사, 무욕의 정치를 펼치는 것이다.

하늘을 섬기는 데 인색하다는 것은 하늘의 불인함을 인정하고 있는 그대로 수용하는 것이다. 비가 오지 않아도, 비가 너무 많이 와도, 사람은 하늘을 찾는다. 복을 내려 달라고, 화를 막아 달라고, 사람은 하늘에 바란다. 슬픔과 재앙 앞에서는 하늘을 원망하기도 한다. 그런 마음가짐과 언행을 삼가는 것이 하늘을 섬기는 인색한 태도다.

'조무'는 '일찍, 급히, 젊어서, 서두르다, 이르다', '복服'은 '좇다, 따르다, 복종하다' 등의 뜻이다. 그래서 '조복'은 '복종하기를 서두르는 것'이다. 이를 의역하면 위와 같이 '기꺼이 순종하는 것'이 된다. 순종의 대상은 문맥상 당연히 도道이다. '성인불인'과 '천지불인'을 이해할 때 위정자는 하늘 상위의 개념인 도에 기꺼이 순종, 순응하게 된다는 것이다.

51장에서 우리는 도를 따를 때 덕이 쌓인다는 것을 보았다. '중重'은 후중厚重이다. '거듭하다'는 뜻을 적용하면 맥락에 맞지 않는다. 덕이 쌓이면 만물이 감화되니 해내지 못할 일이 없다. 해내지 못할 일이 없다면 자연히 할 수 있는 일에 한계가 없게 된다. 한계가 없게 될 때 나라를 맡게 된다는 것은 곧 왕이 된다는 것이다. 이 지점에서 노자가 왜 이런 말을 하고 있는지 분명해진다. 도에 순응함으로써 큰 덕을 쌓은 사람만이 위정자가 될 자격을 갖는다는 것이며 그의 일에 한계가 없는 까닭은 그가 '도 – 하늘 – 땅 – 왕'의 관계 하에 편입되어 무위의 정치를 할 수 있게 되기 때문인 것이다.

'모母'는 뒤의 '도道'를 가리킨다. 여기에서는 천도天道가 아니라 인도人道다. 대도大道에 순응하여 대덕大德을 갖춘 위정자가 나라를 맡는다면 그 나라는 오래 지속될 수 있는 굳건한 근본을 갖춘 것이며, 그것은 현실에 발현된 대도로서의 인도라고 노자는 말하고 있는 것이다.

 결국 노자의 말은 간단하다. 도를 알고 그것에 순응하여 덕을 쌓은 사람 곧 성인만이 위정자가 되어야 하며, 오직 그러할 때 나라가 근본을 갖춘 것이기에 오래갈 수 있다는 것이다. 현실은 자격 없는 자들이 왕 노릇을 하고 있기에 오래가지 못한다는 것이다.

14 Chapter

작은 생선을 굽듯 정치하라. (60장)

治大國若烹小鮮 以道莅天下 其鬼不神 非其鬼不神 其神不傷人 非其神不傷人 聖人亦不傷人 夫兩不相傷 故德交歸焉
치대국약팽소선 이도이천하 기귀불신 비기귀불신 기신불상인 비기신불상인 성인역불상인 부양불상상 고덕교귀언

- 대국을 다스리는 것은 작은 생선을 삶는 것과 같다. 도가 천하에 임하면 귀가 신통을 부리지 않으며, 귀가 아니어도 신통을 부리지 않는다. 신이 사람을 상하게 하지 않고, 신이 아니어도 사람을 상하게 하지 않는다. 성인도 사람을 상하게 하지 않는다. 무릇 양자가 서로 상하게 하지 않으므로 덕이 오가며 모인다.

'약팽소선'이라는 유명한 표현이 등장하는 장이다. 가볍게 읽을 수 있는 평이한 내용으로 이루어져 있으나, 논리적 분석이 결여되면 알아듣기 어려운 이상한 내용처럼 느껴질 수도 있다.

노자는 큰 나라의 운영을 작은 생선 요리에 비유하고 있다. '팽烹'은 토사구팽兔死狗烹에서 보듯 '삶다'는 뜻이지만 '굽다'로 해석해도 무방하다. 석쇠나 후라이팬에 작은 생선을 구우면서 자주 뒤적이면 바스러지기 마련이다. 먹을 것 없는 볼품 없는 요리가 되고 말 것이다. 먼저 한 면을 충분히 익힌 다음 딱 한 번만 뒤집어야 단단하게 형체가 유지되어 보기 좋고 먹음직스럽게 된다. 최소한의 개입이 요리의 성공 요인인 셈이다. 노자는 큰 나라일지라도 정치의 본질은 무위임을 강조하고 있는 것이다.

문맥상 '이以'는 '도이천하' 전체에 걸린다. '이도+이천하'로 끊어 '도로써 천하에 임하다, 도로써 천하를 다스리다'와 같이 해석하면 뒤의 '성인

도 사람을 상하게 하지 않는다'는 문장과 논리적 모순이 발생하게 된다. 도로 천하를 다스리는 주체를 성인 곧 위정자로 보면 그가 사람 곧 백성을 상하게 하지 않는다는 문장은 들어갈 수 없다. 도가 천하에 임하면 무위로 행하는 귀신과 성인이 백성에게 폐를 끼치지 않기에 백성도 귀신과 성인을 꺼려하지 않으므로 서로의 사이에 덕이 오가며 쌓인다는 것이 노자가 하고자 하는 말의 핵심이다.

'귀鬼'와 '신神'이 구분되어 쓰이고 있다. '귀'는 '귀신'으로 인간이 죽은 뒤에 남는 넋, 뒤의 '신'은 인간의 섬김의 대상인 신령神靈의 개념이다.

'기귀'와 '비기귀', 뒤의 '기신'과 '비기신'은 인간의 인식으로는 귀신인지 아닌지 신인지 아닌지 분간할 수 없음을 표현한 것이다. 귀신과 신은 노자에 의해 조화를 부리는 존재와 벌을 주는 존재로 각각 규정되고 있다.

노자는 '유도有道'한 세상에서는 귀신이든 아니든 조화를 부리지 않는다고 말한다. 39장을 참고하면 도가 작용하는 천하에서 귀신의 존재감은 극미하다. 모든 것이 무위로 행해지는 세상에서 사람들이 굳이 귀신에게 휘둘릴 까닭이 없을 테니까. 도를 따르는 신이든 신이라고 똑 부러지게 말하기 어려운 존재이든 역시 무위의 삶을 살아가는 사람들에게 벌을 내릴 이유가 없다.

도에 순종하는 위정자 역시 무위의 리더십을 펼칠 뿐, 사람들을 강압적으로 다스리는 힘의 정치를 구사하지 않는다. 눈에 보이지 않는 영계와 눈에 보이는 물질계의 존재들이 모두 도를 따르고 있으니 백성에게는 오직 덕만이 베풀어지는 평화로운 세상의 모습이다.

나라가 무도해지면 귀와 신이 판친다. 꼭 옛 시대에만 해당되는 얘기가 아니다. 혹세무민하는 무리가 넘쳐나기 때문이다. 혼란한 세상에서 불안정한 정신 상태가 된 사람들은 무속의 힘에 휘둘리기 쉽다. 부정한 수단으로 권력을 쥔 사람들도 마찬가지다. 권력을 잃은 뒤를 생각할수록 불안해지는 심리로 인해 더욱 무속에 심취하는 경향을 보인다. 그런 사람들이 휘두르는 권력의 칼은 나라와 국민의 미래를 난도질하기 십상이다.

15 Chapter

낮춰야 취한다. (61장)

大國者下流 天下之交 天下之牝 牝常以靜勝牡 以靜爲下 故 大國以下 小國 則取小國 小國以下大國 則取大國 故 或下以取 或下而取 大國 不過欲兼畜人 小國不過欲入事人 夫兩者 各得其所欲 大者宜爲下
대국자하류 천하지교 천하지빈 빈상이정승모 이정위하 고 대국이하소국 즉취소국 소국이하대국 즉취대국 고 혹하이취 혹하이취 대국불과욕겸축 인 소국불과욕입사인 부양자 각득기소욕 대자의위하

- 대국은 하류와 같다. 천하의 교류지요 천하의 암컷이다. 암컷은 항상 고요하여 수컷을 이기기에, 고요하게 아래에 머문다. 이런 까닭에 대국이 소국에게 낮추면 소국을 취하게 되고, 소국이 대국에게 낮추면 대국을 취하게 된다. 그러므로 어떤 경우에는 취하기 위하여 낮추고, 어떤 경우에는 낮추어 취한다. 대국은 겸병하여 백성을 모으려고 하는 것에 지나지 않고, 소국은 편입되어 백성을 다스리려는 것에 지나지 않는다. 무릇 양자가 각각 바라는 바를 얻으려면 대국이 마땅히 아래에 머물러야 한다.

강의 하류는 상류로부터 내려오는 물과 온갖 지류의 물이 합쳐지는 곳이다. 강폭이 넓은 만큼 수량도 풍부하다. 퇴적 평야가 형성되어 농사에 유리하니 사람들이 모여 살기 마련이다. 노자는 이런 특징을 가진 하류에 대국을 비유하고 있다. 이해하기 쉽다.

'빈牝'은 '현빈'과 '현빈지문'에 쓰인 노자의 대표적인 용어들 중의 하나다. 6장 해설에서 설명한 바와 같이 '빈'이나 '곡谷'과 같은 글자에 함몰되어 노자의 철학을 곡해하지 말아야 한다. 노자에게서 여성주의자의 면모를 읽어 내는 것은 유치하다. 천하의 암컷이란 물자와 사람을 빨아들

이는 대국의 속성을 모든 것을 수렴하는 궁극적 근원으로서의 도道의 음의 속성에 비유한 것뿐이다.

'정靜'도 도의 속성이다. '친절한 노자씨'는 자신이 왜 천하의 암컷이라는 표현을 썼는지 부연 설명한다. '빈'의 의미를 상기시킴으로써 대국을 중심으로 돌아가는 인간 세상의 도가 '낮춤의 철학'을 따라야 함을 강조하는 것이다.

대국이든 소국이든 스스로를 먼저 낮추면 상대를 취할 수 있다고 노자는 말한다. 굳이 춘추오패를 중심으로 수많은 소국들이 패권적 제후국이 되기 위해 쟁투했던 춘추시대의 시대상을 떠올릴 필요는 없다. 노자의 통찰은 시대에 갇히지 않으므로, 현재를 응시하는데 참고하는 것이 올바른 태도일 것이다.

노자는 현실을 멀리하였을 뿐, 세상 물정에 어두운 사람이 아니었다. 오히려 훤히 꿰뚫고 있던 사람이었음이 47장에 잘 나와 있다. 노자가 전쟁을 싫어했다는 사실을 감안하면 지금 그가 대국과 소국의 평화로운 병존을 위해 낮춤의 철학을 제시하고 있음을 알 수 있다. 노자는 대국과 소국의 낮춤을 구분한다. 대국이 소국을 취하려면 낮추면 된다는 것이요, 소국은 먼저 낮춤으로써 대국과 양립할 수 있다는 것이다.

결국 대국은 소국을 병합하여 백성의 수를 늘리는 것이 목표요, 소국은 대국의 지배 체제 하에서 자국 백성들에 대한 통치권을 유지하는 것이 목표 아니냐고 직설적으로 말하고 있다. 그 뻔한 목표를 위해 굳이 치고받고 싸울 필요가 있냐는 것이다. 도를 따라 대국이 먼저 낮은 자세로 다가가면 무력 충돌 없이도 세상의 질서는 자연스럽게 유지될 수 있다는 얘기다.

노자의 말은 이론적으로 타당하지만 현대 사회에 적용하기에는 비현실적이다. 지구 위의 대국들은 결코 다리를 굽히고 허리를 숙일 생각이 없기 때문이다. 인간 세상에서 힘을 가진 강대국의 리더십은 언제나 힘에 바탕해 왔다. 힘과 이익의 논리에 휘둘리지 않기 위해서 약소국은 힘을 길러야 했고, 힘을 기르는데 성공한 나라는 강대국들과의 균형 외교를 통해 자국의 이익을 지킬 수 있었다. 그 대표적인 국가가 바로 우리나라다.

지상 최빈국에서 당당히 선진국의 일원이 된 이 나라에는 친일 청산 실패라는 아킬레스건이 있다. 나치 부역자를 끝까지 색출하여 처단해 온 프랑스와 달리 우리는 친일 부역자들이 반공 투사로 변신할 기회를 제공했고, 이후 군사 독재 무리와 자본가 집단, 그리고 일본 극우 세력과 손잡고 부와 권력을 장악하도록 방치했다. 화해와 용서라는 어설픈 관용의 기치 아래 청산하지 못한 역사는 주기적으로 우리나라의 도약을 방해하는 분열과 대립의 씨앗이 되고 말았다.

아마도 노자는 힘으로 모든 것을 강탈하려는 대국 위정자들의 탐욕과 작지 않은 힘이 있어도 스스로 소국으로 전락하기를 선택한 채 대국의 하수인으로서 자국민들 위에 군림하려는 소국 위정자들의 무능을 보았을 것이다. 그 사이에서 고통 받는 백성들의 신음이 들리지 않는 곳으로 훌훌 떠나면서 그는 언젠가 도래할 새로운 성인을 기대하며 『도덕경』 5천 자를 남겼는지도 모르겠다.

16 Chapter

비판 세력을 용납하는 정치를 하라. (62장)

道者萬物之奧 善人之寶 不善人之所保 美言可以市 尊行可以加人 人之不善 何棄之有 故 立天子 置三公 雖有拱璧以先駟馬 不如坐進此道 古之所以貴此道者何 不曰求以得 有罪以免邪 故爲天下貴

도자만물지오 선인지보 불선인지소보 미언가이시 존행가이가인 인지불선하기지유 고 입천자 치삼공 수유공벽이선사마 불여좌진차도 고지소이귀차도자하 불왈구이득 유죄이면야 고위천하귀

- 도란 만물의 심오함이니, 선인이 귀중하게 여기는 것이요 불선인도 지니고 있는 것이다. 좋은 말은 거래를 터주고 존경스러운 행동은 사람을 더해 주기 마련인데, 사람이 불선하다고 해서 어찌 버릴 수 있겠는가? 이런 까닭에 천자로 즉위하고 삼공으로 임명되어 보옥과 구슬로 장식한 수레를 타고 나아간다고 해도 머무르며 이 도에 힘쓰는 것만 못하다. 옛날에 이 도를 귀하게 여긴 것은 무엇 때문인가? 구하면 얻게 되고 죄가 있어도 면한다고 말하지는 않았다. 그렇기에 천하가 귀하게 되는 것이다.

56장과 일맥상통한다. 이 연결성을 포착하지 못하면 핵심을 놓치게 되어 엉뚱하게 해석하기 쉽다.

'오奧'는 '심오', '오묘' 등의 뉘앙스를 두루 가지니 '도자만물지오'는 '도란 만물에게 근본적으로 내재되어 있는 깊고 오묘한 것이다' 정도의 의미가 된다.

'보寶'는 보배이니 문맥상 '귀중하게 여기는 것'이며, '보保'는 '지키다, 유지하다'의 뜻이니 '소보'는 '지니고 있는 것'이 된다. 도는 모든 만물에 근원적으로 깃들어 있는 것이니 불선인에게도 아직 발현되지 않은 도가

간직되어 있다는 것이다.

'가이'와 함께 쓰였으니 '시市'와 '가加'는 동사다. '시'는 '거래하다'는 뜻이다. '내'가 먼저 좋은 말을 건네고 모범이 되는 행동을 하면 거래도 트이고 사람들도 붙는 법인데 그런 노력은 하지 않은 채 불선한 자라고 낙인 찍고 내치기만 하면 되냐고 노자는 지적한다. 사실인즉 상대가 불선한 것이 아니라 '내'가 도를 닦지 않아 덕이 부족한 것 아니냐고 정곡을 찌르는 것이다.

도를 깨닫기 위해 노력하지 않으면 사람을 포용할 수 있는 그릇이 되지 못한다는 얘기다. 아무리 천자가 되고 정승이 되어 말 네 마리가 끄는 화려한 수레를 타고 다니며 위세를 드러내 봐야 백성은 따르지 않는다는 것이다. 괜히 나다니며 백성들 귀찮게 하지 말고 그 시간에 도에 힘쓰라고 돌려 까는 솜씨가 일품이다.

이제 노자는 예로부터 도를 귀하게 여긴 까닭을 물으며 결론을 향해 간다. 노자는 자신의 질문에 대해 장황하게 답하지 않는다. 그럴 필요가 없을 만큼 앞에서 도에 대해 충분히 말해 주었으니까. 대신 도는 구한다고 얻을 수 있는 목표와 같은 것이 아니고, 얻게 되면 죄가 있어도 사면받게 해주는 조건 같은 것이 아니라고 말한다. 이 지점에서 56장과 연결된다. 56장 해설 중 뒤에서 두 개의 단락이 '고위천하귀'에 대한 충분한 설명이 된다.

'아는 사람은 말이 없고, 말하는 자는 알지 못한다'는 56장 서두의 말을 우리는 기억해야 한다. 위정자가 '아는 사람'이라면 자신의 설득력 없는 정책에 동조하지 않는다고 해서 국민을 적대 세력으로 몰아붙이지 않는다. 자신에게 비판적인 국민을 불선인으로 몰아세우는 권력자의 몰염치는 국민이 주인인 민주 국가에서는 가당치 않은 일일 뿐만 아니라, 노자의 말에 비추어 보면 그저 수레 타고 다니며 뽐내기를 좋아하는 덜떨어진 자에 불과하다는 증거일 따름이다.

17 Chapter

중우 정치를 획책하지 마라. (65장)

古之善爲道者 非以明民 將以愚之 民之難治 以其智多 故 以智治國 國之賊 不以智治國 國之福 知此兩者 亦稽式 常知稽式 是謂玄德 玄德 深矣遠矣 與物反矣 然後 乃至大順

고지선위도자 비이명민 장이우지 민지난치 이기지다 고 이지치국 국지적 불이지치국 국지복 지차양자 역계식 상지계식 시위현덕 현덕 심의원의 여물반의 연후 내지대순

- 옛날에 도를 깨우친 사람은 백성을 똑똑하게 하지 않고 오히려 어리석게 했다. 백성을 다스리기 어려운 것은 지혜가 많기 때문이다. 지혜로 나라를 다스리는 것은 나라의 재앙이고, 지혜로 나라를 다스리지 않는 것이 나라의 복이다. 이 양자를 아는 것 또한 원리를 따르는 것이요 항상 원리를 따를 줄 아는 것을 일컬어 현덕이라고 한다. 현덕은 깊고도 깊다. 만물과 더불어 돌아간다. 그런 뒤 대순에 이른다.

10장과 51장에 이어 다시 현덕에 대해 얘기하고 있다.

'고지선위도자'라는 표현이 15장 이후에 다시 등장했다. 당연히 성인을 지칭한다. 우리는 3장에서 노자가 사용하는 현자와 지자의 개념을 익혔고 노자가 그들에 대해 비판적인 이유를 이해했다. 노자는 언제나 '무지'를 강조한다.

백성을 똑똑하게 하지 않고 어리석게 한다는 것은 가식적이고 인위적인 지식과 지혜에 물들지 않도록 한다는 것이다. 그것에 오염된 백성이 많아질수록 후덕하고 정직한 군주의 리더십도 난관에 부딪힐 가능성이 커진다. 그릇된 판단 기준을 갖게 된 사람들은 교묘히 편법적으로 이익

을 올릴 수 있었던 과거를 그리워하면서 바른 정치에 대해 반감을 가질 수도 있다.

길흉화복을 연상하면 '복福'의 상대어로 쓰인 '적賊'은 곧 화禍임을 알 수 있다.

'양자兩者'는 '백성을 다스리기 어려운 것은 지혜가 많기 때문'이라는 것과 '지혜로 나라를 다스리는 것은 나라의 재앙이고, 지혜로 나라를 다스리지 않는 것이 나라의 복'이라는 것을 가리킨다.

'식式'은 22장과 28장에서 천하의 원리로 삼다는 뜻의 '위천하식'이라는 표현에 쓰였다. 여기에서도 맥락상 원리라는 뜻으로 해석하는 것이 적절하다. '계식'의 주체가 성인이기 때문이다.

'계稽'에는 여러 뜻이 있지만 뒤의 '대순'을 감안하면 '조아리다'의 의미를 적용하는 것이 적절하다. 그리하여 '계식'은 '원리를 따르다'는 뜻이 된다.

노자는 '원리를 따를 줄 아는 것 = 현덕'이라고 말한다. 10장과 51장에서는 현덕을 공통적으로 '기르되 소유하지 않는 것, 위하되 의지하지 않는 것, 우두머리가 되어도 군림하지 않는 것'이라고 정의했다. 무위의 리더십이다.

'심의원의'를 줄이면 '심원의'다. '심원'은 '헤아리기 어려울 만큼 깊음'이다.

40장에서 '반은 도의 운동성(반자도지동)'이라고 했다. 만물과 더불어 돌아간다는 것은 반복과 순환이라는 도의 운동성을 좇는 것이다. 도에 순응하는 것이다. 그 순응의 궁극을 노자는 '대순'이라고 표현하고 있다. '순'은 '순응順應'이다. 대도大道에 순응하는 것이어서 '대순'인 것이다.

노자의 지자와 현자를 현대 국가에 반영하면 위정자들과 지식인들, 그리고 언론인들 등으로 볼 수 있다. 그들의 말과 글은 사회의 현상과 상황을 있는 그대로 보여 주지 않는다. 오히려 진실을 감추고 호도하는 경우가 많다. 의도적으로 가공된 정보에 세뇌된 상태를 앎으로 착각하는 국민의 숫자가 많을수록 그 나라는 잘되기 어렵다. '지혜가 넘치는' 그들에 의해 수준 이하의 지도자가 배출될 확률이 높아지기 때문이다.

수준 낮은 지도자의 정치는 반드시 파시즘으로 귀결된다. 자신에게 저항하는 수준 높은 국민을 용납하지 못하는 자의 선택은 그것 외에 존재하지 않는다.

18 Chapter

국민의 뜻을 따르는 정치를 하라. (66장)

▰▰▰

江海所以能爲百谷王者 以其善下之 故能爲百谷王 是以 欲上民 必以言下之 欲先民 必以身後之 是以聖人 處上而民不重 處前而民不害 是以天下 樂推而不厭 以其不爭 故天下莫能與之爭

강해소이능위백곡왕자 이기선하지 고능위백곡왕 시이 욕상민 필이언하지 욕선민 필이신후지 시이성인 처상이민부중 처전이민불해 시이천하 낙추이불염 이기부쟁 고천하막능여지쟁

- 강과 바다가 온갖 골짜기의 왕이 될 수 있는 것은 그것의 아래에 있기를 좋아하기 때문이다. 그래서 온갖 골짜기의 왕이 될 수 있다. 이에 백성의 위에 있고자 한다면 반드시 백성의 아래에서 말하고, 백성의 앞에 서고자 한다면 반드시 백성의 뒤에 몸을 두어야 한다. 이에 성인은 위에 있어도 백성이 무거워하지 않고 앞에 있어도 백성이 거리끼지 않기에, 천하가 받들기를 즐거워하고 싫어하지 않는다. 다투지 않기에 천하 누구도 그와 다툴 수 없다.

▰▰▰

    8장, 22장에 이어 '부쟁'에 대해 얘기한다. 동시에 22장과 61장의 낮춤의 철학을 잇고 있다. 난해한 대목이 없어 편안하게 읽을 수 있다.

    세상 모든 골짜기의 물은 아래로 흘러 흘러 냇물이 되고, 냇물은 강에서 만나 함께 바다에 이른다. 아래에 있기를 좋아하여 내려오는 모든 물을 마다하지 않기 때문이다. 식상할 만큼 우리에게 익숙한 클리셰다.

    노자는 위정자에게 강과 바다의 포용력을 배우라고 한다. 먼저, 백성의 위에서 군림하는 자처럼 명령하듯 말하지 말라고 한다. 다음으로 '나를 따르라!'고 외치며 백성을 앞에서 강제로 이끌고 가려 하지 말고 가

고자 하는 방향으로 백성이 나아갈 수 있도록 후원자의 입장에 머무르라고 한다. 백성의 뜻에 따르라는 것이다.

위에 있어도 중압감을 느끼게 하지 않고 앞에서 길을 제시해도 거부감이 들지 않는 성인의 면모야말로 위정자가 갖춰야 할 것이라고 노자는 말한다. 나라 전체가 기꺼이 받들고 싫어하지 않으며 백성과 다투지 않으니 세상 누구도 성인과 다투려 하지 않는다는 말로 마무리한다. 22장의 끝부분과 동일하다. 17장에 제시된 리더의 유형을 참고하면서 읽으면 더욱 좋은 내용이다.

못난 리더는 안에서는 국민과 싸우고 밖에서는 다른 나라들과 싸운다. 내치가 망가져 나라가 혼란해지고, 외교가 무너져 경제와 안보가 불안해진다. 그런 무자격 리더를 추종하는 국민은 정상이 아니다. 공존과 공영 대신 공멸을 선택하는 자들이 제정신일 리 없다.

19 Chapter

국민을 억압하면 권력을 잃는다. (72장)

民不畏威 則大威至 無押其所居 無厭其所生 夫唯不厭 是以不厭 是以
聖人 自知 不自見 自愛 不自貴 故去彼取此
민불외위 즉대위지 무압기소거 무엽기소생 부유불엽 시이불염 시이성인
자지 부자현 자애 부자귀 고거피취차

- 백성이 권위를 두려워하지 않으면 큰 권위가 이르게 된다. 어디에 살지 압박하지 말고, 어떻게 살지 억압하지 말라. 무릇 억누르지 않으면 싫어하지 않는다. 이에 성인은 자기를 알기에 자신을 드러내지 않고, 자기를 아끼지만 자신을 귀하게 여기지는 않는다. 그러므로 저것을 버리고 이것을 취한다.

평이한 내용인 듯하지만 오만 버전의 해석이 존재할 정도로 까다로운 구석이 있다. 이런 대목을 만나면 얼렁뚱땅 넘어가는 대신 노자의 입장에서 생각하며 논리정연하게 풀어 가야 한다.

'위威'는 위정자의 권위다. 백성이 권위를 두려워하지 않는다는 것은 위정자의 리더십이 더 이상 먹히지 않는 상황이 된 것이다. '대위大威'가 이른다는 것은 백성이 경외할 만한 더 큰 권위가 온다는 것이니 곧 위정자의 교체를 말한다. 실정을 거듭하는 함량 미달의 위정자가 제아무리 위세를 부린다고 해도 백성은 따르지 않는다는 것이다. '못 살겠다 갈아 보자'의 심정이 두려움을 이기게 되는 것이다.

'거居'는 '살다, 거주하다'의 뜻으로 거처, 거실, 침거, 점거, 기거, 동거 등 우리가 일상적으로 사용하는 단어에 포함되어 있다. '소거'는 '사는 곳, 거주하는 곳', '소생'은 '살아가는 바' 정도의 뜻이 된다. '압押'은

'누르다, 내리누르다'의 의미이고, '엽厭'도 동일한 뜻이다. 이 구절에서는 '싫어할 염(厭)'이 '누를 엽'으로 쓰였다.

거생居生이라는 단어 자체가 '그 자리에 머물러 있으며 살아감'의 뜻이니, '무압기소거 무엽기소생'을 직역하면 '사는 곳을 압박하지 말고, 생활하는 바를 억압하지 말라'는 의미가 된다. 이를 자연스럽게 풀면 '어디에 살지 압박하지 말고, 어떻게 살지 억압하지 말라'가 된다. 현대적으로 보면 전자는 거주 이전의 자유요, 후자는 행복 선택권의 개념으로 볼 수 있다. 이를 억누르는 것은 59장에서 말한 국가 간섭의 최소화에 어긋나는 행태인 것이다. 부덕하여 백성의 지지를 받지 못하는 권위적인 위정자일수록 백성의 삶에 개입하여 통제하려 한다. 당연히 전체주의를 선호하게 된다.

강압적으로 누르지 않으면 위정자를 싫어할 이유가 없는데 사사건건 통제를 일삼으면 백성도 악에 받치게 마련이다. 이제 노자는 자신이 위정자들과 뭐가 다른지 설명한다.

33장에서 '자지자명(자기를 아는 것은 명이다)'이라고 했다. 위정자들은 자기 자신을 모르기에 백성을 우매하다고 생각하고 스스로를 포장하고 뽐내는데 여념이 없지만, 노자는 자기를 알기에 그런 어리석은 짓을 하지 않는다는 것이 '자지 부자현'이다.

13장에서 '몸을 귀하게 여기는 것처럼 천하를 위한다면 천하를 맡길 수 있고, 몸을 아끼는 것처럼 천하를 위한다면 천하를 맡길 수 있다'고 했다. '자애'는 이 구절과 관계있다. 스스로를 아끼기는 하지만 귀하게 여기지 않는다는 것은 더 귀하게 여기는 것이 있다는 것이다. 그것은 바로 천하요 백성을 포함한 천하의 만물일 것이다.

그렇기에 노자는 스스로를 드러내거나 귀하게 여기는 대신 스스로를 알고 아끼기를 택한다는 것이 마지막 구절의 의미다.

20 Chapter

전제 정치는 반드시 실패한다. (74장)

民不畏死 奈何以死懼之 若使民常畏死 而爲奇者 吾得執而殺之 孰敢
常有司殺者殺 夫代司殺者殺 是謂代大匠斲 夫代大匠斲者 希有不傷其
手矣
민불외사 내하이사구지 약사민상외사 이위기자 오득집이살지 숙감
상유사살자살 부대사살자살 시위대대장착 부대대장착자 희유불상기수의

- 백성이 죽음을 두려워하지 않는다면 어떻게 죽음을 가지고 백성들을 위협하겠는가? 만일 백성으로 하여금 항상 죽음을 두려워하도록 기이한 일을 하는 자를 내가 사로잡아 죽인다면 누가 감히 하겠는가?
항상 죽이는 일을 맡은 이가 죽여야 한다. 무릇 죽이는 일을 맡은 이를 대신하여 죽이는 것을 큰 장인을 대신하여 깎는다고 한다. 무릇 큰 장인을 대신하여 깎는 자들 중 손을 다치지 않는 자가 드물다.

정치에 대한 얘기가 이어진다. 법에 대한 얘기로 봐도 무방하다. 어려운 내용은 없으나 편의상 두 단락으로 구분해서 읽겠다.

앞 단락에서는 폭정으로 백성을 괴롭히고 함부로 목숨을 빼앗는 위정자들에 대한 분노를 표한다. 뒷 단락에서는 하늘이 관장하는 죽음을 통치 수단으로 삼는 폭력적인 위정자는 반드시 자신이 한 일에 대한 대가를 치르게 될 것임을 경고한다.

입법, 행정, 사법이 분리되지 않았던 고대 전제 국가는 임금의 수준에 따라 덕정에서 학정까지 정치의 양태가 다양했다. 물론 꼭 고대의 이야기만은 아니다. 식민지 쟁탈전에 여념 없었던 근대 중상주의 전제 군주들은 물론 20세기 들어서도 전 세계의 여러 독재자들이 수많은 사람들

을 학살했다. 레오폴드 2세, 히틀러, 무솔리니, 스탈린, 폴 포트, 차우셰스쿠, 이디 아민, 카다피, 후세인, 밀로셰비치, 뒤발리에, 마르코스, 이승만, 박정희, 전두환 등 익히 알려진 인물들 외에도 셀 수 없는 독재자들이 있었고, 현재도 전 세계 곳곳에서 독재 정치가 행해지고 있다. 독재자들의 공통점은 말로가 좋지 않았다는 것이다.

노자는 이런 포악한 위정자들을 '죽이는 일을 맡은 이' 곧 하늘이 할 일을 허락 없이 대신하는 자들로 본다. 하늘이 위정자들에게 허락한 것은 오직 만물을 생하고 보살피는 일이었다. 그렇기에 10장에서 '현덕'을 리더의 자격으로 보았다.

노자의 표현이 매우 직설적이다. 백성의 생명을 함부로 다루는 자들이 참으로 많았다는 것을 알 수 있다.

21 Chapter

잘못을 인정하는 솔직한 정치를 하라. (78장)

天下莫柔弱於水 而攻堅强者 莫之能勝 以其無以易之也
弱之勝强 柔之勝剛 天下莫不知 莫能行 是以聖人云 受國之垢 是謂社稷主 受國之不祥 是謂天下王 正言若反
천하막유약어수 이공견강자 막지능승 이기무이이지야
약지승강 유지승강 천하막부지 막능행 시이성인운 수국지구 시위사직주
수국지불상 시위천하왕 정언약반

- 천하에 물보다 유약한 것이 없으나 딱딱하고 강한 것들을 때리면 어떤 것도 물을 견디지 못하니, 그것들은 물을 가벼이 보지 못한다.

약함이 강함을 이기고 부드러움이 단단함을 이김을 천하가 알지 못함이 없지만 행하지 못한다. 이에 성인이 이른다. 나라의 수치를 받아들이는 것, 이를 사직의 주인됨이라 하고, 나라의 상서롭지 못함을 받아들이는 것, 이를 천하의 왕됨이라 한다. 바른 말은 반대인 듯하다.

8장의 '상선약수' 이후 오랜만에 물이 다시 등장하고 있다. 8장에서는 만물을 이롭게 하고, 다투지 않으며, 뭇사람이 꺼리는 곳에 머무는 물의 도를 닮은 덕을 얘기했다. 여기에서는 셋 중 마지막 속성과 유약함을 예로 들어 성인의 덕과 연결시킨다.

편의상 두 단락으로 구분하여 읽는 것이 좋다. '천하에 물보다 유약한 것이 없으나'라고 해석한 것은 두 번째 구절의 '이而'까지 이어서 풀이한 것이다.

'공견강자'는 '공+견강자'로 끊어 읽어야 하며, '공攻'의 앞에는 주어 '수(水)'가 생략된 것으로 봐야 한다.

'막지능승'의 '지之'는 '수水'를 받는 지시대명사이며, 이기다는 뜻의 '승勝'은 문맥에 맞게 '견디다'로 옮기는 것이 적절하다.

'이기무이이지야'에서 '기其'는 앞의 '견강자'이며, '지之'는 '수水'이고, '이易'는 '가벼이 보다'의 뜻이다. '이易'를 '역易'으로 읽어 '대체하다'나 '대신하다'와 같이 해석하는 경우가 있는데, 이는 앞 구절들을 제대로 풀이하지 못한 데서 생기는 오류다.

노자와 동시대를 살던 세상 사람들도 생판 바보가 아니라서 물의 힘을 모르지 않았을 것이다. 어떻게 모를 수가 있겠는가? 폭포 주변, 강가, 해변에 널린 바위와 자갈을 깎고 다듬은 것이 물이라는 사실을 말이다. 설사 모른다고 치더라도 주기적으로 홍수가 발생할 때마다 세상 모든 것을 다 쓸어버리는 물의 위력만큼은 생생하게 느끼고 있었을 것이다. 다만, 사람들에게 그것은 물의 유약함이 아니라 물의 광포함이었을 것이다. 몇 십 년 찰나의 세월을 살다 가는 사람들에게는 억겁의 세월 동안 바위를 뚫는 물의 부드럽고 약한 힘이란 너무 느려 실감할 수 없었을 것이다. 아니, 실감하고 싶지 않았을 것이다. 그런 힘이란 인간 세상에서는 너무도 비현실적으로 느껴지기 때문이다.

노자는 백성들의 이런 마음을 잘 알고 있다. 그래서 노자는 늘 위정자를 청자聽者 삼아 말을 한다. 위정자가 바로 서면 백성은 저절로 평안한 삶을 살 수 있기 때문이다. 나라의 수치와 상서롭지 못함을 수용한다는 표현은 특히 41장의 '상덕약곡 대백약욕(상덕은 골짜기와 같아서 깨끗함이 클수록 더러운 듯하다)'에 쓰인 '곡谷'을 떠올리게 한다. 세상 모든 것을 다 품어 더러운 듯 보이는 '큰 깨끗함'의 골짜기 말이다. 동시에 66장의 강과 바다로 이어진다.

나라의 부족한 점, 부끄러운 일은 감추거나 남 탓으로 돌리고 오직 찬사와 영광만을 누리려는 자는 위정자가 되어서는 안 된다. 그런 자는 국민의 불만과 비판에 대한 보복으로 복지 예산을 삭감하면서도 외국 정상들에게 박수 받고자 나라의 이익을 팔아먹는 파렴치한 짓을 하기 쉽다. 합리적인 반대와 근거 있는 저항도 용납하지 않는 리더는 조직 폭력

배 두목과 다를 바 없다.

  맨 마지막 문장은 45장의 '대직약굴 대교약졸 대변약눌'을 생각나게 한다. '바른 말은 반대인 듯하다'를 달리 말하면 '바른 말은 반어적이다'라고 할 수 있을 것이다.

22 Chapter

평화를 유지하는 정치를 하라. (80장)

■■■

小國寡民
使有什佰之器而不用 使民重死 而不遠徙 雖有舟輿 無所乘之 雖有甲兵 無所陳之
使民復結繩 而用之 甘其食 美其服 安其居 樂其俗 隣國相望 鷄犬之聲相聞 民至老死 不相往來

소국과민
사유십백지기이불용 사민중사 이불원사 수유주여 무소승지 수유갑병 무소진지
사민부결승 이용지 감기식 미기복 안기거 낙기속 인국상망 계견지성상문 민지노사 불상왕래

- 나라는 작게, 백성은 적게 하라.

가령 온갖 무기가 있어도 쓰지 않고 백성으로 하여금 죽음을 중히 여기게 하면, 멀리 옮기지 않을 것이다. 비록 배와 수레가 있어도 그것을 타는 경우가 없게 하고, 비록 갑옷을 입은 병사들이 있어도 줄지어 서는 경우가 없게 하라.

백성으로 하여금 다시 노끈으로 매듭을 지어 사용하게 하라. 음식을 달게 하고, 의복을 아름답게 하며, 생활을 편안하게 하고, 풍속을 즐겁게 하라. 이웃하는 나라를 서로 바라보고 닭과 개의 울음을 서로 들어도 백성이 늙어 죽을 때까지 서로 왕래하지 않을 것이다.

■■■

앞의 여러 장의 내용이 종합되어 있다. 내용상 세 단락으로 구분해서 읽으면 이해하기 수월하다.

먼저, '소국과민'은 노자의 철학이 잘 드러난 표현이다. 58장 해설에서 언급한 바 있다.

그 다음은 30장과 31장의 전쟁과 이어지는 내용이다. '기器'는 무기다. 온갖 무기를 사용해 전쟁하면 백성이 헛되이 목숨을 잃게 된다. 나라 안의 터전을 잃고 이리저리 떠돌게 된다. 배와 수레, 갑옷 입은 병사들의 이야기 모두 전쟁과 관련된다.

'결승結繩'은 '글자가 없었던 시대에 노끈으로 매듭을 맺어서 문자 대신 삼은 소통 수단'을 말한다. 백성으로 하여금 다시 결승을 사용하라는 것은 '백성들을 무지하게 하라!'는 말과 같다. 세상을 주름잡는 현자, 지자라는 사람들의 헛된 지혜는 그저 백성을 더 혼란스럽게 하고 세상을 어지럽게 했을 뿐이라는 것이 노자의 인식이다. 그것이 가장 극명하게 드러난 사태가 바로 전쟁이다.

백성이 먹고 사는데 어려움이 없고 여가를 즐기며 사는 환경이 갖추어지면 굳이 다른 나라의 백성을 부러워할 이유가 없으니 평생 한 곳에서 뿌리내린 채 행복하게 살아간다고 노자는 말한다. 여건만 된다면 이 나라를 떠나고 싶다는 사람이 많다는 것은 이 땅이 인간다운 삶을 영위하기에는 여전히 부족한 점이 많다는 반증일 것이다. 결국 국민이 깨어나야 한다. 무능하고 탐욕스러운 자들에게 권력을 위임하는 잘못을 반복적으로 저지르는 한 좋은 나라는 결코 만들어지지 않을 테니까.

에필로그

 공자가 노자를 찾아간 때는 그의 나이 30~40대로 추정된다. 반면 노자는 60~80대의 노인이었다. 하얗게 센 머리칼을 갖고 태어났다는 전설을 가진 최강 노안 노자의 백발이 성성한 풍모는 여전히 혈기왕성한 공자의 눈에 더욱 범상치 않게 비쳤을 것이다.

 노자의 눈에 공자는 어떻게 보였을까? 도道라는 우주적 원리를 통찰하여 덕德이라는 자아 완성의 길을 제시했던 깨달은 자 노자는 혼탁한 시대의 세상을 바꾸기 위해 끊임없이 현실 정치 참여의 길을 모색하는 공자의 모습에서 연민의 정을 느끼지 않았을까? 현실에서는 가능하지 않은 꿈을 향해 나아가는 무모함과 부질없는 욕망 사이 어딘가를 헤매는 공자 사단에게서 노자가 연민을 희망으로 바꾸지 못한 것만은 분명해 보인다. 인간과 인간이 뿌리박고 사는 현상 세계에 영향을 미치는 우주적 질서의 본질에 대한 사유에 이르렀던 노자에게 개인 윤리와 그것의 사회 정치적 이념화 수준에 머물렀던 유가의 사상은 인생과 사회의 근본적 혁신을 이루어내기엔 역부족으로 보였을 것이다. 송대의 주돈이에 이르러 유가 철학의 외연이 확장되기 시작한다. 그는 자신의 책 『태극도설』을 통해 무극에서 태동된 태극 운동이 음양과 오행으로 구체화되어 만물이 화생하는 이치를 밝혔다. 인간이 자연의 일원으로서 우주의 원리에 순응하는 존재라는 철학적 접점이 유가와 도가 사이에 마련되었다. '무극이태극無極而太極, 무극이 곧 태극이다'으로 시작하는 그의 사유는 『도덕경』 1장에 담긴 노자의 그것과 연결된다.

 우주와 역사라는 광활한 시공간에 던져진 채 찰나의 순간을 살아가는 인생은 생각할수록 허무적이다. 늙고 시들다 먼지로 돌아가도록 예정된 허깨비 같은 몸뚱이에 탑승해 욕망을 추동하는 본능의 위력은 끔찍할 만큼 끈질기고, 몸뚱이 속에서 그것에 휘둘리며 평생 동안 허우적거리는 정신의 힘은 애잔할 정도로 나약하다. 그 나약함이 기대고 있는 어깨가 종교다. 태생적 나약함을 인정하되 기댈 어깨에 안주하는 대신 당당하게 설 수 있도록 정신에게 달아 주는 두 다리가 철학이다. 정신의 키를 높이려면 철학을 해야 한다.

　철학의 시작은 의심이다. 의심은 질문을 낳는다. 강요된 믿음은 의심을 봉쇄하기에 질문이 생길 여지를 없앤다. 그렇다면 왜 의심해야 하는가? 꼭 의심해야 하는가? 무엇을 의심해야 하는가? 무엇부터 의심해야 하는가? 철학의 방법은 질문이다. 의심도 질문으로 시작한다. 의심을 순화시켜 호기심이라고 불러도 좋을 것이다. 의심의 대상을 압축하면 다음과 같이 정리된다. 나와 세계, 그리고 이 둘의 관계.

　화려한 조명을 받으며 대중의 선망의 대상으로 살아가는 연예인들이나 정치인들, 재벌가에서 태어났거나 자수성가하여 찬란한 부의 혜택을 누리는 기업가들, 천재적인 재능을 타고나 자기 분야에서 눈부신 성취를 이룬 학자들, 예술가들에 비해 당신의 삶은 어떠한가? 충분히 만족스러운가, 아니면 거울 속에 웬 오징어 한 마리가 들어 있다고 자주 자학하며 인생이 불공평하다고 생각하는가? 당신은 당신을 어떤 사람이라고 정의하는가? 당신은 어떤 목표를 향해 나아가는가? 당신에게는 삶의 목적이 있는가? 당신은 이 세상에 왜 왔다고 생각하는가? 나를 중심으로 한 이런 질문들이 모두 철학적이다. 나를 의심의 대상으로 삼아 객관화하고 있기 때문이다.

　하지만 질문을 던진다고 해서 쉽게 답을 얻게 되지는 않는다는 점이 우리를 답답하게 만든다. 그렇다고 해서 본격적으로 철학 공부에 뛰어들기도 쉬운 일이 아니다. 우리 앞에는 먹고 살아야 하는 지상 과제가 놓여 있기 때문이다. 철학자들처럼 수많은 책을 읽고 소화할 시간도 능력도 우리에겐 부족하다. 그렇다고 포기하고 그냥 사는대로 살자니 그것은 또 아닌 것 같아 유튜브 인문학 채널을 기웃거리는 것이 혹시 당신의 모습은 아닌가?

　철학하는 가장 좋은 방법은 마음이 끌리는 철학자를 만나는 것이다.

역사나 문학, 영화 등을 통해 자연스럽게 우리의 마음에 담기는 실존 인물들과 허구적 인물들이 생기듯이, 다양한 철학 해설서들을 통해 내 마음에 꽂히는 철학자를 하나둘씩 알아가고 그들이 의심의 대상들을 향해 던졌던 질문과 내린 해답을 나의 철학하기에 참고해야 한다. 그들의 사유 덕에 밑도 끝도 없이 나의 뇌와 심장을 점령해 버리는 번민들이 생겨나는 이유를 어렴풋이 알게 되고, 그것에 휘둘리는 대신 한 발 떨어져 고요하게 그것을 응시하는 법도 조금씩 터득하게 된다.

하지만 안타깝게도 철학이 당신의 많은 고민에 대한 근본적 해결책과 당신의 질문들에 대한 완벽한 답변을 제공해 주는 것은 아니다. 나와 세계, 그리고 이 둘의 관계에 대한 철학자들의 해석과 처방은 저마다 다르고, 그 차이만큼 그들의 철학과 당신의 현실 사이에는 괴리감이 끼어든다. 전체로서의 개인과 세계에 대한 진단, 그리고 둘의 상호 작용에 대한 철학자들의 통찰은 탁월하지만 어쩐지 그 안에 나는 존재하지 않는 듯한 이질감을 당신은 느껴 보았으리라.

나의 현실에 구체적이고 직접적으로 응용되지 않는 철학적 처방의 한계는 자기 계발서들의 그것과 별반 다를 바 없다. 내 밖에서 배회하고 있는 타인과 세계의 존재는 밀물과 썰물처럼 내 곁으로 다가왔다가 물러나기를 반복한다. 타인과 세계가 나의 삶을 뒤흔들 때는 그것이 하나의 사건으로 나와 충돌할 때뿐이다. 그 소수의 순간을 제외하고 인간은 언제나 자기 자신과 부딪히며 살아간다. 자기 안의 여러 자아가 일으키는 파도에 흔들리며 세상이라는 이름의 바다 너머에 있는 행복이라는 이름의 섬에 안착하기를 희망한다. 하지만 그 섬에 이르는 길은 세상에 없다. 고요한 마음 안에 돋아나는 길을 우리의 인식이 재구성하는 현상 세계 안에서 찾을 수는 없는 법. 바닷물을 마시며 항해에 성공하기를 바라지 말아야 한다. 그렇다면 방법이 없는 걸까? 있다. 세상이라는 바다를 호수로 만들면 된다. 호수에는 파도가 일지 않는다. 그때 비로소 당신 안의 파도가 가라앉고 마침내 당신은 파도 속에 감추어져 있던 그것을 발견하게 될 것이다. 그렇다. 행복은 애초부터 당신 안에 있었다. 세상 모든 것이 그렇듯이.

이제 당신이 해야 할 일은 바다를 호수로 만드는 일이다. 다른 방법을 나는 모른다. 그러므로 다만 내가 성공했던 방법을 제시하겠다. 그것은 명리학 공부다. 태어난 생년월일시에 따라 인간의 운명이 좌우된다는 말에 당신은 심한 거부감을 느낄지 모른다. 하지만 그것은 당신의 자유다. 당신이 거부감을 느끼든 느끼지 않든 사주가 인간의 운명적 범주를 결정한다는 것은 사실이다. 당신이 성숙한 사람이라면 명리학에 의문을 품고 질문을 던지며 다가서면 된다. 그러면 알게 된다. 운명적 범주라는 나의 표현이 운명의 굴레이자 동시에 가능성을 얘기하고 있음을. 실재론에 익숙해져 살아가는 우리가 인간과 세계에 대한 새로운 사유로 나아가는데 명리학이 대단한 실마리를 제공하고 있음을. 바다를 호수로 만드는 방법이 그 안에 있음을. 나의 책『이것이 사주명리학이다』(서울: 도서출판 知&智, 2024)가 명리학이라는 또 하나의 바다에서 익사의 위기에 처하지 않도록 당신을 도울 것이다.

나는 안다. 당신이 선뜻 명리학을 향해 손을 뻗지는 못할 것임을. 그래도 좋다. 그것은 모두를 위한 학문은 아니니. 그래서 이 책을 썼다. 명리학 공부라는 험한 과정을 거치지 않고도 당신이 그것의 궁극적 깨달음을 얻을 수 있는 또 하나의 방법이 있다.『노자적 인간』을 통해 노자 사상의 정수를 이해하고 실천하는 일이다. 명리학적 깨달음의 아름다움은 무위의 자세를 몸에 배게 한다는 것이다. 따라서 당신이 당신의 눈에는 보이지 않는, 이 세계 너머에 존재하는 진리 앞에 겸허하겠다는 태도를 견지하며, 억지로 도모하는 일을 멈추고 언제나 타인과 세상에 도움되는 방향으로 순리대로 살기를 늘 실천할 수 있다면, 당신은 명리학 없이도 당신만의 호수를 만나는데 성공할 수 있는 사람이다. 머지않아 당신은 당신 안의 행복에 수월하게 정박할 수 있게 될 것이다.

그 섬에서 유연한 정신의 다리로 마음껏 뛰어놀 수 있는 당신이 되길 진심으로 바란다. 세상 무엇으로도, 어떤 관계로도 꺾이지 않는 그 높은 다리 위에서 따뜻한 시선으로 세상을 관조하고 생명들을 어루만지며 살아갈 수 있기를 기원한다. 굿럭.

노자적 인간

초판발행 2025년 9월 22일

저　　자 오종호
발 행 인 김택회
등　　록 320－2006－57호
발 행 처 지앤지
주　　소 경기도 김포시 김포시 김포한강11로 158 전원마을 404동 704호
교재문의 TEL) 070-7769-4867　/ FAX) 031-988-4867
I S B N 979-11-85464-28-2 (03150)

본서의 무단 전재·복제 행위는 저작권법에 의거하여 5년 이하의 징역 또는
5천만원 이하의 벌금에 처하거나 이를 병과할 수 있습니다.

저자와의 협의하에 인지를 생략합니다.

정가　22,000원